普通高等教育金融科技卓越人才培养系列教材
第四范式教学内容与课程体系改革项目金融科技专业示范课程

金融科技概论

主　编　陈　波　戴　韡

副主编　王　冠　罗　伟

参　编　车　宁　郑　理　王　康　丛源良

　　　　李慧君　张傲杰　矫立志　樊美玲

　　　　罗颖妮　廖江珊

机械工业出版社

本书系统介绍了金融科技的基本概念、核心技术和发展趋势，主要内容包括人工智能基础与应用、大数据处理与中台、云计算服务、量化投资技术、智能投顾、智能风控、保险科技、区块链技术和金融科技监管等，并提供了智能催收、智能反欺诈、智能反洗钱、精准获客、智能营销以及智能客服 6 个应用案例供参考。本书既可供高等院校财经类专业的教师和学生使用，也可作为金融行业从业人员的培训教材或参考手册。

图书在版编目（CIP）数据

金融科技概论 / 陈波，戴韡主编. —北京：机械工业出版社，2020.10（2022.6 重印）

第四范式教学内容与课程体系改革项目金融科技专业示范课程　普通高等教育金融科技卓越人才培养系列教材

ISBN 978-7-111-66507-6

Ⅰ. ①金… Ⅱ. ①陈… ②戴… Ⅲ. ①金融 – 科学技术 – 高等学校 – 教材 Ⅳ. ①F830

中国版本图书馆 CIP 数据核字（2020）第 171615 号

机械工业出版社（北京市百万庄大街 22 号　邮政编码 100037）
策划编辑：孙司宇　责任编辑：孙司宇
责任校对：聂美琴　封面设计：马精明
责任印制：郜　敏
北京盛通商印快线网络科技有限公司印刷
2022 年 6 月第 1 版第 3 次印刷
184mm×260mm・13.5 印张・316 千字
标准书号：ISBN 978-7-111-66507-6
定价：38.00 元

电话服务　　　　　　　　　网络服务
客服电话：010-88361066　　机　工　官　网：www.cmpbook.com
　　　　　010-88379833　　机　工　官　博：weibo.com/cmp1952
　　　　　010-68326294　　金　书　网：www.golden-book.com
封底无防伪标均为盗版　　　机工教育服务网：www.cmpedu.com

前　言

编写这本《金融科技概论》是一件极为紧迫也极具挑战的事情。目前，金融科技行业的发展已经远远超过了学校教科书更新的速度，行业对金融科技人才的巨大需求与传统的财经类院校对学生的专业能力培养之间形成了巨大的供求矛盾。

为了让高校财经类相关专业的师生和金融行业从业人员尽快有一本基础性的读物，在机械工业出版社的邀请下我们编写了本书。金融科技属于交叉领域，其涉及的知识领域非常广泛，为此本书的编委会邀请了各个领域的专家，他们既有丰富的学术基础，又有前沿的实践经验。

本书的编写结构如下：第1章介绍了金融科技的基本概念和发展趋势；第2章和第3章介绍了人工智能基础和应用；第4章介绍了大数据处理的方法和数据中台的定义；第5章介绍了云计算服务，并适当介绍了边缘计算的概念；第6章介绍了量化投资技术和主流模型；第7章介绍了智能投顾的应用情况；第8章介绍了当前主流的智能风控技术；第9章和第10章分别介绍了保险科技和区块链技术；第11章介绍了金融科技监管的相关知识；第12章则引入了当前比较有代表性的金融科技应用案例。

为了让缺乏科技背景的金融专业人士更好地理解金融科技的内涵和应用情况，本书在编写过程中大量使用了最新的案例，并对前沿技术进行了介绍，尽量避免出现过于理论化的问题，使其成为一本较为全面的入门级读物。

本书由陈波、戴韡主编，具体的编写分工为：中央财经大学财经研究院陈波编写第1章，深圳市金融科技协会王冠编写第2章，中国人民银行张傲杰编写第3章，广东-诺丁汉高级金融研究院罗伟编写第4章，中国邮政储蓄银行矫立志编写第5章，中央财经大学金融学院戴韡编写第6章，君理资本郑理编写第7章，日本早稻田大学罗颖妮编写第8章，法国ESSEC高等商学院李慧君编写第9章，中央财经大学樊美玲编写第10章，北京市网络法学研究会车宁编写第11章，第四范式丛源良、王康编写第12章，广西大学廖江珊编写本书思考题，最后由陈波、戴韡总纂定稿。

在本书的编写过程中，得到了深圳市金融科技协会和湾区国际金融科技实验室的大力支持，案例部分得到了人工智能企业第四范式的资料支持。除此之外，还有大量的金融科技专业人士为本书的编写和出版贡献了力量，在此一并致谢，不再一一列出。

希望本书的出版能够为金融科技教育事业的进步贡献一点力量！

编　者

目 录

前 言
第1章 金融科技的基本概念 ··· 1
  1.1 金融科技的内涵 ··· 2
    1.1.1 概念起源 ·· 2
    1.1.2 国际定义 ·· 2
    1.1.3 国内定义 ·· 3
    1.1.4 金融智能化 ·· 3
    1.1.5 常见概念辨析 ·· 6
  1.2 金融科技的演化 ··· 7
    1.2.1 国际金融科技的发展趋势 ··································· 8
    1.2.2 国内金融科技的发展趋势 ··································· 9
    1.2.3 金融科技发展的三个阶段 ·································· 11
  1.3 金融科技的典型应用 ··· 11
    1.3.1 移动支付 ·· 11
    1.3.2 网络融资 ·· 13
    1.3.3 智能金融 ·· 14
  思考题 ··· 15
第2章 人工智能基础 ·· 16
  2.1 人工智能概述 ··· 17
    2.1.1 基本概念 ·· 17
    2.1.2 人工智能发展史 ·· 19
    2.1.3 新一代人工智能 ·· 21
    2.1.4 人工智能主流学派简介 ··································· 23
  2.2 机器学习算法 ··· 25
    2.2.1 机器学习算法概述 ······································ 25
    2.2.2 典型算法介绍 ·· 29
  思考题 ··· 39
第3章 人工智能应用 ·· 40
  3.1 人工智能开源平台 ··· 41

  3.1.1 人工智能开源平台概述 ... 41
  3.1.2 典型人工智能开源平台简介 ... 43
  3.1.3 基于开源软件的人工智能技术典型解决方案 ... 47
  3.1.4 开源平台的发展趋势 ... 50
 3.2 人工智能的应用 ... 50
  3.2.1 人工智能的应用领域 ... 50
  3.2.2 人工智能应用的风险 ... 56
 思考题 ... 56

第 4 章 大数据处理与数据中台 ... 57
 4.1 大数据的定义 ... 58
  4.1.1 大数据的 4 种定义 ... 58
  4.1.2 大数据技术 ... 59
  4.1.3 大数据的价值 ... 60
 4.2 数据清洗与标注 ... 61
  4.2.1 数据清洗 ... 61
  4.2.2 数据标注 ... 63
 4.3 数据挖掘 ... 64
  4.3.1 数据挖掘的概念 ... 64
  4.3.2 数据挖掘的任务 ... 64
 4.4 数据中台 ... 65
  4.4.1 数据中台的概念 ... 65
  4.4.2 数据中台的价值 ... 66
  4.4.3 构建数据中台 ... 68
 思考题 ... 68

第 5 章 云计算服务 ... 69
 5.1 云计算的基本概念 ... 70
  5.1.1 云计算的定义 ... 70
  5.1.2 云计算的基本特征 ... 70
  5.1.3 云计算的部署模式 ... 71
 5.2 云计算的产业发展 ... 72
  5.2.1 云计算的产业链 ... 72
  5.2.2 云计算的商业模式 ... 73
  5.2.3 云计算市场的发展现状 ... 74
 5.3 云计算的服务模式 ... 75
  5.3.1 概述 ... 75
  5.3.2 软件即服务（SaaS） ... 76

5.3.3 平台即服务（PaaS） ... 77
5.3.4 基础设施即服务（IaaS） ... 79
5.4 公共云、私有云和混合云 ... 81
5.4.1 概述 ... 81
5.4.2 公共云 ... 81
5.4.3 私有云 ... 83
5.4.4 混合云 ... 84
5.5 边缘计算 ... 85
5.5.1 背景 ... 85
5.5.2 边缘计算的定义 ... 85
5.5.3 边缘计算的特点 ... 86
思考题 ... 86

第6章 量化投资技术 ... 87

6.1 量化投资概述 ... 88
6.1.1 基本概念 ... 88
6.1.2 量化投资的发展历程 ... 89
6.1.3 量化投资的主要内容 ... 91
6.2 量化投资的主流技术 ... 94
6.2.1 人工智能 ... 94
6.2.2 数据挖掘 ... 95
6.2.3 小波分析 ... 96
6.2.4 支持向量机 ... 97
6.2.5 分形理论 ... 97
6.2.6 随机过程 ... 98
6.3 量化数据库 ... 99
6.3.1 金融数据的类型 ... 99
6.3.2 数据供应商与数据提取方法 ... 102
6.3.3 量化数据库的搭建 ... 103
6.4 量化模型 ... 105
6.4.1 量化模型概述 ... 105
6.4.2 策略模型 ... 106
6.4.3 风险模型 ... 108
6.4.4 交易成本模型 ... 109
6.4.5 投资组合构建模型 ... 110
6.4.6 执行模型 ... 111
6.4.7 模型的检验与评价 ... 112

思考题 114

第 7 章 智能投顾 115
7.1 智能投顾概述 116
  - 7.1.1 智能投顾的定义 116
  - 7.1.2 智能投顾的优势 116
  - 7.1.3 智能投顾平台的类型 117
  - 7.1.4 智能投顾的业务流程 118
7.2 智能投顾模型 118
  - 7.2.1 用户画像模型 118
  - 7.2.2 资产配置模型 119
  - 7.2.3 交易模型 120
  - 7.2.4 调仓模型 120
7.3 智能投顾的风险 121
7.4 典型案例分析 123
思考题 124

第 8 章 智能风控 125
8.1 智能风控概述 126
  - 8.1.1 智能风控的定义 126
  - 8.1.2 智能风控的优势 126
8.2 智能风控的技术框架 127
  - 8.2.1 数据采集 127
  - 8.2.2 行为建模 128
  - 8.2.3 用户画像 128
  - 8.2.4 风险定价 129
8.3 第三方征信平台 130
  - 8.3.1 数据来源 131
  - 8.3.2 数据类型 131
  - 8.3.3 应用场景 132
8.4 智能反欺诈 133
  - 8.4.1 欺诈的定义 133
  - 8.4.2 反欺诈模型 133
8.5 智能催收 134
  - 8.5.1 智能催收的发展背景 134
  - 8.5.2 智能催收的优势 135
  - 8.5.3 智能催收模型 135
思考题 136

第9章 保险科技 ... 137

9.1 保险科技概述 ... 138
- 9.1.1 保险科技的概念界定 ... 138
- 9.1.2 保险科技的特征 ... 138
- 9.1.3 保险科技发展过程中不同主体的角色 ... 139
- 9.1.4 保险科技的发展现状 ... 140
- 9.1.5 我国保险科技的发展趋势 ... 141

9.2 保险科技的核心技术与应用 ... 143
- 9.2.1 大数据 ... 143
- 9.2.2 人工智能 ... 143
- 9.2.3 区块链 ... 144
- 9.2.4 生物科技 ... 144

9.3 互联网保险概述 ... 145
- 9.3.1 互联网保险的经营模式 ... 145
- 9.3.2 大数据在互联网保险中的应用 ... 147

9.4 保险科技典型案例 ... 148
- 9.4.1 传统保险公司 ... 148
- 9.4.2 互联网公司 ... 150
- 9.4.3 新兴科技公司 ... 151

思考题 ... 152

第10章 区块链技术 ... 153

10.1 区块链概述 ... 154

10.2 区块链的技术框架 ... 154
- 10.2.1 数据层 ... 155
- 10.2.2 网络层 ... 157
- 10.2.3 共识层 ... 158
- 10.2.4 激励层 ... 159
- 10.2.5 合约层 ... 160

10.3 数字货币 ... 160
- 10.3.1 数字货币概述 ... 160
- 10.3.2 数字货币的争议 ... 161
- 10.3.3 数字货币的监管 ... 162

10.4 分布式账本 ... 163
- 10.4.1 技术概述 ... 163
- 10.4.2 分布式账本的展望 ... 164

10.5 公有链、联盟链与私有链 ... 165

		10.5.1 公有链	165
		10.5.2 联盟链	166
		10.5.3 私有链	166
	10.6	区块链即服务	167
	思考题		167

第 11 章 金融科技监管 ... 168

- 11.1 金融科技监管基础 ... 169
  - 11.1.1 金融监管理论 ... 169
  - 11.1.2 金融科技监管风险 ... 170
- 11.2 国际实践 ... 173
  - 11.2.1 英国的实践 ... 173
  - 11.2.2 美国的实践 ... 174
  - 11.2.3 新加坡的实践 ... 175
- 11.3 我国的实践 ... 176
  - 11.3.1 我国金融科技存在的风险 ... 176
  - 11.3.2 我国金融科技监管的政策 ... 177
- 11.4 未来金融科技监管的趋势 ... 178
  - 11.4.1 金融科技监管的重心 ... 178
  - 11.4.2 金融科技监管的趋势 ... 179
- 思考题 ... 180

第 12 章 金融科技应用案例 ... 181

- 12.1 智能催收 ... 182
  - 12.1.1 背景 ... 182
  - 12.1.2 解决方案 ... 183
  - 12.1.3 应用效果 ... 185
- 12.2 智能反欺诈 ... 187
  - 12.2.1 背景 ... 187
  - 12.2.2 解决方案 ... 188
  - 12.2.3 机器学习模型的实践策略 ... 189
  - 12.2.4 效果验证 ... 190
- 12.3 智能反洗钱 ... 191
  - 12.3.1 背景 ... 191
  - 12.3.2 解决方案 ... 192
  - 12.3.3 应用效果 ... 194
- 12.4 智能推荐——精准获客 ... 195
  - 12.4.1 背景 ... 195

12.4.2 解决方案 ··· 195
　　12.4.3 应用效果 ··· 196
12.5 智能推荐——金融产品的智能营销 ····························· 197
　　12.5.1 背景 ··· 197
　　12.5.2 解决方案 ··· 197
　　12.5.3 应用效果 ··· 198
12.6 智能客服 ·· 199
　　12.6.1 背景 ··· 199
　　12.6.2 解决方案 ··· 200
　　12.6.3 应用效果的评价标准 ····································· 201
思考题 ·· 202

参考文献 ·· 203

Chapter 1
金融科技的基本概念

1.1 金融科技的内涵

1.1.1 概念起源

金融科技由英文单词 FinTech 翻译而来，而 FinTech 一词则是源于金融（Finance）和科技（Technology）两个英文单词，但又不是两者的简单组合。金融科技是指通过使用各类科技手段创新于传统金融行业所提供的产品和服务，从而达到提升效率并有效降低运营成本的目的。

对于金融科技一词的起源众说纷纭。目前被人们普遍接受的是，FinTech 是由花旗银行于 20 世纪 90 年代初首次提出来的，当时发表于《美国银行家》的一篇文章中提到，花旗银行发布了一个叫 FinTech 的银行研究项目，这大概是 FinTech 最早在文献中出现。文章认为，FinTech 特指创新技术以及推动和改善金融服务的初创科技企业。但其实金融科技早已出现在我们的生活中，例如 20 世纪 50 年代的信用卡以及 20 世纪 60 年代的 ATM 机。

1.1.2 国际定义

金融科技的定义究竟是什么呢？答案林林总总，国际上几个有代表性的定义如下：

2014 年，宾夕法尼亚大学沃顿商学院的几位学生成立了 Wharton FinTech Club（沃顿金融科技俱乐部）。值得一提的是，沃顿金融科技是第一个由学生主导的金融科技倡议。他们对金融科技给出的定义是"通过电子科学技术改造后的金融领域"。

2014 年，英国政府请安永研究金融科技。安永是世界四大会计师事务所之一，其于 2016 年 2 月发布的报告称：金融科技正在从根本上改变金融服务运作的方式，也正在改变我们转钱、借钱、保护钱和管理钱的方式。

在金融行业内著名的新闻和百科类网站 Investopedia（投资百科）发布的 2016 年行业十大关键词中，金融科技"出镜率"非常高。Investopedia 认为："金融科技于 21 世纪兴起。起初是指用于成熟的客户和贸易金融机构后台的科技，在 21 世纪第一个十年后期扩展到金融领域的所有技术创新，涵盖金融知识和教育、零售银行、投资以及比特币等加密货币等领域的创新。"

FinTech Weekly 是出版关于金融技术和金融的新闻和文章并提供金融领域的新闻与播客的平台。在其发表的 *FinTech Definition* 中认为："金融科技是指一类基于软件来提供金融服务的行业。金融科技企业通常是指为颠覆现有对软件依赖较少的金融系统和企业而建立的初创企业。"爱尔兰的国家数字研究中心（National Digital Research Centre）把金融科技定义为一种"金融服务创新"，同时认为该词已经扩展到更宽泛的金融领域。

按照维基百科的定义，金融科技是指一群企业运用科技手段使金融服务变得更有效率，因而形成的一种产业。这些金融科技企业通常在新创立时的目标就是瓦解眼前那些不够科技化的大型金融企业和体系。

作为全球金融治理的核心机构，金融稳定理事会（Financial Stability Board，FSB）将金融科技定义为：技术带动的金融创新，即利用新一代互联网信息技术对金融产品、业务流程及经营模式等方面进行创新和优化。金融科技主要是指由大数据、区块链、云计算和人工智能等新兴前沿技术带动，对金融市场以及金融服务业务供给产生重大影响的新兴业务模式、新技术应用和新产品服务等。这也是目前国际上比较公认的对金融科技的定义。

1.1.3 国内定义

中国人民银行科技司司长李伟认为，金融科技是指科技推动金融进行创新，通过创新实现科技与金融的深度融合。他认为，金融科技发展势头迅猛，以大数据、人工智能、云计算、物联网和区块链为代表的新一代信息技术在金融业加速突破应用，全面渗透至诸多金融细分领域，正在改变金融生态的格局。

众多学者对金融科技定义的侧重点与角度不同，使得其定义也有所不同，但大部分专家学者对科技与金融之间的关系看法基本一致，均认为二者关系密切，相辅相成，并认为金融科技的发展对金融的创新具有极大的推动作用。

综合国内外各专家学者对金融科技的定义，本书认为：金融科技是通过大数据的挖掘和利用，让科技应用于金融业，以此来提升金融服务效率并创造更多金融服务需求的金融创新。金融科技建立在大数据、人工智能、云计算和区块链等创新性技术基础之上，将这些创新性的技术应用于传统的金融行业，以降低运营成本、提高运营效率，最终实现传统金融行业的创新发展。凡是以数据和技术为核心驱动力，能为金融行业提供高质量服务、降低成本、提高效率的企业，都可以称之为金融科技企业。在新技术革命的推动之下，金融科技必然会与传统金融体系融为一体。

1.1.4 金融智能化

1. 何为智能化

从感觉到记忆再到思维这一过程称为"智慧"，智慧的结果产生了行为和语言，将行为和语言表达的过程称为"能力"，两者合称"智能"。智能一般具有以下特点：①具有感知能力，即具有能够感知外部世界、获取外部信息的能力，这是智能活动产生的前提条件和必要条件；②具有记忆和思维能力，即能够存储感知到的外部信息及由思维产生的知识，同时能够利用已有的知识对信息进行分析、计算、比较、判断、联想和决策；③具有学习能力和自适应能力，即通过与环境的相互作用，不断学习积累知识，使自己能够适应环境变化；④具有行为决策能力，即能够对外界的刺激做出反应，形成决策并传达相应的信息。具有这些特点的系统就被称为智能系统或智能化系统。

"智能化"有两方面的含义：①采用"人工智能"的理论、方法和技术处理信息与问题；②具有"拟人智能"的特性或功能，例如自适应、自学习、自校正、自协调、自组织、自诊断及自修复等。简言之，智能化是指由现代通信与信息技术、计算机网络技术、行业技术和智能控制技术汇集而成的针对某一方面的应用，以此来满足人们的需求。

智能化是现代文明的发展趋势，在人类生活中起到越来越重要的作用。随着信息技术和网络科技的不断发展，智能化应用也更加广泛，为金融打开了全新格局。金融智能化是指"智能"与"金融"的全面融合，以大数据、云计算、区块链和人工智能等新兴科技赋能传统金融行业，拓宽传统的金融业务，以实现金融领域的全面转型。金融科技正成为推动传统金融业向智能化转型发展的重要驱动力。科技将优化产品性能，提升产品价值，并以更为智能的手段淬炼传统金融的所有环节，从而带来金融的"成本降低"和"效率提升"。金融机构有能力通过金融科技的技术优势来提供廉价、即时、可得的金融服务。

就人工智能而言，其在金融行业的相关场景中以机器学习、知识图谱、自然语言处理和计算机视觉这四项技术应用较多。机器学习（尤其是深度学习）作为人工智能的核心，是金融行业各类智能应用得以实现的关键技术；知识图谱利用知识抽取、知识表示、知识融合以及知识推理技术构建实现智能化应用的基础知识资源；自然语言处理通过对词、句以及篇章进行分析，为客服、投资等领域的效率提升提供了有力支撑；计算机视觉通过运用卷积神经网络算法在身份验证和移动支付环节得到广泛应用。不仅限于人工智能技术的广泛应用，在金融智能化进程中，各项技术相互融合、彼此依存，共同促进金融业的转型升级。

在"金融科技红利"扩大与"人口红利"衰减的背景下，提高效率和降低成本这两种力量共同驱动着金融智能化的发展。与互联网金融主要在营销渠道创新不同，区块链、大数据和人工智能等金融科技的发展正在深入到风险管理、资产定价等金融核心领域，推动着金融业向智能化方向发展。但在肯定金融智能化发展带来积极影响的同时，我们也不能忽略其蕴藏的潜在风险。从本质上说，金融智能化依然属于金融范畴，其发展与监管必须遵从金融规律，否则将面临巨大隐患。在推动金融智能化建设的过程中，应当贯彻以智能化为技术核心，产品研发、用户体验、市场需求为导向的发展理念，推动金融智能化的渐进式创新。同时，在推进金融智能化发展的过程中，若发生突发性金融风险事件，往往会波及众多金融机构和投资者，造成较大的社会影响，事后监管往往无法弥补其损失。为此，要研究金融智能化发展过程中"替代"风险的类型、特征与度量，运用监管沙箱、监管科技等新理念、新方式，共同打造"穿透式"智慧监管新机制，以构建应对金融智能化发展的监管新体系，强化事前监管，促进金融与科技融合共生，形成智能化时代金融发展的新秩序。

2. 智能化的风险

虽然智能化的许多特征使它备受青睐，但是在发展的过程中也存在很多问题。仅就目前最受关注的人工智能在金融行业中的应用而言，其在发展过程中就面临着技术、监管以及立法方面的难题。

（1）算法风险。算法风险包括算法安全风险与算法决策风险。算法安全风险是指数据泄露与算法的可依赖性等问题，算法数据泄露会造成算法设计者与用户的损失。算法运行依赖固定的程序，外来的干扰会影响算法的可行性与算法实施过程中的安全性。算法决策风险主要表现在算法结果的不可预见性上，具体而言就是尽管人们设计了某人工智能产品，但受限于人类自身的认知能力，研发者无法预见其所研发的智能产品会做出怎样的决策以及会产生什么样的效果，一旦发生决策误判，将会造成难以估量的后果。

（2）数据风险。随着数据搜集、机器学习和人工智能等技术的使用，数据富含的价值越来越大，从而也导致了用户个人信息泄露事件的频繁发生，进而导致数据风险。于是，用户隐私保护和用户敏感信息识别的重要性日益凸现。技术发展在使得人们工作生活更为便捷的同时，也使得不法分子获取个人隐私数据的方式更多、成本更低且利益更大。这就导致近年来数据安全事件频发，不法分子对用户信息的不当使用对用户造成了一定的危害。

（3）应用风险。应用风险包括算法实施过程中出现的算法歧视与算法滥用等。算法歧视是指在看似没有恶意的程序设计中，由于算法的设计者或开发人员对事物的认知存在某种偏见，或算法执行时使用了带有偏见的数据集等原因，使该算法产生了带有歧视性的结果。算法滥用则是指人们在利用算法进行分析、决策、协调和组织等一系列的活动中，其使用目的、使用方式和使用范围等出现偏差并引发不良影响的情况。

这些风险使得智能化在发展的过程中必须因地制宜且遵循一定的原则。智能化自身的不确定性极大，如果在产业发展中智能化被错误应用，那么其带来的危害可能比不进行智能化建设还要大得多。一般而言，在智能化建设的过程中，应该遵循的基本原则有贡献人类（以服务人类发展为准则）、遵守法律法规（不违规应用）、尊重用户隐私（增强身份核验准确度，不随意泄露用户数据）、安全（智能化系统应该是安全的和切实可行的）、人类控制（应该始终保持人类对智能化产品的绝对控制，不任其肆意发展）和承担责任（算法开发者应该对产品和使用者负责）等。

3. 如何区分信息化与智能化

（1）信息化与智能化的相似性。信息化与智能化都是数字化时代的产物，"知识经济""信息社会""智能产品"使用的频率越来越高。信息是指客观存在的一切事物通过物质载体所发出的消息、情报、指令、数据和信号中包含的一切可传递和交换的内容，是人与外界在相互作用的过程中彼此间相互交换的内容和名称；而智能则可以理解为人们运用知识、面对问题、做出决策和解决问题的能力。

21世纪的社会是信息化进程中的社会。在社会生活的各个领域，人们广泛地、充分地应用基于现代信息技术的先进生产工具。正在形成的新一代社会生产力，极大地改善了人们的生活质量。现代的信息技术在信息的提取和传播方面已经取得了长足的进步，然而，在信息的处理与利用方面，现代信息技术还远远达不到人的能力。尽管互联网能够快速提供大量的远程信息，却难以对海量信息去伪存真、去粗取精，也不能对处理结果进行举一反三、融会贯通地综合利用。

如果说工业化的动力工具使得人类"力大无穷、永不疲倦",信息化的网络通信工具使人类能够"眼观六路、耳听八方",那么智能化的信息技术则使人类的思维更加敏捷、知识更为渊博、判断更为公正。没有智能的信息化只能说是低层次的信息化,信息化是智能化的基础,智能化是信息化的高级阶段,智能化无疑是信息化进程中最具挑战性的课题。人类社会在已基本实现信息化的基础上,将智能化技术应用于现代生活,必将会产生巨大的社会经济效益。但是这并不代表信息化与智能化是相互孤立的两个发展阶段,它们是相互贯通、彼此联系的,信息化的发展给智能化提供了铺垫,智能化的发展又反过来更好地支持信息化的完善。

(2)信息化与智能化的差异性。尽管信息化与智能化之间存在着千丝万缕的关系,但是两者之间也存在明显的区别。信息化与智能化的最主要区别在于:信息化只是在系统、设备上执行人的指令;而智能化则是指设备、机器人可以自我完成指令的生成,也就是说,它是按照自我的意志来完成工作的。

信息化注重网络基础,需要及时、准确地反馈问题。智能化则是在信息化的基础上对设备进行控制,以实现目的。要实现智能化必须要先部署信息化系统,信息化是智能化的基础条件。信息化解决的是数据映射问题,是对现实世界实现数据映射集合。信息化的感知、采集、识别判断、指令传递、动作控制和反馈监测均处于数据层面,与人类的关系只有在数据界面交互,关键点在于所有语义内容均为人为定义、解读和赋予,信息系统只是传递、运算和执行单元。智能化则是从信息化到数字化的终极阶段,这一阶段解决的核心问题是人与机器的关系,即信息足够完备,语义智能在人和机器之间自由交互,变成一个你中有我、我中有你的"人机一体"世界。人和机器之间的语义裂隙被逐步填平,并逐步走向无差异或者无法判别差异的水平。

总体来说,信息化的应用比较单一,主要应用在数据处理层面,实现业务流程和管理流程的自动化,使现实业务可以在计算机中固化,从部门各岗位联动到企业各部门联动再到和消费者联动,并且实现产业上下游之间的联动。而智能化的应用则涉及信息管理、知识管理、决策管理与运营管理多个方面,不仅可以实现业务流程与管理流程的自动化,而且还致力于实现运营过程的自动化与智能化。通过社会大数据的人工智能深度学习,来实现社会资源供需匹配调度的自动化、最佳化。

1.1.5 常见概念辨析

2016年以前,国内通常把金融行业的科技创新理解为将互联网技术应用到金融业,并称之为互联网金融(Internet Finance)。这种互联网金融既可以是"互联网+金融",也可以是"金融+互联网"。另外,也有人把科技与金融的融合称为科技金融(Technology Finance),并且将金融科技与科技金融相提并论。金融科技虽然与这些概念有着某些共通之处,但也有明显区别,它既不是互联网金融,也不是科技金融。

1. 金融科技与科技金融

对于科技金融的定义,比较公认的是赵昌文、陈春发等学者在《科技金融》一书中所给出的定义，他们认为：科技金融是促进科技开发、成果转化和高新技术产业发展的一系列金融工具、金融制度、金融政策与金融服务的系统性、创新型安排，是由为科学和技术创新活动提供金融资源的政府、企业、市场和社会中介机构等各种主体及其在科技创新融资过程中的行为活动所共同组成的一个体系，是国家科技创新体系和金融体系的重要组成部分。该定义的范围十分宽泛，但主要倾向于支持科技金融的工具性。

金融科技与科技金融经常被混用，但两者是不同的概念。金融科技的落脚点是科技，具备为金融业务提供科技服务的基础设施属性；而科技金融的落脚点是金融，即服务于科技创新的金融业态、服务以及产品，是金融服务于实体经济的典型代表。实现金融科技创新的方式是技术的突破；而实现科技金融创新的方式是金融产品的研发。从具体产品方面来看，金融科技的常见产品包括第三方支付、大数据、金融云、区块链、征信、人工智能和生物钱包等；而科技金融的具体产品包括投资联动、科技保险、科技信贷、知识产权证券化和股权众筹等。因此，金融科技和科技金融是不可相提并论的，但科技金融与金融科技二者相辅相成，一方的发展必然会对另一方的发展产生影响。

2. 金融科技与互联网金融

"互联网金融"这一概念在 2012 年举办的"金融四十人年会"上首次由谢平公开提出。他认为，互联网金融是一个谱系概念，涵盖了从传统银行、证券、保险和交易所等金融中介和市场到瓦尔拉斯一般均衡对应的无金融中介和市场情形之间的所有金融交易和组织形式。因此，互联网金融不是以传统商业银行为代表的间接融资模式，也不是以证券市场为代表的直接融资模式，而是现代信息和网络技术的应用和普及后所产生的不同于前两者的一种新的融资模式。经济学家陈志武则认为，互联网金融只是在金融销售渠道和获取渠道意义上挑战传统的银行和资本市场，而并非在支付结构方面或在金融产品意义上的"新金融"。因此，互联网金融只是在渠道意义上挑战了传统的银行和资本市场，但在产品结构和产品设计上与传统金融没有多少区别，互联网金融并没有改变金融交易的本质特征。

金融科技与互联网金融有着某些相似的特征但也有着本质区别。从相似性看，二者均体现了金融与科技的融合，都是对运用各种创新技术手段优化与创新金融服务等行为的概括。二者的区别也很明显，互联网金融是一种商业模式，它将传统金融行业的一些业务转移到线上，而金融科技则是基于金融本身萌发出的一种全新产业。

1.2 金融科技的演化

当前，金融行业产生的巨大变革来源于以大数据、云计算、人工智能、区块链以及移动互联网等技术为引领的科技革命。金融科技的大爆发对传统金融行业产生了颠覆性的影响，同时也在推动着金融行业的不断发展。从金融科技首次被提出至今，一直在飞速发展，随着近几年技术的进步，金融科技更是迎来了新的发展契机。

1.2.1 国际金融科技的发展趋势

1. 中美两国成为全球金融科技发展的领头羊

2017年1月,花旗银行研究报告表明,中美两国在2016年获得的金融科技风险投资(以下简称风投)规模在全球占比总和达87%。对比中美金融科技风投状况可知,信贷和保险分别成为中国和美国最受风投青睐的细分领域。与此同时,中国是2016年唯一一个金融科技投资额出现正增长的主体,并超越美国成为全球金融科技投资规模最大的国家。

2017年3月,英国《经济学人》杂志发文指出,从体量规模上看,中国已成为全球金融科技领域的绝对领导者:在互联网信贷领域,中国市场规模占全球市场规模的75%;在全球最具创新力的前5大金融科技企业中,中国占据4席,其中蚂蚁金服作为中国最大的金融科技企业之一,市值规模高达600亿美元。

据统计,2018年,美洲对于金融科技的投资总额达545亿美元,订单量超过1245单位,创下新纪录。美国占据525亿美元投资额,1061单位订单量,在美洲的金融科技行业中居于主导地位。亚洲金融科技投资总额达227亿美元,372单位订单量(主要来自于蚂蚁金服),虽然总量落后,但增长率仍保持在高位,这主要得益于中国金融科技投资规模的大幅度增长。

由此可见,在中美领衔全球金融科技发展的同时,中国正表现出更加强劲的发展态势。

2. 金融巨头与互联网巨头引领金融科技发展

当前,金融巨头与互联网巨头已成为推动金融科技发展的主要力量,并且已形成相对稳定的金融科技发展模式。以美国和中国为例,美国的金融科技最早起源于硅谷,但随着发展进程的加快,华尔街的金融巨头后来居上,它们通过收购和控股金融科技企业、自主研发金融科技相关技术等方式,成为引领美国金融科技发展的后发主导力量。相比而言,中国的金融科技发展最早是由阿里、腾讯、京东和百度等互联网巨头引领,其主要通过"技术创新+金融牌照获取"的模式,迅速扩大金融科技应用范围。事实上,中美金融科技发展主导力量的差异,也正是发达国家与发展中国家金融发展及普惠程度、金融服务需求及供给水平差异的真实写照。

3. 各国着力加快金融监管科技的研究实践步伐

为应对金融科技的迅猛发展,削减金融科技发展所产生的副作用,各国都已将金融监管科技纳入金融监管的创新规划。

"金融科技可以通过拓展产品范围降低成本,提高客户的便利性。借贷、支付、保险、交易以及其他的金融服务领域更多的多元性和竞争,可以使得金融系统更加有效力和韧性,从而提高经济效益。尽管有这些潜在的收益,但同时竞争也可能对现有的金融机构运行造成压力,并侵蚀其资本的实力,尤其会使一些中小金融机构面临更大的风险,这可能会增加金融稳定的风险。"中国金融四十人成员、中国人民银行研究局局长徐忠在中国金融四十人论坛和金融城联合主办的"2018 全球金融科技（北京）峰会"上如是说。在"十三五"发展规划之前，监管部门也推进了一些助力金融科技发展的政策，例如在 2017 年 5 月，中国人民银行成立金融科技委员会，旨在加强金融科技工作的研究规划和统筹协调。

作为金融强国，美国金融监管科技也走在世界前列。2017 年 1 月，在美国前总统奥巴马卸任之前，由白宫国家经济委员会发布美国金融监管科技框架，在该文件的第 4 部分，提供了由 10 条总体原则构成的框架，便于政策制定者及监管层进行思考，参与并评估金融科技生态圈，从而实现相应的政策目标。

2018 年 3 月，欧盟 13 个成员方建立了"金融科技促进者"的监管沙箱，使初创企业能够更快地进入市场，同时更好地了解规则和监管期望。监管沙箱为金融科技创新提供了"缩小版"的真实市场和"宽松版"的监管环境，为金融科技创新留出容错、试错的空间，有利于降低初创企业的运营和合规成本，提高市场竞争性，促进创新，最终提升金融科技服务实体经济的效率和普惠水平。以英国为例，为巩固加强英国在金融科技领域的世界领先地位，英国金融行为监管局（Financial Conduct Authority，FCA）最早设立创新项目和创新中心，并于 2015 年设立"监管沙箱"制度，以实验方式创造"安全区域"，对实验区的产品和服务适当放松监管以激发其创新活力。

在新加坡，为推进金融科技的发展，新加坡金融管理局（Monetary Authority of Singapore，MAS）于 2015 年设立金融科技创新团队，并在此基础上于 2016 年提出"监管沙箱"制度，以最大化降低金融创新风险，同时最大化减少金融创新阻力。此外，澳大利亚证券和投资委员会（Australian Securities and Investment Commission，ASIC）于 2016 年设立"监管沙箱"制度，允许符合条件的金融科技企业在向 ASIC 备案后，无须持金融服务或信贷许可证即可测试特定业务。由此可见，监管科技（RegTech）与金融科技（FinTech）齐头并进的国际发展格局正在加快形成。

1.2.2　国内金融科技的发展趋势

2008 年～2012 年，国内每年新注册的金融科技企业数量一直呈稳定增长的趋势，增长率在 17%～45%之间。2013 年～2015 年，随着互联网的普及，金融科技行业也呈现出迅猛发展的态势，企业数量增长率达到 100%以上，这种增长在 2015 年达到顶峰，共有 4300 家金融科技企业成立。在这一阶段，出现了量化派、百融金服等金融科技企业。同期，蚂蚁金服独立成立金融服务企业，并推出余额宝等产品；京东金融也开始独立运营，定位为服务于金融机构的科技企业。

随着 2016 年国内互联网金融的监管政策开始收紧，不少互联网金融企业以及传统金融机构开始全面向金融科技业务靠拢与转型，促进了金融科技行业的发展，金融科技的发展速度显著加快，并呈现出以下特征。

1. 金融科技的业务范畴及服务人群不断拓展

中国的金融科技与互联网金融联系紧密，前者是在后者的基础上发展、迭代与升级而成的。与互联网金融相比，金融科技除了在技术手段上实现进阶，即以大数据、云计算、人工智能、区块链和物联网等创新技术更替传统互联网技术外，还在业务范畴及服务人群上实现了突破。

一方面，在业务范畴上，借贷与支付是互联网金融较为成熟的两大模式。相比而言，金融科技的业务范畴不再局限于借贷与支付领域，还在向征信、投资、理财、保险和货币发行等更为广泛的金融业务拓展。另一方面，在服务人群上，长尾人群是互联网金融服务的主要对象。相比而言，除了长尾人群，金融科技还面向中产阶层及高端人群，为他们提供智能投顾、智能投保和智能理财等服务。由此可见，金融科技的业务范畴更广、服务人群更宽，有利于传统金融机构实现基于金融科技的全面转型升级。

2. 金融科技发展模式的转变

国内金融科技发展形成了多种模式：第一种模式是互联网巨头获得金融牌照，基于互联网生态圈发展金融科技；第二种模式是金融机构搭建互联网平台，实现自身的金融科技布局；第三种模式是互联网巨头与金融机构合作，共同应用金融科技；第四种模式是一些金融科技的创业企业，多数由原金融机构的业务骨干联合技术力量创业，为不能自建平台的中小规模金融机构提供第三方金融科技服务。

当前第三种模式已成为主流，传统商业银行与互联网科技企业合作已并不新鲜。2017年3月28日，中国建设银行与阿里巴巴、蚂蚁金服签署三方战略合作协议。2017年6月16日，中国工商银行与京东集团宣布开展全面合作。2017年6月20日，中国农业银行与百度建立战略合作关系。2017年6月22日，中国银行与腾讯宣布组建金融科技联合实验室。2017年8月22日，交通银行与苏宁集团达成战略合作，将共同设立"交行—苏宁智慧金融研究院"。与此同时，股份制银行也纷纷加入合作潮流。以中国民生银行为例，在2017年7月初，其相继与中国联通、小米科技和搜狐集团签署战略协议，开启全行业合作。这是互联网消费金融的第一梯队，也是互联网行业巨头与传统金融行业进行的合作，并带动了其他互联网企业与传统金融行业的合作。

除了商业银行外，其他非银行金融机构也围绕金融科技细分领域加快对外合作步伐。例如，2017年6月13日，华夏基金与微软亚洲研究院举办战略合作发布会，共同推进"人工智能+金融"的研究实践。事实上，传统金融机构与互联网机构之所以"由竞转合"，并不是传统意义上的"互联网+金融"，而主要是由自身优势及发展合规性所决定的联合。

3. 金融科技已得到监管机构及自律组织的重视

与互联网金融的"先放后管"不同，金融科技在发展初期即受到监管层的密切关注。2017年5月15日，中国人民银行金融科技委员会成立，该委员会旨在加强金融科技工作的研究规划和统筹协调；5月19日，中国互联网金融协会在北京召开金融科技发展与研究工作组成立仪式，该工作组致力于为金融科技发展规划、行业管理和标准研发等提供政策建议和研究参考；5月25日，中国支付清算协会金融科技专业委员会在北京成立，该委员会是经中国人民银行批准同意，由从事金融科技业务的企事业单位、研究机构及专业人士自愿组成的研究和自律性组织。

2017年之后，强金融监管仍在继续。从监管力度来看，银保监会明确表示未来监管会越来越严；从方向来看，对金融科技的严监管和防风险仍将是监管重点。2019年5月10

日,中国人民银行党委书记、银保监会主席郭树清在会见彼得森国际经济研究所(Peterson Institute for International Economics,PIIE)所长亚当·珀森(Adam Posen)时提出:金融科技必须遵循统一的监管规则和风险防控标准。可以预计,未来与金融科技相关的监管部门及行业协会,将进一步成立相关组织并制定有关政策以规范金融科技的发展。

1.2.3 金融科技发展的三个阶段

1. 第一阶段:1.0阶段(萌芽)

借助高速计算运行和快捷通信的信息技术手段,金融业实现了从传统业务处理向基于现代信息系统的数据化业务处理的迁移,大大提高了传统金融体系的业务效率。

这一阶段具体表现为金融触网,即简单的传统金融业务线上化,通过IT技术应用实现办公和业务处理的电子化、自动化,从而提高业务效率。典型代表为网上银行,将线下柜台业务转移至PC端,此时,IT作为后台部门存在,为部分金融业务提供技术支持,或者由科技企业扮演技术服务或解决方案提供商的角色。

2. 第二阶段:2.0阶段(起步)

通过互联网汇集海量用户,实现金融业务中资产端、交易端、支付端和资金端等任意组合的互联互通,以业务和产品创新的方式推动金融业务的转型、跨界和客户体验的提升,典型业务有P2P网络借贷和互联网保险等。

这一阶段具体表现为传统金融类机构搭建在线业务平台,通过对传统金融渠道的变革,实现信息共享和业务融合。同时,互联网企业的金融化应运而生,使得移动支付成为可能。此时,互联网在金融业的渗透率逐步提升,但并未改变传统金融的本质属性。

3. 第三阶段:3.0阶段(快速成长)

随着云计算、人工智能和区块链等技术作为金融底层架构的不断应用,支付结算和交易得以实现,传统的金融信息采集流程、风险定价模型和投资决策过程得以改变,现有金融体系的效率将得到提升,其完整性与安全性也将得到增强。

在这一阶段,金融业通过新的科技(如数字货币、大数据征信、智能投顾、供应链金融等)改变了传统的金融信息采集来源、风险定价模型、交易决策过程和信用中介角色,大幅提升了传统金融的效率,解决了传统金融的痛点。至此,金融和科技强强联合,传统金融开始发生根本性变革。

1.3 金融科技的典型应用

1.3.1 移动支付

移动支付是移动互联网时代下的一种新型支付形式,是指使用普通或智能手机完成支付或者确认支付,而不是用现金、银行卡或者支票支付。买家可以使用移动手机购买一系列的服务、数字产品或者商品等,其以移动终端为中心,通过移动终端对所购买的产品进行结算支付,移动支付的主要表现形式为手机支付。

移动支付是第三方支付的衍生产品。所谓第三方支付,是指通过第三方支付平台的交易,即买方选购商品后,使用第三方平台提供的账户进行货款支付,由第三方通知卖方货款到达并进行发货;买方检验物品后,通知第三方付款给卖家,第三方再将款项转至卖方账户。有研究者认为,第三方支付实质上是作为信用中介,为交易的支付活动提供一定的信用保障,从而消除由于买卖双方信息不对称而产生的信用风险问题。

移动支付相对于传统支付方式而言,具有时空限制小、方便管理、隐私度和综合度较高的特征。在使用移动支付的过程中,大致涉及以下 4 个主体,即消费者、商家、金融机构以及移动运营商。移动运营商的支付管理系统为整个移动支付流程提供了前提与可能性,维系着移动支付流程中的每一个环节,是一个具有核心纽带功能的重要组成部分。

近年来,移动支付正在以难以想象的速度发展,对有关各方都产生了一定的影响。第一,对于移动支付的消费者而言,作为接受能力较强的一代人,他们对智能手机的依赖使其很快就习惯了使用移动支付。用户在实体店消费时可以直接扫描二维码,无须携带现金,避免了很多烦恼。另外,第三方支付平台提供的线上服务也使得用户可以足不出户就享受到很多便利的服务。第二,对于使用移动支付的商户来说,由于移动支付手续费率相对较低,可以节约商户成本,扩大其盈利空间,最重要的是,移动支付可以有效避免收到假币的问题,节约了辨别纸币真假的成本。第三,对传统的商业银行而言,移动支付在便捷度上的优势对商业银行的业务造成了巨大的冲击。移动支付使得每一笔交易都有迹可循,方便查询账单,因此公众对现金的需求度持续降低、对 ATM 机的使用减少。虽然这降低了商业银行的运维成本,但在第三方平台的冲击下,各家商业银行的业务量呈现下降趋势。第四,对移动运营商而言,伴随着移动支付的发展,各移动运营商作为移动支付的核心参与主体,它们之间的竞争也日趋激烈,这将为消费者带来更多的便利,同时也会促进移动支付系统的完善。

当然,移动支付自身的发展也存在诸多风险。

首先是技术风险。目前,移动支付的运营模式主要有运营商主导模式、银行主导模式及非银行金融机构主导模式等。无论是哪种模式,都需要移动支付产业链各方的相互配合。移动支付产业链较长,涉及银行金融机构、非银行金融机构、清算机构和移动支付设备运营商等各类参与者。在移动支付的技术实现中,仅安全方面就包括了物理安全、网络安全、主机安全、应用安全、数据安全和业务连续性安全等。在这些安全要素的实现方面,有些技术已经成熟,而有些技术还在探索中,特别是条码支付技术(包括支付标记化、有效期控制、条码防伪识别技术等)。在移动支付的发展过程中,有些支付创新为了实现用户的友好性及支付交易的快捷性,而忽略了交易验证的严谨性。支付风险存在于每一个环节中,特别是支付交易中的身份确认往往存在支付风险,是否严格执行有关规则,是否对每一个过程都进行了严格的测试和反复验证,都至关重要。

其次是法律风险。目前大多数国家对于移动支付的法律尚不完善,对于移动支付缺乏统一的必要监管。很多问题都是在出现以后才得以发现并且逐步解决,最后才能加以立法规范，中间的时间差必然会带来诸多衍生的风险。移动支付产业链涉及的各行业在规范标准方面也存在差异，容易滋生法律漏洞，因此，是否采取统一的规范标准也需要加以考量。

最后是涉及终端的应用风险。以应用最为普遍的二维码收付款为例，由于立法未能跟上创新，一些作恶行为处于灰色地带，目前已发生多起收款码被恶意更换或者付款码被盗刷的事件。还有不法分子利用恶意钓鱼软件窃取用户的数据隐私，造成用户数据泄露，这也涉及移动支付各方在身份识别方面的风险。

尽管移动支付存在一定的风险，但是却不能忽视其便利性。移动支付已经渗入到人们生活的方方面面，无现金时代的到来是移动支付发展的必然。同时，随着移动支付的不断发展，个人的信息安全意识也在不断加强，相应的法律法规也在不断进行完善，因此，我们有理由相信，移动支付行业的未来发展态势总体向好。

1.3.2 网络融资

网络融资是金融服务行业的一部分，它是利用投资资金和数据驱动的在线平台将资金直接或间接地借给用户和企业。网络融资模式是互联网技术、电子商务与银行业务管理系统结合的产物，它突破了传统融资市场的空间和时间限制，让小微企业能够"随时随地"实现贷款申请，解决企业的融资需求，并且极大地改善了客户体验。同时，互联网技术的迅速发展也为网络融资的发展提供了肥沃的土壤。

在传统信贷业务模式下，信贷资源配置不均是一个普遍存在的问题，这使得小微企业"融资难、融资贵"的问题难以得到有效解决。而普惠金融的发展则要求能够有效地、全方位地为社会所有阶层和群体提供金融支持，避免由地理因素、评估机制和价格水平等因素造成的金融服务壁垒。网络融资可以借助以互联网为代表的信息技术，搭建信贷服务平台，大幅度降低信息不对称和交易成本高的问题，使得用户拥有多元化的融资渠道，进而满足客户多元化的金融服务需求。网络融资业务的发展，不仅能够有效解决小微企业融资难的问题，而且还能释放小微企业乃至个人的投资需求，大大弥补了传统信贷的不足。

网络融资有两层含义：一是应用互联网和网上银行技术，通过电子渠道完成传统信贷业务，大幅降低成本，这可以被定义为网上银行信贷业务；二是通过电子商务交易平台获取客户信息，利用互联网技术，实现银行资源和外部资源的充分整合，办理全流程线上操作的信贷业务，整合银行系统资源、电子商务平台系统资源和物流企业的资源，实现信息流、物流和资金流三流合一，这可以被定义为网络贷款业务。

这两种信贷业务都是对传统银行业务的创新和突破，两者有交叉，但也有不同。对银行而言，网络贷款是经营理念的重大突破，意味着银行在面对小微企业的信贷需求时，除了要和传统信贷中一样重视企业经营状态与对企业财务状况进行调查外，还要考察企业在电子商务网站中的交易和信用记录，并以此实施差别化贷款模式、贷款定价和贷后管理工作。随着网络融资的蓬勃发展，形成了包括网络循环贷、网络联保贷和网络供应链融资等各具特色的融资模式。网络联贷联保业务和网络供应链金融业务是网络贷款业务中主要的业务模式。

网络联贷联保业务是对传统银行贷款操作模式的一种突破，通过组建联合体来实现联合贷款和联合担保，通过联合担保起到互相支持、互相监督和分散风险的作用，通过横向约束来解决信息不对称问题。它是从制度创新方面探索的一种新型授信模式，不是单纯依赖抵押物，而是通过充分调动企业在贷款申报和贷款管理过程中的主观能动性，利用企业现有的和可利用的资源（私人信息资源、关系资源和社会资本等），来增强对企业还款的约束力，在一定程度上解决了小微企业担保难的问题。

网络供应链金融业务是结合网络供应链业务为小微企业量身定做的一种新型融资模式，银行评估的是整个供应链的信用状况，从供应链角度对小微企业开展综合授信。它打破了原来银行孤立考察单个企业静态信用的思维模式，把与其相关的上下游企业作为整体，更强调整条供应链的稳定性、贸易背景的真实性以及授信企业交易对手的资信和实力，从而有利于银行更好地发现小微企业的核心价值。

然而，就网络融资的发展阶段来说，其尚属发展初期，还存在诸多的限制因素。首先是全国性的征信体制尚未健全，企业与个人的征信信息尚不完善，社会诚信水平不高；其次是风险管理机制尚未明确，适合网络融资发展的风险管理机制尚在探索当中，对网络风险的管控是网络融资主体亟待考虑的问题；再次是监管尚未完善，由于网络融资参与主体众多，难以对各个环节都进行全面的、有效的监管，如何明确业务红线，制定具体的监管措施，也是网络融资发展面临的不确定因素；最后是技术尚未成熟，各方通过网络手段保障交易的真实性、安全性和规范性的能力有待提高，各个系统间未能完全平滑对接，业务规则也不能始终保持一致。

网络融资面临着与传统商业银行信贷相似的风险，即信用风险、市场风险和操作风险等。此外，网络融资还面临着其他几种与传统商业银行不同的风险，即法律风险、技术风险以及机制制约风险，这几类风险的表现形式及风险后果将更为复杂。针对以上风险，主要采取以下措施进行规避：①对内部信用评级和贷款进行分类；②完善组织结构和职责体系；③规范市场风险控制政策和程序；④建立市场风险计量方法与工具；⑤完善网络融资内控制度，保证系统运行的安全性；⑥加强内部员工合规性管理；⑦增强客户网络风险防范能力；⑧制定网络融资风险应急预案。

1.3.3 智能金融

智能金融，顾名思义，就是人工智能与金融的融合，它是指以人工智能、区块链、大数据和云计算等高新科技为依托，全面赋能金融机构，拓展金融服务的广度和深度，使得所有人可以平等地获得高效、专业的金融服务，实现金融服务的智能化与个性化。

人工智能在金融领域的应用主要有以下几方面：①智能获客。智能获客是指依托大数据，对客户进行画像，通过建立需求响应模型，极大提升获客效率，也可以理解为精准营销。②身份识别。身份识别主要是以人工智能为内核，借助于图像、声纹等各种技术手段，对用户进行身份验证，从而降低核验成本，同时不断加强身份核验的生物特征，以增强安全性。③大数据风控。大数据风控是指基于大数据,通过各种技术,搭建反欺诈、信用风险识别模型,多维度控制金融机构的风险,同时增强金融机构的资产安全性。④智能投顾。智能投顾又称为机器人理财,是虚拟机器人基于客户自身的理财需求,根据个人的信用与风险承受能力以及资产情况,通过算法和产品来完成以往人工提供的理财顾问服务。⑤智能客服。智能客服是在大规模知识处理基础上发展起来的一项面向行业应用的技术。它拓展了客服领域的广度与深度,不仅降低了服务成本,也提升了客户体验。⑥金融云。金融云主要依托云计算技术,旨在为银行、基金和保险等金融机构提供 IT 资源和互联网运维服务,可以为金融行业提供更为安全高效的全方位解决方案与建议。⑦区块链金融。由于区块链技术具有不可篡改与安全的特性,因此被率先应用在资产证券化、跨境结算和供应链金融等领域。

【思考题】

1. 请辨析金融科技、科技金融与互联网金融的相关性和区别。
2. 举例说明移动支付存在哪些安全风险漏洞。

Chapter 2

人工智能基础

2.1 人工智能概述

2.1.1 基本概念

1. 定义及辨析

（1）人工智能（Artificial Intelligence，AI）的定义。人工智能之父之一的马文·明斯基将人工智能定义为"让机器做本需要人的智能才能够做到的事情的一门科学"。后来的学者做了更多的补充，例如《人工智能：一种现代的方法》一书中指出：人工智能是有关"智能主体（Intelligent Agent）的研究与设计"的学问，而智能主体是指一个可以观察周遭环境并做出行动以达到目标的系统。

美国斯坦福大学人工智能研究中心的尼尔逊教授提出：人工智能就是致力于让机器变得智能的一种活动，而智能就是让一个实体在其所处环境中能够适当地、有远见地实现其功能的一种能力。

《人工智能标准化白皮书（2018）》则认为，人工智能是利用数字计算机或者数字计算机控制的机器模拟、延伸和扩展人的智能，感知环境、获取知识并使用知识获得最佳结果的理论、方法、技术及应用系统。

综上所述，本书对人工智能的定义为：人工智能是研究、开发如何利用一定的载体模拟、延伸和扩展人的智能，使其能够感知环境、获取知识并使用知识获得最佳结果的理论、方法、技术及应用系统。

值得注意的是，随着人工智能相关从业者和研究人员的不断探索以及发展环境与条件的推动，人工智能的基本内容和内涵都在不断丰富，这为人工智能的定义赋予了鲜明的时代特征。此外，学术界与业界对人工智能的研究导向不同，从这一角度来看，不同的研究层面适用的人工智能定义自然也千差万别。

（2）机器学习与深度学习。机器学习（Machine Learning，ML）是专门研究如何让计算机获取新的知识或技能，并能基于已有的知识不断学习、改善自身性能的一门学科。深度学习（Deep Learning，DL）的概念则源于人工神经网络的研究，其目的是通过建立具有阶层结构的人工神经网络（Artificial Neural Networks，ANNs），在计算机系统中实现人工智能。

由此可见，机器学习是人工智能的核心，是实现人工智能的根本方法，广泛应用于人工智能的各个领域；深度学习则是实现机器学习的一种方法，是机器学习研究中的一个新的领域。因此，机器学习可视为人工智能的一个子集，深度学习则是机器学习的子集。

2. 内涵与层级划分

（1）内涵。时至今日，人工智能的内涵已大大拓展，人工智能的定义在不同的发展阶段与研究范畴中存在不同的表述，简单来说，实现真正的人工智能需要具备三个核心要素：一是 Learn（学习——目的是获得知识或规则），二是 Understand（理解——基于环境与知识做出评判或决策），三是 Deal with（行为——基于理解做出相应行动以达到目标）。

人工智能不仅仅可以对人类思维方式或人类总结的思维法则进行模仿，更重要的是，人工智能可以习得特定的知识与规则，并通过一些方法来解读这些信息，最终根据环境感知主动做出反应，以实现某个目标。

（2）层级划分。斯图亚特·罗素（Stuart Russell）与彼得·诺维格（Peter Norvig）在《人工智能：一种现代的方法》中，将已有的一些人工智能定义分为 4 类：即像人一样思考的系统、像人一样行动的系统、理性地思考的系统和理性地行动的系统。普遍认为，根据人工智能是否能真正实现推理、思考和解决问题，可将人工智能分为弱人工智能与强人工智能。

1）弱人工智能（Artificial Narrow Intelligence，ANI），又称限制领域人工智能（Narrow AI）或应用型人工智能（Applied AI），它是指专注于且只能解决特定领域问题的人工智能，例如语音识别、图像识别和翻译等。弱人工智能是不能真正实现推理和解决问题的智能机器，这些机器表面上看像是智能的，但是并不真正拥有智能，也没有自主意识。迄今为止的人工智能系统都还是实现特定功能的专用智能，而不是像人类智能那样能够不断适应复杂的新环境并不断涌现出新的功能，因此还都是弱人工智能。

2）强人工智能（Artificial General Intelligence，AGI），又称通用人工智能或完全人工智能（Full AI），它是指可以胜任人类所有工作的人工智能。这样过于笼统的定义导致缺乏一个针对"强人工智能"的可量化的评估标准，从一般意义来说，达到人类水平的、能够自适应地应对外界环境挑战的、具有自我意识的人工智能称为"强人工智能"，但强人工智能不仅在哲学上存在巨大争论，在技术研究上也具有极大的挑战性。

3. 特点

（1）人工智能系统由人类设计，能够为人类服务，其本质为计算、基础为数据。人工智能系统是人为设计与制造出的智能机器，应当通过智能芯片等载体按照既定的逻辑或算法运行。这些系统运行的本质为计算，通过对数据的采集、加工、处理、分析和挖掘，形成有价值的信息流和知识模型，来实现对"智能"的模拟，为人类提供延伸人类能力的服务。

（2）人工智能系统能感知环境、产生反应，且能与人交互，与人互补。人工智能系统应能够借助传感器等器件对外界环境（包括人类）进行感知，可以接收并处理来自外部环境的各种信息，并像人一样做出一定的反应。与此同时，借助于鼠标、屏幕、手势、体态、力反馈、虚拟现实和增强现实等方式，人与机器间可以产生交互，使机器设备越来越"理解"人类乃至与人类共同协作、优势互补。

（3）人工智能系统有适应特性、学习能力，且能够演化迭代，连接扩展。人工智能系统在理想状态下应具有一定的自适应特性和学习能力，即可以随环境、数据或任务的变化而自适应调节参数或更新优化模型；并且能够在此基础上通过与云、端、人、物越来越广泛、深入的数字化连接扩展实现演化迭代，以使系统具有适应性、鲁棒性、灵活性和扩展性，从而挖掘、适应并丰富各行各业的人工智能应用场景。

2.1.2 人工智能发展史

从诞生至今,人工智能已有 60 余年的发展历史,大致经历了 3 次浪潮,如图 2-1 所示。第一次浪潮为 20 世纪 50 年代末至 20 世纪 80 年代初;第二次浪潮为 20 世纪 80 年代初至 20 世纪末;第三次浪潮为 21 世纪初至今。在人工智能的前两次浪潮中,由于技术未能实现突破性的进展,相关应用难以达到预期效果,无法支撑起大规模的商业化应用,最终在两次起落后归于沉寂。而从迈入信息和互联网时代的 21 世纪伊始以来,以 2006 年深度学习模型的提出为标志,人工智能迎来了第三次高速成长。

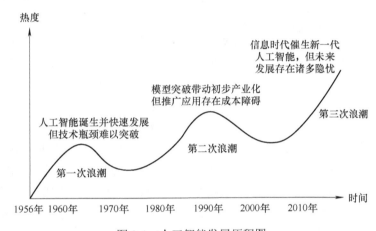

图 2-1 人工智能发展历程图

来源:新一代人工智能发展白皮书(2017)

1. 第一次浪潮(20 世纪 50 年代末~20 世纪 80 年代初):**人工智能诞生并快速发展,但技术瓶颈难以突破**

早在 1950 年,图灵在《计算机器与智能》一文中就提出"机器会思考吗?"这一问题,指出了创造出具有智能机器的可能性,他提出的图灵测试是机器智能的重要测量手段。1956 年,马文·明斯基与约翰·麦卡锡和克劳德·香农等人一起发起并组织"达特茅斯会议",并在会上首度提出"人工智能"的概念,这次会议被誉为"人工智能的起点"。

1956 年~1974 年,符号主义的盛行推动人工智能进入第一个黄金时期,学者将"符号"引入统计分析中进行语义处理,形成了基于知识的方法,使人机交互成为可能。1959 年,被誉为"机器学习之父"的亚瑟·塞缪尔提出了通过学习能力来获取智能的机器学习,变革了传统的制造智能。这一阶段科学家发明了多种具有重大影响的算法,如深度学习模型求解神经元连接权重依赖的数学基础,贝尔曼公式。除在算法和方法论方面取得了新进展,科学家们还制作出具有初步智能的机器,如能证明应用题的机器 STUDENT 以及可以实现简单人机对话的机器 ELIZA。

然而,从 1976 年开始,人工智能的研究进入长达 6 年的萧瑟期。人工智能的瓶颈逐渐显现,逻辑证明器、感知器、增强学习只能完成指定的工作,却无法应对超出范围的任务,加上很多事物不能形式化表达,建立的模型存在一定的局限性,使人工智能的相关研究止步不前。导致这一情况出现的原因主要有两点:一是人工智能所基于的数学模型和数学手段被发现具有一定的缺陷;二是很多计算的复杂度呈指数级增长,依据现有算法无法完成计算任务。由于缺乏进展,研发机构对人工智能的热情逐渐冷却,多国对人工智能的资助也被相应缩减,人工智能首次步入低谷。

2. 第二次浪潮(20世纪80年代初~20世纪90年代末):**模型突破带动初步产业化,但推广应用存在成本障碍**

进入20世纪80年代,人工智能再次回到了公众的视野中。20世纪80年代中期,随着美国、日本立项支持人工智能的研究,以及以知识工程为主导的机器学习方法的发展,人工智能相关的数学模型取得了一系列重大发明成果。这一阶段出现了具有更强可视化效果的决策树模型和突破早期感知机局限的多层人工神经网络,并研发出了能与人类对弈象棋的高度智能机器。与此同时,专家系统得到了应用,实现了人工智能从理论研究走向实际应用、从一般思维规律探索走向专门知识应用的重大突破,这将人工智能研究推向了新高潮。

然而,机器学习的模型仍然是"人工"的,也有很大的局限性。为推动人工智能的发展,研究者设计了 LISP 语言,并针对该语言研制了 LISP 计算机,该机型指令执行效率比通用型计算机更高,但由于其价格昂贵且难以维护,始终难以大范围推广普及。1987年后 LISP 机市场随着台式机与个人计算机的普及而逐渐崩塌。此外,随着专家系统应用的不断深入,一些问题也逐步暴露,比如知识获取难、推理能力弱、实用性差和成本高且难维护等,这些问题导致人工智能的发展再一次进入低谷期。

3. 第三次浪潮(21世纪初至今):**信息时代催生新一代人工智能,但未来发展存在诸多隐忧**

1997年,IBM 深蓝(Deep Blue)战胜了国际象棋世界冠军卡斯帕罗夫,它代表了基于规则的人工智能的胜利,是一次具有里程碑意义的成功尝试。2006年,在加拿大多伦多大学辛顿教授和其学生的推动下,深度学习开始受到关注,并对后来人工智能的发展带来了重大影响。从2010年开始,人工智能进入爆发式的发展阶段,其最主要的驱动力是大数据时代的到来,运算能力及机器学习算法得到了显著提高。与此同时,人工智能的目标和理念出现了重要的调整,科学基础和实现载体取得了新的突破,类脑计算、深度学习和强化学习等一系列的技术萌芽也预示着内在动力的成长,产业界也开始不断涌现出新的研发成果,人工智能的发展已进入一个新的阶段。

得益于数据量的快速增长、计算能力的大幅提升以及机器学习算法的持续优化,新一代人工智能在某些给定任务中已经展现出达到或超越人类的工作能力,并逐渐从专用型智能向通用型智能过渡,有望发展为抽象型智能。随着应用范围的不断拓展,人工智能与人类生产生活的联系越发紧密,一方面,它给人们带来了诸多便利,但另一方面,它也了一些潜在问题:一是加速机器替换人,可能致使结构性失业更为严重;二是隐私保护成为难点,数据拥有权、隐私权和许可权等界定存在困难。

4. 人工智能演进大事记

在人工智能的发展历程中，经历了多个历史性事件，如图 2-2 所示。

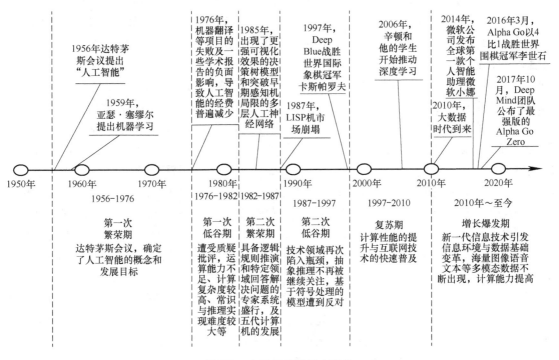

图 2-2 人工智能发展大事件

来源：人工智能标准化白皮书（2018 年）

2.1.3 新一代人工智能

为了把握人工智能发展的重大战略机遇，构筑我国人工智能发展的先发优势，加快建设创新型国家和世界科技强国，2017 年 7 月 8 日，国务院印发《新一代人工智能发展规划》，并提出分 3 步走的战略目标以及六大重点任务。

1. 人工智能发展的 ABCs 模型

纵观人工智能的"三次浪潮"发展史，以下四大因素是关键的推动力量，尤其是对新一代人工智能而言。但从反向视角看，这也是早期人工智能发展陷入低谷的阶段性制约因素。

（1）算法（A—Algorithm）。新一代人工智能得以出现，最强的驱动力正是机器学习与深度学习算法的崛起。2006 年，深度学习概念的提出极大地发展了人工神经网络算法，提高了机器自学习的能力。随着算法模型重要性的逐步凸显，全球科技巨头纷纷加大了这方面的布局力度和投入，通过成立实验室、开源算法框架、打造生态体系等方式推动算法模型的优化和创新。目前，深度学习等算法已经广泛应用在自然语言处理、语音处理以及计算机视觉等领域，并在某些特定领域取得了突破性的进展。

（2）大数据（B—Big Data）。与早期基于推理的人工智能不同，新一代人工智能是由大数据驱动的，更多地运用了统计分析的方法。近年来，人机物互联互通成为大趋势，大数据是"量"上的爆炸性增长与"质"上的巨大飞跃，为人工智能算法模型的实践和发展提供了良好的土壤。现阶段，全球数据总量每年都以倍增的速度增长，预计到2020年将达到44万亿GB，中国产生的数据量将占全球数据总量的近20%。此外，数据端的"质"也得以显著提升，数据和人工智能的关系可以用"废料输入，废料输出"（Garbage in，Garbage out）来形容，因此，用来训练学习算法的数据十分重要。目前，人工智能正从监督式学习向无监督式学习演进升级，从各行各业的海量数据中积累经验，发现规律并持续演化。

（3）计算能力（C—Computing Power）。基于大数据统计分析的算法和基于并行计算的深度学习需要强大的计算能力来满足高强度、高频次的处理需求。近年来，数据处理技术加速演进，运算能力大幅提升。人工智能芯片的出现加速了深层神经网络的训练迭代速度，让大规模的数据处理效率显著提升，极大地促进了人工智能行业的发展。目前，出现了GPU、NPU、FPGA和各种各样的AI-PU专用芯片。相比传统的CPU只能同时做一两个加减法运算，NPU等专用芯片多采用"数据驱动并行计算"的架构，特别擅长处理视频、图像类的海量多媒体数据。在具有更高线性代数运算效率的同时，产生的功耗比CPU更低。

（4）应用场景（S—Scenarios）。早期的人工智能发展在一定程度上是由学术流派引领并推动的，但当前这波人工智能的崛起，离不开产业应用的引导与技术研发的正反馈。资本与技术的深度耦合使人工智能产业化水平大幅提升；快速迭代的实践应用导向加速形成了技术发展正循环。在此过程中，资本作为产业发展的加速器发挥了重要的作用。一方面，跨国科技巨头以资本为杠杆，展开投资并购活动，得以不断完善产业链布局；另一方面，各类资本对初创型企业的支持，使得优秀的技术型企业迅速脱颖而出。目前，人工智能已在智能机器人、无人机、金融、医疗、安防、驾驶、搜索和教育等场景得到了较为广泛的应用。

综上所述，ABCs因素的组合正推动这波人工智能的第三次崛起，并会让这一波持续的时间更长，带来的社会和经济影响也将更为深远，"人工智能最终会像电力一样渗透到社会的各行各业"。

2. 新一代人工智能的六大重点任务

新一代人工智能的六大重点任务主要包括：

（1）构建开放协同的人工智能科技创新体系。围绕增加人工智能创新的源头供给，从前沿基础理论、关键共性技术、基础平台和人才队伍等方面强化部署，促进开源共享，系统提升持续创新能力。建设布局人工智能创新平台，强化对人工智能研发应用的基础支撑。人工智能开源软硬件基础平台重点建设支持知识推理、概率统计、深度学习等人工智能范式的统一计算框架平台，形成促进人工智能软件、硬件和智能云之间相互协同的生态链。

（2）培育高端高效的智能经济。加快培育具有重大引领带动作用的人工智能产业，促进人工智能与各产业领域的深度融合，形成数据驱动、人机协同、跨界融合和共创分享的智能经济形态。在制造、农业、物流、金融、商务、家居等重点行业和领域开展人工智能应用试点示范，推动人工智能的规模化应用。

（3）建设安全便捷的智能社会。围绕提高人民生活水平和质量的目标，加快人工智能深度应用，形成无时不有、无处不在的智能化环境，全社会的智能化水平大幅提升。围绕教育、医疗、养老等迫切民生需求，加快人工智能的创新应用。

（4）加强人工智能领域军民融合。深入贯彻落实军民融合发展战略，推动形成全要素、多领域、高效益的人工智能军民融合格局。以军民共享共用为导向部署新一代人工智能基础理论和关键共性技术研发。鼓励优势民间科研力量参与国防领域人工智能重大科技创新任务，推动各类人工智能技术快速嵌入国防创新领域。

（5）构建泛在安全高效的智能化基础设施体系。大力推动智能化信息基础设施建设，提升传统基础设施的智能化水平，形成适应智能经济、智能社会和国防建设需要的基础设施体系。加快推动以信息传输为核心的数字化、网络化信息基础设施，向集融合感知、传输、存储、计算、处理于一体的智能化信息基础设施转变。统筹利用大数据基础设施，强化数据安全与隐私保护。

（6）前瞻布局新一代人工智能重大科技项目。针对我国人工智能发展的迫切需求和薄弱环节，设立新一代人工智能重大科技项目。加强整体统筹，明确任务边界和研发重点，形成以新一代人工智能重大科技项目为核心、现有研发布局为支撑的"1+N"人工智能项目群，聚焦新一代人工智能重大科技项目和国家相关规划计划中部署的人工智能研发项目。

2.1.4 人工智能主流学派简介

由于智能问题的复杂性，具有不同学科背景或不同研究应用领域的学者，在从不同角度、用不同方法、沿着不同途径对人工智能本质进行探索的过程中，逐渐形成了符号主义、连接主义和行为主义等学派。

1. 符号主义

符号主义（Symbolicism），又称为逻辑主义（Logicism）、心理学派（Psychologism）或计算机学派（Computerism），是基于物理符号系统假设和有限合理性原理的人工智能学派。

符号主义早期的研究思路是通过基本的推断步骤寻求完全解，其代表性成果是1957年纽厄尔和西蒙等人研制的称为逻辑理论家的数学定理证明程序（Logic Theorist，LT），LT的成功说明了可以用计算机来研究人的思维过程和模拟人的智能活动。符号主义者最先正式采用了人工智能这个术语，在20世纪70年代出现了大量的专家系统，结合了领域知识和逻辑推断，使得人工智能进入了工程应用。几十年来，符号主义走过了一条"启发式算法—专家系统—知识工程"的发展道路，并一直在人工智能中处于主导地位。符号主义学派的主要代表性人物有纽厄尔、西蒙和尼尔森等。

理论方面，符号主义认为人工智能起源于数理逻辑。认知的基本元素是符号；认知过程就是符号的运算过程；智能行为的充要条件是物理符号系统，人脑、计算机都是物理符号系统；智能的基础是知识，其核心是知识表示和知识推理，知识可用符号表示，也可用符号进行推理，因而可以建立起基于知识的人类智能和机器智能的统一的理论体系。

研究方法方面，符号主义认为人工智能的研究应该采用功能模拟的方法，即通过研究人类认知系统的功能和机理，再用计算机进行模拟，从而实现人工智能。符号主义主张用逻辑方法来建立人工智能的统一理论体系，却遇到了"常识"问题的障碍，以及不确知事物的知识表示和问题求解等难题，因此，受到了其他学派的批评和否定。

2. 连接主义

连接主义（Connectionism），又称为仿生学派（Bionicsism）或生理学派（Physiologism），是基于神经网络及网络间的连接机制与学习算法的人工智能学派。

连接主义从神经元开始，进而研究神经网络模型和脑模型，为人工智能开创了一条用电子装置模仿人脑结构和功能的新途径。连接主义的代表性成果是 1943 年由麦卡洛克和皮茨创立的脑模型（Brain Model，BM）。从 20 世纪 60 年代到 20 世纪 70 年代中期，连接主义尤其以对感知器为代表的脑模型的研究而出现过热潮，但由于当时的理论模型、生物原型和技术条件的限制，于 20 世纪 70 年代中期到 20 世纪 80 年代初期跌入低谷，直到 1982 年，霍普菲尔德提出了 Hopfield 网络模型后，才开始复苏。1986 年，鲁梅尔哈特等人提出了 BP 网络，使得多层网络的理论模型有所突破，再加上人工神经网络在图像处理、模式识别等方面表现出的优势，使连接主义在新的技术条件下又掀起了一个研究浪潮。

理论方面，连接主义认为人工智能起源于仿生学。思维的基元是神经元，而不是符号；思维过程是神经元的联结活动过程，而不是符号的运算过程；反对符号主义关于物理符号系统的假设，认为人脑不同于计算机；提出联结主义的人脑工作模式，以取代符号主义的计算机工作模式。

研究方法方面，连接主义主张，人工智能研究应采用结构模拟的方法，即着重于模拟人类神经网络的生理结构；功能、结构与智能行为是密切相关的，不同的结构表现出不同的智能行为。包括深度学习在内，连接主义已经提出了多种人工神经网络结构模型和联结学习算法。

3. 行为主义

行为主义（Actionism），又称为进化主义（Evolutionism）或控制论学派（Cybemeticsism），它是基于控制论和"感知—动作"控制系统的人工智能学派。

行为主义的代表性成果是布鲁克斯研制的机器虫，布鲁克斯在 MIT 的人工智能实验室研制成功了一个能够 6 足行走的机器虫实验系统，这个机器虫虽然不具有像人那样的推理能力和规划能力，但其应对复杂环境的能力大大超过了原有的机器人，在自然环境下，具有灵活的防碰撞和漫游行为。1991 年 8 月，在悉尼召开的第 12 届国际人工智能联合会议上，布鲁克斯在他多年进行人造机器虫研究和实践的基础上发表了《没有推理的智能》这一论文，对传统人工智能进行了批评和否定，提出了基于行为（进化）的人工智能新途径，从而在国际人工智能界形成了行为主义这个新的学派。

理论方面，行为主义认为，人工智能起源于控制论。智能取决于感知和行动，提出了智能行为的"感知—动作"模型；智能不需要知识、不需要表示、不需要推理；人工智能可以像人类智能那样逐步进化，智能只有在现实世界中通过与周围环境的交互作用才能表现出来；传统人工智能（主要指符号主义，也涉及连接主义）对现实世界中客观事物的描述和复杂智能行为的工作模式做了虚假的、过于简单的抽象，因而不能真实反映现实世界中的客观事物。

研究方法方面，行为主义主张，人工智能研究应采用行为模拟的方法，功能、结构和智能行为是不可分的，不同的行为会表现出不同的功能和不同的控制结构。

2.2 机器学习算法

2.2.1 机器学习算法概述

1. 算法的基本概念

（1）定义。算法（Algorithm）是指一系列解决问题的指令，是用系统方法描述解决问题的策略机制。也就是说，算法能够对一定规范的输入，在有限时间内获得所要求的输出。

计算机由几十亿个微小开关（晶体管）组成，而算法则能在一秒内打开并关闭这些开关几十亿次。最简单基础的算法就是扳动开关。一个晶体管的状态就是一个比特信息：如果开关打开，那么信息就是 1；如果开关关闭，那么信息就是 0。

一种算法不仅仅是简单的一套指令，这些指令必须精确且不能模糊，这样计算机才能够执行。比如，食谱并不算是一种算法，因为食谱没有给出明确的做事顺序，或者并没有具体说明每一步是怎样操作的。

（2）特征。算法的特征包括以下几点：

1）可穷尽（Finiteness）：算法必须能在执行有限个步骤之后终止。

2）确切性（Definiteness）：算法的每一步骤必须有确切的定义。

3）输入项（Input）：一个算法有 0 个或多个输入，以刻画运算对象的初始情况。所谓 0 个输入是指算法本身定出了初始条件。

4）输出项（Output）：一个算法要有一个或多个输出，以反映对输入数据加工后的结果，没有输出的算法是毫无意义的。

5）可行性（Effectiveness）：算法中执行的任何计算步骤都可以被分解为基本的可执行的操作步骤，即每个计算步骤都可以在有限时间内完成（也称为有效性）。

2. 人工智能算法

（1）人工智能算法与机器学习算法。从人工智能发展史上来看，算法是人工智能发展的引擎。一般而言，在人工智能领域，谈到人工智能算法就是指机器学习算法。

简单来说，机器学习算法是一种能够从数据中学习的算法，关于"学习"的理解，米切尔（Mitchell）于 1997 年提供了一个简洁的定义："对于某类任务 T 和性能度量 P，一个计算机程序被认为可以从经验 E 中学习是指，通过经验 E 改进后，它在任务 T 上由性能度量 P 衡量的性能有所提升。"经验 E、任务 T 和性能度量 P 将被用来构建机器学习算法。

（2）机器学习算法与传统算法。传统算法是具有正式规则属性的算法，是在解决特定问题的目标下，确定实现流程，进而编写程序以转化为计算机可识别的建立在人类清晰界定议题、明确实现流程的基础上，并编写程序以便计算机识别与自动执行，最后得出结果。

相较于传统算法，机器学习算法更类似于非正式规则，其对人类的理解与分析能力依赖程度弱，强调的是在人类智能的启发下，基于数据集，通过算法的自我训练、自我学习和自我优化来调整参数与权重以实现最终既定的目标，一般只有具有学习能力的系统才能被认定为是一个真正的智能系统。

（3）机器学习的工作过程。机器学习的工作过程包括以下几部分：

1）选择数据：通常会将可得数据分成 3 组——训练数据、验证数据和测试数据。
2）训练模型：使用训练数据来构建使用相关特征的模型。
3）验证模型：使用验证数据接入相应的模型。
4）测试模型：使用测试数据检查被验证的模型的表现。
5）使用模型：使用完全训练好的模型在新数据上做预测。
6）调优模型：使用更多的数据、不同的特征或调整过的参数来提升算法的性能表现。

将该过程与前文"学习"的内涵对应起来可知流程为：先引入"样本"的概念，样本是指从希望机器学习系统处理的对象或事件中收集到的已经量化的特征（Feature）的集合；经验 E 可以理解为训练数据并从数据集（这里是指很多样本组成的集合）中获取经验；任务 T 就是机器学习的目标，即构建与数据集相适应的算法模型，或者说如何处理样本（Example）。性能度量 P 就是衡量算法模型某些方面的好坏，以便于评估和优化模型。

3. 机器学习算法的核心要素

（1）设计逻辑。人工智能算法的设计逻辑可以从"学什么""怎么学"和"做什么"三个维度来概括。首先是学什么，人工智能算法需要学习的内容，是能够表征所需完成任务的函数模型。该函数模型旨在实现人们需要的输入和输出的映射关系，其学习的目标是确定两个状态空间（输入空间和输出空间）内所有可能取值之间的关系。其次是怎么学，算法通过不断缩小函数模型结果与真实结果之间的误差来达到学习目的，一般该误差称为损失函数。损失函数能够合理量化真实结果和训练结果的误差，并将之反馈给机器继续做迭代训练，最终实现学习模型输出和真实结果的误差处在合理范围。最后是做什么，机器学习主要完成 3 个任务，即分类、回归和聚类，目前多数人工智能落地应用，都是通过对现实问题抽象成相应的数学模型，分解为这三类基本任务进行有机组合，并对其进行建模求解的过程。

（2）主要任务。常见的机器学习任务类型包括：分类、输入缺失分类、回归、转录、机器翻译、结构化输出、异常检测、合成和采样、缺失值填补、去噪和密度估计或概率质量函数估计等。其中，"分类"是指根据样本的某些特征或属性来识别其属于 K 类中的哪一类,最常见的应用如计算机面部识别。"输入缺失分类"是分类问题的一种,是在一些输入可能丢失时进行分类的工作,这在医疗诊断中经常出现。"回归"与传统统计学中的数据拟合分析相近,用于预测,比如根据现有的信息来推测证券价格,这在算法交易中应用较广。"转录"是指观测一些相对非结构化表示的数据,并转录信息为离散的文本形式,比如根据文本图片返回文字序列的光学字符识别(Optical Character Recognition,OCR)以及语言输入转文字输出的语音识别。"机器翻译"就是不同语言间的字符转化,如语言翻译——中译英等。"结构化输出"就是使输出元素是向量或者其他包含多个值的数据结构,与上述转录和机器翻译任务相联系。"异常检测"就是在一组事件或对象中进行筛选,并标记不正常或非典型的个体,比如检测信用卡是否存在使用异常的欺诈检测。"合成和采样"就是让机器学习程序生成一些和训练数据相似的新样本,这在媒体应用中非常实用,比如视频游戏可以自动生成大型物体或风景的纹理。"缺失值填补"和"去噪"是处理样本数据的有用方法,"密度估计或概率质量函数估计"是捕获样本分布特征的方法,这些都与传统统计分析的任务类似。

(3)性能度量。算法的性能度量是为了能定量地评估机器学习算法的能力,通常性能度量是针对某一特定任务而言的。

对于如同分类、缺失输入分类和转录任务,通常度量模型的准确率。准确率是指该模型输出正确结果的样本比率,另外,也可以通过错误率得到相同的信息,错误率是指该模型输出错误结果的样本比率。

对于密度估计这类任务,需要使用不同的性能度量,使模型对每个样本都输出一个连续数值的得分,最常用的方法是输出模型在一些样本上概率对数的平均值。

为了测试机器学习算法在未观测数据上的性能,通常会在训练机器学习系统的训练集数据以外,分离出一部分数据作为测试集,使用这部分测试集数据来评估模型性能。这将决定训练出的机器学习系统在实际应用中的性能优劣。

性能度量的选择或许看上去简单且客观,但是选择一个与系统理想表现对应的性能度量通常是很难的。在选择性能度量指标时,要综合考虑学习任务、性能衡量特点、模型选择的泛化能力和预测能力以及指标选取的可行性等。

4. 机器学习算法的分类

(1)根据任务划分。人工智能实际应用问题经过抽象和分解,主要可以分为回归、分类和聚类3种基本任务,针对每一类基本任务,人工智能算法都提供了相应的解决方案。

1)回归任务的算法:回归算法是一种用于连续型数值变量预测和建模的监督学习算法。使用案例包括需求预测与仓储规划方案、农产品价格预测分析、车辆出行流量预测、搜索引擎的搜索量和股价波动预测等。常用的分类算法包括线性回归(正则化)、回归树(集成方法)、最邻近算法和深度学习方法等。

2)分类任务的算法:分类算法是一种用于分类变量建模及预测的监督学习算法,分类算法往往适用于类别(或其可能性)的预测。使用案例包括待测微生物种类判别、个人征信评估与违约风险量化分析、基于文本内容的垃圾短信识别、用户异常行为检测、大数据精准营销中用户画像挖掘等。常用的分类算法包括逻辑回归(正则化)、分类树(集成方法)、支持向量机、朴素贝叶斯和深度学习方法等。

3）聚类任务的算法：聚类算法是一种基于数据内部结构来寻找样本集群的无监督学习算法。使用案例包括用户画像、电商物品聚类、社交网络分析等。常用的分类算法包括K-均值、仿射传播、分层/层次和基于密度的噪声空间数据聚类算法。

（2）根据学习方式划分。根据算法学习方式的不同，可以将机器学习算法分为监督式学习、非监督式学习、半监督式学习和强化学习4种，这种分类有助于在建模的时候根据输入数据的个性化来选择最合适的算法，从而获得最好的结果。

1）监督式学习：在监督式学习下，可以由训练资料中学到或建立一个模式，并依此模式来推测新的实例。训练资料是由输入物件（通常是向量）和预期输出所组成。函数的输出可以是一个连续的值（称为回归分析），或是预测一个分类标签（称作分类）。在建立预测模型的时候，监督式学习是指建立一个学习过程，将预测结果与"训练数据"的实际结果进行比较，不断调整预测模型，直到模型的预测结果达到一个预期的准确率，如图2-3所示。常见的应用场景如分类和回归问题，常见的算法有逻辑回归和反向传递神经网络。

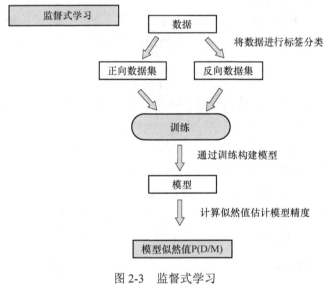

图2-3 监督式学习

来源：CTOCIO.com

2）非监督式学习：在非监督式学习中没有类别信息，即数据并不被特别标识，要通过对所研究对象的大量样本的数据进行分析，从而推断出数据的一些内在结构，据此实现对样本的分类。常见的应用场景如反欺诈与反洗钱、用户细分和推荐系统等。常见的算法包括关联分析算法和k-均值算法。

3）半监督式学习：半监督式学习是监督式学习与非监督式学习相结合的一种学习方法，在这种学习方式下，输入数据包括部分被标识的以及部分没有被标识的，这种学习模型可以用来进行预测，但与非监督式学习类似，也需要学习数据的内在结构，以便合理组织数据来进行预测。常见的应用场景如社交媒体的用户分类、图像识别等，常用的算法包括图论推理算法、生成模型和拉普拉斯支持向量机等。

4）强化学习：又称再励学习、评价学习或增强学习，是机器学习的范式和方法论之一，用于描述和解决智能体在与环境的交互过程中通过学习策略以达成最大化回报或实现特定目标的问题。在这种学习模式下，输入数据直接反馈到模型，模型必须对此立刻做出调整，输入数据作为对模型的反馈，仅仅是作为一个检查模型对错的方式。常见的应用场景如动态系统以及机器人控制等。常见的算法包括Q-Learning和时间差学习。

2.2.2 典型算法介绍

回归算法是数理统计分析中的基本方法。除此之外，按照机器学习的五大流派，分别对其主算法进行介绍，包括符号学派对应的决策树，连接学派对应的人工神经网络，进化学派对应的遗传算法，贝叶斯学派对应的朴素贝叶斯分类器以及类推学派对应的支持向量机。

1. 回归算法

回归算法是机器学习算法的基础，因此在介绍其他算法前有必要先介绍该算法。回归算法有两个重要的子类，即线性回归（Linear Regression）与逻辑回归（Logistic Regression）。

其中，线性回归是通过构建属性（模型参数）的线性组合来进行拟合与预测的回归分析模型，其目的是找到一条直线，或者是一个平面，或者是更高维的超平面，使得预测值与真实值之间的误差最小化。一般使用"最小二乘法"来进行模型的优化与求解，思想是使均方误差最小化，即使拟合数据与实际数据之间误差的平方和最小。

相比于线性回归，逻辑回归解决的是分类问题而非数值问题，预测结果是离散的分类而不是数字。其原理是通过在线性方程外套一个隐函数，将数值结果转化为概率值，并根据这个概率进行预测，如果该函数是Logistic函数，则为Logistic回归。

2. 决策树

（1）概念。决策树（Decision Tree），又称为判断树，是一种以树形数据结构来展示决策规则和分类结果的模型。作为一种归纳学习算法，它可以视为If-Then规则的集合，决策树分类器的逻辑图解就像是判断模块和终止块组成的流程图，终止块代表分类结果，而判断模块则代表对一个特征（Feature）取值的判断，如图2-4所示。

决策树常用来解决分类和回归问题，据此可分为分类树和回归树两种。分类树对离散变量做决策树，回归树对连续变量做决策树。常见的算法包括：分类及回归树（Classification And Regression Tree）、迭代二分法（Iterative Dichotomiser）、卡方自动互动检测（Chi-squared Automatic Interaction Detection）、随机森林（Random Forest）、多元自适应回归样条（Multiple Adaptive Regression Spline）以及梯度推进机（Gradient Boosting Machine）等。

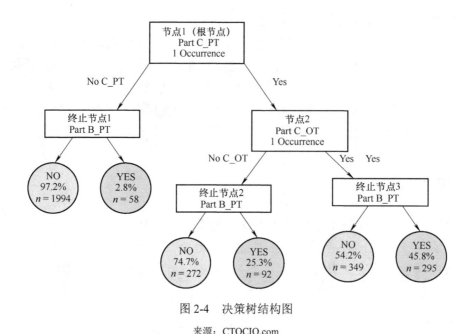

图 2-4　决策树结构图
来源：CTOCIO.com

（2）逻辑原理。决策树算法的目标是根据给定的训练数据集构建一个决策树模型，使它能够对实例进行正确的分类，本质上是从训练数据集中归纳出一组分类规则。决策树构造的输入是一组带有类别标记的例子，构造的结果是一棵二叉树或多叉树。二叉树的内部节点（非叶子节点）一般表示为一个逻辑判断，如形式为 $a=a_j$ 的逻辑判断，其中 a 是属性，a_j 是该属性的所有取值，树的边是逻辑判断的分支结果。多叉树的内部结点是属性，边是该属性的所有取值，有几个属性值就有几条边，树的叶子节点都是类别标记。

决策树的核心思想是以损失函数（通常是正则化的极大似然函数）为目标函数的最小化，决策树学习的算法通常是一个递归地选择最优特征的过程，根据该特征对训练数据进行分割可以得到对各子数据集的最好分类。

决策树学习算法包含特征选择、决策树生成和剪枝 3 步。

1）特征选择：特征选择是指从训练数据众多的特征中选择一个特征作为当前节点的分裂标准，只留下对训练数据有足够分类能力的特征，但如何选择特征有着很多不同的量化评估标准，从而也会衍生出不同的决策树算法。

2）决策树生成：样本所有特征中，有一些特征会在分类时起到决定性的作用，决策树的构造过程就是找到这些具有决定性作用的特征，根据其决定性程度来构造一个倒立的树——决定性作用最大的那个特征作为根节点，然后递归找到各分支下子数据集中次大的决定性特征，直至子数据集中所有数据都属于同一类。根据选择的特征评估标准，从上至下递归地生成子节点，直到数据集不可分，即停止决策树生长。所以，构造决策树的过程本质上就是根据数据特征将数据集分类的递归过程。

3）剪枝：决策树的生成对应模型的局部选择，只考虑局部最优；决策树的剪枝对应模型的全局选择，考虑全局最优。一般来说需要剪枝，缩小树结构规模，缓解过拟合，从而使其具有更好的泛化能力。剪枝技术有预剪枝和后剪枝两种，步骤是去掉过于细分的叶结点,使其退回到父结点,甚至更高的结点,然后将父结点或更高的结点改为新的叶结点。

(3)优缺点。决策树的优缺点如下所述:

1)优点:①决策树易于理解和实现,可处理具有不相关特征的数据,也可很容易地构造出易于解释和理解的规则,擅长对人、地点和事物的一系列不同特征、品质和特性进行评估。②给定一个观察的模型,根据所产生的决策树很容易推出相应的逻辑表达式。③决策树的数据准备往往很简单,而且决策树能够同时处理数据型和常规型属性,并能够读取数据集合,提取一系列数据中蕴含的规则,在相对短的时间内对大型数据源做出可行且效果良好的结果。

2)缺点:①对连续性的字段,决策树比较难预测,需要对连续数据做分段处理,而且对有时间顺序的数据,需要做很多预处理的工作,且处理缺失数据时比较困难。②当类别太多时,错误可能会增加得比较快。③对一般的算法进行分类时,只是根据一个字段来分类,容易忽略数据集中属性之间的相关性等。

3. 人工神经网络

(1)概念。人工神经网络(Artificial Neural Network,ANN),也简称为神经网络(NN),是由大量的简单处理单元经广泛并行互连所形成的一种网络系统。它是对生物神经网络的简化、抽象和模拟,具有人脑功能的许多基本特征,是一类模式匹配算法。人工神经网络是机器学习的一个庞大分支,通常用于解决分类和回归问题,由数百种算法和各类问题的变体组成,深度学习就是其中的一类算法。重要的人工神经网络算法包括:感知器神经网络(Perceptron Neural Network)、反向传递(Back Propagation)、霍普菲尔德网络(Hopfield Network)和自组织映射(Self-Organizing Map)。人工神经网络是受生物神经网络启发而构建的算法模型。

(2)逻辑原理。如同生物学上的基本神经元,神经网络由基本的神经元组成,人工神经元是对生物神经元的抽象与模拟,所谓抽象是从数学角度而言的,而模拟则是从其结构和功能角度而言的。

神经网络是一种运算模型,由大量的节点(或称神经元)之间相互连接构成,人工神经元是一个多输入单输出的信息处理单元。结合生物学的特性来理解,神经元的每一个输入连接都有突触连接强度,用一个连接权值来表示,即将产生的信号通过连接强度放大,每一个输入量都对应一个相关联的权重,处理单元据此将输入加权求和,计算得出输出值。因此,每个神经元代表一种特定的输出函数,称为激活函数(Activation Function),有时也称为传递函数,它将非线性特性引入到神经网络模型中,依网络的连接方式、权重值和激励函数的不同而不同。

人工神经网络具有自学习和自适应的能力,可以通过预先提供的一批相互对应的输入输出数据,分析二者的内在关系和规律,最终通过这些规律形成一个复杂的非线性系统函数,这种学习分析过程被称作"训练"。

一个人工神经元就是对生物神经元的数学建模,如图2-5

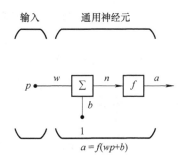

图 2-5 人工神经元模型

来源:《神经网络设计》

所示。

图 2-5 中，p、w、b、a 均指 n 维向量。其中，p 是人工神经元的输入，一般是一个训练数据样本的多个属性；w 是每个输入信号的权重值；b 是偏移值，用结果来解释，b 使得直线能够沿 y 轴上下移动，从生物学方面解释，是指在脑神经细胞中，一定是当输入信号的电平/电流大于某个临界值时，神经元细胞才会处于兴奋状态，图 2-5 中的 b 实际就是那个临界值；而 a 则是人工神经元的输出。

将人工神经元将输入加权求和后再加上偏置值 b，最后再施加一个函数 f，得式（2-1）：

$$a = f(n) = f\left(\sum_{i=1}^{n} p_i w_i + b\right) = f\left((w_1, w_2 \cdots w_n)\begin{pmatrix} p_1 \\ p_2 \\ \vdots \\ p_n \end{pmatrix} + b\right) = f(W^T P + b) \quad (2-1)$$

式（2-1）的最后是该式的向量形式。p 是输入向量，w 是权值向量，b 是偏置值标量。f 称为激活函数。激活函数可以采用多种形式。例如 Sigmoid 函数，其数学表达式见式（2-2）：

$$f(x) = \frac{1}{1 + e^{-x}} \quad (2-2)$$

Sigmoid 函数图像如图 2-6 所示。

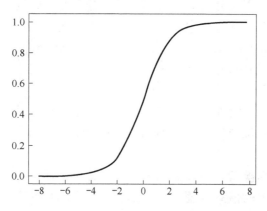

图 2-6 Sigmoid 函数图

人工神经网络就是把多个这样的人工神经元互联成一个网络，即将一个神经元的输出作为另一个神经元的输入。以一个简单的三层神经网络为例，如图 2-7 所示，中间的第一层、第二层被称为隐含层，最后一层即第三层神经元的输出就是整个神经网络的输出。

在图 2-7 这个三层神经网络中，每一层均接受了多个输入、有多个神经元，可视为多元向量，可以看出，整个神经网络其实就是一个向量到向量的函数。训练一个合适的神经网络的过程如下：

1）准备一组训练样例，每一个样例由输入信息和期望输出结果两部分组成。
2）从训练样例集中取一样例，把输入信息输入到网络中。
3）分别计算经神经元处理后的各层节点的输出。
4）计算网络的实际输出和期望输出的误差。

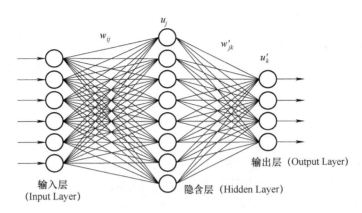

图 2-7 三层人工神经网络

来源:《神经网络设计》

5)从输出层反向计算到第一个隐层,并按照某种能使误差向减小方向发展的原则,调整网络中各神经元的连接权值。

6)对训练样例集中的每一个样例按 3)~5)的步骤重复,直到对整个训练样例集的误差达到要求时为止。

如果只是把训练集的输入送给神经网络,那么得到的输出肯定不是正确的输出。因为从一开始这个神经网络的行为就是随机的。因此,这里引入损失函数(Cost Function)的概念,或称为代价函数、Loss 函数,如数学工具中的均方误差(Mean Squared Error,MSE)就是一个常用的损失函数,可以非常直观地表达出输出结果和真实结果的偏差,对于每组输入,都存在神经网络输出的结果与真实结果(期望结果)。把一个训练样本输入给神经网络,计算出输出与正确输出的(向量)差的模平方,再把全部 n 个样本的差的模平方求平均,得到 e(即为 MSE,Loss 函数值),e 越小说明神经网络的输出与正确输出越接近,神经网络的行为就与想要的行为越接近,见式(2-3):

$$e = \frac{1}{n}\sum_{i=1}^{n}\left\|o_i^{\text{real}} - o_i^{\text{output}}\right\| \qquad (2\text{-}3)$$

神经网络的目标是最小化损失函数,将 Sigmoid 神经元的表达式代入上面的损失函数中,可以发现 e 是全体权值和偏置值的一个函数,这就是一个无约束优化问题。如果能找到一个全局最小点,e 值在可接受的范围内,就可以认为已经训练好了一个能够很好拟合目标函数的神经网络模型。经典的神经网络的训练算法是反向传播算法(Back Propagation,BP),BP 算法属于优化理论中的梯度下降法(Gradient Descend)。将误差 e 作为全部权值和全部偏置值的函数,算法的目的是在自变量空间内找到 e 的全局极小点。

(3)优缺点。人工神经网络的优缺点如下所述:

1)优点:①具有自学习功能,在语音、语义、视觉和各类游戏(如围棋)的任务中表现极好,这一功能对于预测有特别重要的意义。②具有联想存储功能,用人工神经网络的反馈网络就可以实现这种联想。③具有高速寻找优化解的能力。寻找一个复杂问题的优化解,往往需要很大的计算量,利用一个针对某问题而设计的反馈型人工神经网络,发挥计算机的高速运算能力,可能会很快找到优化解。④算法可以快速调整,从而适应新的问题。

2）缺点：①需要大量数据进行训练。②训练的硬件配置要求很高。③模型处于"黑箱状态"，难以理解其内部机制。④元参数（Meta-parameter）与网络拓扑选择困难。

4. 遗传算法

（1）概念。遗传算法（Genetic Algorithm，GA）是模拟达尔文生物进化论的自然选择和遗传学机理的生物进化过程的计算模型，是一种通过模拟自然进化过程来搜索最优解的方法，适用于非常复杂和困难的环境。比如，带有大量噪声和无关数据、事物不断更新、问题目标不能明显和被精确地定义，以及通过很长的执行过程才能确定当前行为的价值等。

（2）逻辑原理。遗传算法通常的实现方式为一种模拟：对于一个最优化问题，把问题尽可能地解编码为一个向量，称为个体（Individual），每个个体实际上是染色体（Chromosome）带有特征的实体，而染色体作为遗传物质的主要载体，即为多个基因（Gene）的集合，其内部表现（即基因型）是某种基因组合，它决定个体的形状和外部表现。

遗传算法利用目标函数（相应于自然选择标准）对群体（个体的集合）中的每一个个体进行评价，根据评价值（适应度）对个体进行选择、交换和变异等遗传操作，从而得到新的群体。传统上，解用二进制表示（即 0 和 1 的串），但也可以用其他方法表示。进化从完全随机个体的种群开始，之后一代一代发生。在每一代中，通过适应度函数评价整个种群的适应度，并从当前种群中随机地选择多个个体，通过自然选择和突变产生新的生命种群，该种群在算法的下一次迭代中成为当前种群。

首先，遗传算法要实现的是从表现型到基因型的映射，即编码工作，反之则为解码工作。由于仿照基因编码的工作很复杂，往往可以简化，如二进制编码。其次，初代种群产生之后，按照进化过程中优胜劣汰的原理来处理，称为遗传操作。遗传算法包括 3 种遗传操作，即再生（Reproduction）或选择（Selection）、交叉（Crossover）和突然变异（Mutation）。在每一代中利用适应度函数根据问题域中个体的适应度（Fitness）大小再生或选择个体，并借助自然遗传学的遗传算子（Genetic Operators）来进行交叉（Crossover）和变异（Mutation），从而产生出代表新的解集的种群，这样的遗传操作能逐代演化产生越来越好的近似解。这个过程将导致种群像自然进化一样，后生代种群比前代更加适应于环境，末代种群中的最优个体经过解码（Decoding），可以作为问题的近似最优解，如图 2-8 所示。

（3）优缺点。遗传算法的优缺点如下所述：

1）优点：①传统优化算法是从单个初始值求最优解的，这样容易误入局部最优解。而遗传算法从串集开始搜索，覆盖面大，利于全局择优。②遗传算法能够同时处理群体中的多个个体，即对搜索空间中的多个解进行评估，减少了陷入局部最优解的风险，同时，算法本身易于实现并行化。③遗传算法基本不用搜索空间的知识或其他辅助信息，而仅用适应度函数值来评估个体即可，在此基础上再进行遗传操作。适应度函数不仅不会受连续可微的约束，而且其定义域可以任意设定，这一特点使得遗传算法的应用范围大大扩展。④遗传算法采用概率的变迁规则而不是确定性规则来指导其搜索方向，这使得遗传算法能够非常有效地进行概率意义的全局搜索。⑤具有自组织、自适应和自学习性。当遗传算法利用进化过程获得的信息自行组织搜索时，适应度大的个体会具有较高的生存概率，并获得更适应的基因结构。

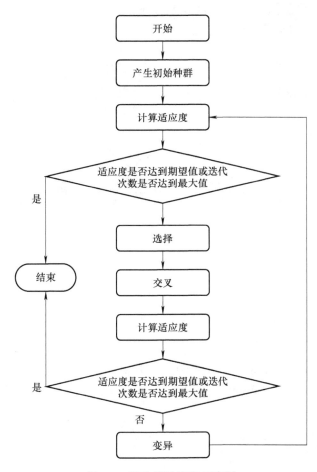

图 2-8 遗传算法逻辑示意图

2）缺点：①编码不规范及编码存在表示的不准确性。②遗传算子的实现有许多参数，如交叉率和变异率等，并且这些参数的选择会严重影响解的品质，而目前这些参数大部分是依靠经验来选择的。③因为没有能够及时利用网络的反馈信息，故算法的效率比其他传统的优化方法低，搜索速度和训练过程比较慢。④传统的遗传算法容易出现过早收敛的问题，目前常用混合遗传算法、合作型协同进化算法等遗传算法衍生算法来解决这一问题。

5. 朴素贝叶斯分类器

（1）概念。朴素贝叶斯分类器（Naive Bayes Classifier，NBC）用于计算可能条件的分支概率，它是一系列以特征之间强（朴素）独立假定为基础，运用贝叶斯定理的简单概率分类器，如图 2-9 所示。朴素贝叶斯分类器模型会给问题实例分配用特征值表示的类标签，类标签取自有限集合。

（2）逻辑原理。朴素贝叶斯是基于贝叶斯定理与特征条件独立假设的分类方法，它的主要思想是对于给出的待分类项，求解在此项出现的条件下各个类别出现的概率，哪个类别出现的概率最大，就认为此待分类项属于哪个类别。对于给定的训练数据集，首先基于特征条件独立假设学习输入/输出的联合概率分布；然后基于此模型，对给定的输入 x，利用贝叶斯定理求出后验概率最大的输出 y。

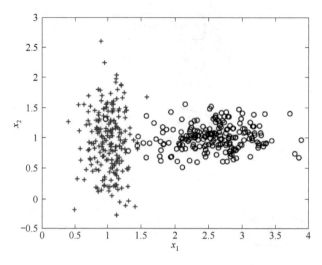

图 2-9　朴素贝叶斯分类器
来源：CTOCIO.com

朴素贝叶斯分类器的数学原理需要用到几个概念：

1）先验概率（Prior Probability）为 $P(Y=y_i), i=1,2,\cdots,I$，是指根据以往经验和分析得到的概率。

2）条件概率（Conditional Probability），是指在事件 $Y=y$ 已经发生的条件下，事件 $X=x$ 发生的概率。条件概率见式（2-4）：

$$P(X=x|Y=y) = \frac{P(X=x, Y=y)}{P(Y=y)} \qquad (2-4)$$

式（2-4）中，$P(X=x, Y=y)$ 是联合概率，是指两个事件共同发生的概率。而 $P(Y=y)$ 以及 $P(X=x)$ 是先验概率。

3）全概率公式，是指如果事件 $Y=y_1$，$Y=y_2$，$\cdots$，$Y=y_I$ 构成一个完备事件组，即它们两两互不相容，其和为全集，并且 $P(Y=y_i)>0$，则对任一事件 $X=x$，见式（2-5）：

$$P(X=x) = \sum_{i=1}^{I} P(Y=y_i)P(X=x|Y=y_i) \qquad (2-5)$$

4）后验概率，是指某事件 $X=x$ 已经发生，那么该事件是因为事件 $Y=y$ 而发生的概率。对于样本集：

$$\boldsymbol{D} = \left\{ \left(x_1^{(1)}, x_2^{(1)}, \cdots, x_m^{(1)}, y_1\right), \left(x_1^{(2)}, x_2^{(2)}, \cdots, x_m^{(2)}, y_2\right), \cdots, \left(x_1^{(n)}, x_2^{(n)}, \cdots, x_m^{(n)}, y_n\right) \right\}$$

其中，n 表示 n 个样本，m 表示有 m 个特征。y_i，$i=1, 2, \cdots, n$ 表示样本类别，取值为 $\{C_1, C_2, \cdots, C_k\}$。后验概率见式（2-6）：

$$P(Y=C_k \mid X=x) = \frac{P(X=x \mid Y=C_k)P(Y=C_k)}{\sum_k P(X=x \mid Y=C_k)P(Y=C_k)} \qquad (2\text{-}6)$$

综上可知，后验概率的计算要以先验概率为基础，根据贝叶斯公式，用先验概率和似然函数计算出来。朴素贝叶斯算法正是针对待预测样本，结合上述公式求解其对于每个类别 C_k 的后验概率，并依据后验概率的值来进行分类。

（3）优缺点。朴素贝叶斯分类器的优缺点如下所述：

1）优点：①朴素贝叶斯模型发源于古典数学理论，有稳定的分类效率。②对小规模的数据表现很好，能处理多分类任务，适合增量式训练，尤其是数据量超出内存时，可以一批批地去进行增量训练。③所需估计的参数很少，对缺失数据不太敏感，算法也比较简单。

2）缺点：①理论上，朴素贝叶斯模型与其他分类方法相比具有最小的误差率。但是由于其假设属性之间相互独立，而实际应用中该假设往往不成立。②它需要知道先验概率，而先验概率在很多时候取决于假设，假设的模型可以有很多种，因此在某些时候会由于假设的先验模型而导致预测效果不佳。③它是通过先验和数据来决定后验的概率来决定分类，对输入数据的表达形式很敏感，且分类决策存在一定的错误率。

6. 支持向量机

（1）概念。支持向量机（Support Vector Machine，SVM）是一类按监督学习（Supervised Learning）方式对数据进行二元分类（Binary Classification）的广义线性分类器（Generalized Linear Classifier），其决策边界是对学习样本求解的最大边距超平面（Maximum-margin Hyperplane）。通俗来说"Vector"就是数据点，"Machine"即分类器。

（2）逻辑原理。支持向量机中的支持向量（Support Vectors）是指距离分类超平面近的那些点，如图 2-10 所示。支持向量机的核心思想就是支持向量到分类超平面的间隔最大化，因为距离分类超平面近的那些点到该超平面的间隔最大化代表了该超平面对两类数据的区分度强，不容易出现错分的情况。一般的机器学习问题都是先得到模型的目标函数和约束条件，然后在约束条件下对目标函数求得最优解。

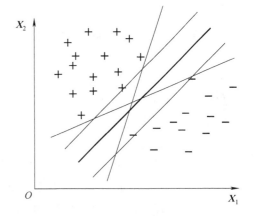

图 2-10　支持向量机

来源：CTOCIO.com

简单来说，支持向量机的目的是寻找一个超平面来对样本进行分割，分割的原则是间隔最大化，最终转化为一个凸二次规划问题来求解。

首先介绍相关术语。线性可分（Linearly Separable），在二维空间可以理解为能够用一条直线（一次函数）把两类型的样本隔开，被隔开的两类样本即为线性可分样本。同理，在高维空间，可以理解为可以被一个曲面（高维函数）隔开的两类样本，这些用于分割样本的函数统称为超平面。

线性不可分，则可以理解为自变量和因变量之间的关系不是线性的。实际上，线性不可分的情况更多，对应的非线性样本通常也是通过高斯核函数将其映射到高维空间，在高维空间将非线性的问题转化为线性可分的问题。

"硬间隔"，是指一组数据样本是可以实现线性可分的，存在分隔超平面能够完全将正负样本分开。"软间隔"是指数据样本不是实际的线性可分，而是近似线性可分。当训练样本近似线性可分时，可通过"软间隔"最大化学习一个线性支持向量机。

该方法的主要思想是基于这样一个假设："在低维空间中不能线性分割的点集，通过转化为高维空间中的点集时，很有可能变为线性可分的"，当训练样本线性不可分时，可通过核技巧和"软间隔"最大化学习一个非线性支持向量机。例如有两类数据，一类为 $x<a$ 或 $x>b$；另一类为 $a<x<b$。要想在一维空间上线性分开是不可能的。不过通过 $F(x)=(x-a)(x-b)$ 把一维空间上的点转化到二维空间上，如图 2-11 所示，就可以划分两类数据 $F(x)>0$ 和 $F(x)<0$，从而实现线性分割。

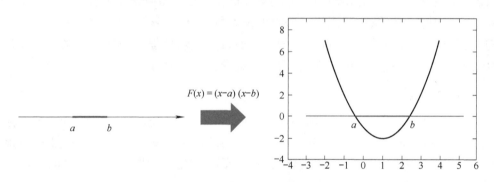

图 2-11 该方法的函数图解

来源：blog.csdn.net

但是，如果直接把低维度的数据转化到高维度的空间中，然后再去寻找线性分割平面，就会遇到两大问题：一是在高维度空间中计算，会导致维度祸根（Curse of Dimension）问题；二是过程非常复杂，每一个点都必须先转换到高维度空间，然后求取分割平面的参数等。这个问题可以通过核技巧（Kernel Trick）解决，核技巧就是低维度的点的核函数，相当于高维度中向量的内积。

核技巧（Kernel Trick）：定义一个核函数< $K(x_1, x_2)=\Phi(x_1)$，$\Phi(x_2)$>，其中 x_1 和 x_2 是低维度空间中点（可以是标量，也可以是向量），$\Phi(x_i)$ 是低维度空间的点 x_i 转化为高维度空间中的点的表示，< >表示向量的内积。核函数 $K(x_1, x_2)$ 的表达方式一般都不会显式地写为内积的形式，即不用关心高维度空间的形式。

（3）优缺点。支持向量机的优缺点如下所述：

1）优点：①可以解决线性不可分的情况，对于线性不可分的情况可以通过核函数，映射到高维特征空间，以实现线性可分。②计算复杂度仅取决于少量支持向量，对于数据量大的数据集来说计算复杂度低，这个结论可通过算法的数学推理得出。

2）缺点：①经典的 SVM 算法仅支持二分类，对于多分类问题需要改动模型，而且解决效果并不好。②SVM 不支持类别型数据（即"男""女"这类由字符串表示某类信息的数据），需在预处理阶段将类别型数据转换成离散型数据（如 1、2）。③仅局限于小集群样本，当观测样本太多时，效率较低。

【思考题】

1. 辨析人工智能的主要技术流派。
2. 简要陈述各种人工智能算法的特点。

Chapter 3

人工智能应用

3.1 人工智能开源平台

3.1.1 人工智能开源平台概述

1. 概念

上一章介绍了人工智能算法的内容，人工智能算法主要依托于计算机技术体系架构实现，软件框架是整个技术体系的核心。软件框架不仅对算法进行模块化封装，提供各类应用及算法工具包，还为上层应用开发提供了算法调用接口，同时还提供数据的调用以及计算资源的调度使用以提升应用实现的效率。此外，为提升算法实现的效率，其编译器及底层硬件技术也进行了相应的功能优化。

企业软件框架的实现有闭源和开源两种形式，如苹果公司等少数企业选择的是通过闭源方式来开发软件框架，目的是打造技术壁垒。但是，目前业内主流软件框架基本都是开源化运营。

2. 人工智能开源平台的发展历程

早期典型人工智能平台既有开放源代码的开源平台，也有不开放源代码的商业软件，没有明确的界限和划分。但随着开源平台概念的逐步形成，越来越多的人工智能平台选择了开源方式。人工智能开源软件的发展可以分为5个阶段：

（1）第一阶段（20世纪50年代~80年代）。在这一阶段，人工智能刚刚诞生，但由于计算机运算能力有限和模型计算复杂性的不断提高，人工智能软件的发展遭遇了瓶颈。

（2）第二阶段（20世纪80年代~90年代）。在这一阶段，数学模型和知识处理有了重大突破，专家系统被广泛采纳，但主要以商业软件为主，开源软件较少，且存在成本高、应用场景少的局限性。典型软件有1978年出现的XCON专家系统与1984年发起的用于解决常识问题的Cyc项目，后者是开源知识图谱项目OpenCyc的基础。

（3）第三阶段（20世纪90年代~2007年）。20世纪90年代末期，计算机计算能力的增强和内存的增加打破了人工智能发展的硬件瓶颈，低廉的硬件成本使人工智能的研究和应用更易操作。随着企业数据的积累、计算机计算能力的提高和理论算法的不断发展，人工智能在自然语言处理和计算机视觉等领域取得了突破性的进展。人工智能开源软件大量出现，典型的有2000年发布的跨平台计算机视觉库OpenCV与2001年开发的自然语言处理工具包NLTK。

（4）第四阶段（2007年~2012年）。在这一阶段，机器学习算法越发完善，相应的应用领域也越加广泛，机器学习算法的强复用性使得开源社区对机器学习框架的需求不断加深。典型的开源软件有2007年发起的基于Python语言的开源机器学习项目Scikit-learn、2008年Apache Software Foundation（ASF）推出的基于Java语言的开源机器学习框架Mahout和2010年问世的构建在Apache Spark之上的开源机器学习项目MLlib。

（5）第五阶段（2012年至今）。随着深度学习研究的深入与GPU算力的助推，大批企业、研究机构和开源组织开始进入人工智能领域，成熟且全面的开源深度学习框架和人工智能开源软件层出不穷。典型开源软件有CNTK、Keras、MXNet、PaddlePaddle、Torch/PyTorch、Caffe/Caffe2、TensorFlow和Theano等，这些开源软件被广泛应用于语音识别或图像识别等多项机器学习和深度学习领域，且功能比较全面。

3. 类型

按照开源软件应用于人工智能领域的层次结构，可将人工智能开源平台大致划分为3大类，即人工智能开源计算平台、开源机器学习框架和应用领域开源软件，如图3-1所示。

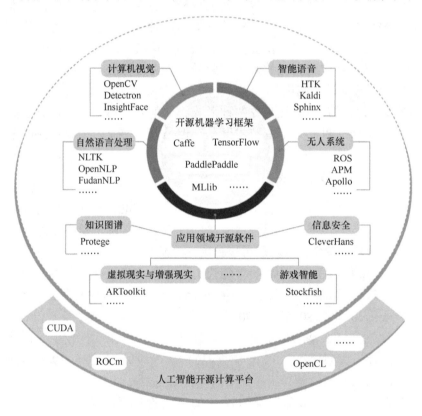

图3-1 人工智能开源平台类别

来源：中国人工智能开源软件发展联盟

（1）人工智能开源计算平台。早期人工智能开源软件大多运行在普通的商业服务器或云计算平台上，随着用户对计算力需求的急剧增长，大量采用GPU、FPGA以及各类人工智能芯片产品作为加速器硬件提升计算能力的高性能计算（High Performance Computing，HPC）系统开始进入商业应用领域。这些加速器硬件由不同厂商生产，其体系结构和功能特点也不同，适用于不同的人工智能应用领域。

为适应商业应用领域的需求，加速器硬件设备厂商在生产硬件产品的同时，也在开发对应的硬件设备驱动和开发工具集，从而为用户建立一个屏蔽底层硬件设备差异、发挥硬件产品计算能力的加速计算平台，如CUDA、ROCm和OpenCL等，并提供必要的维护和更新迭代。为适应商业应用的开源需求，加速计算平台都在逐步走向开源，目前 ROCm 和 OpenCL 均为开源性平台。

由于 GPU、FPGA、TPU 和人工智能芯片等产品正处于飞速发展的过程中，其硬件体系结构还无法形成统一的规范，其软件计算平台也分别拥有各自的软件工具集，采用不同的商业推广模式实现对上层开源框架的支持，建立了各自相对独立的软件生态环境。

（2）开源机器学习框架。开源机器学习框架是伴随着人工智能技术的发展而兴起的，按照机器学习算法的发展历程，可将机器学习框架大致划分为统计学习开源工具、深度学习开源工具和强化学习开源工具 3 大类。

基于基础机器学习算法的开源软件包 Scikit-learn、Mahout 和 MLlib 等，使机器学习的应用门槛大大降低。之后，随着深度学习算法（如 CNN、RNN 和 LSTM 等）在图像分析、语音识别、自然语言处理和视频分类等多重领域的发展与突破，世界顶尖高科技企业相继推出了自己的开源深度学习框架，如 Google 的 TensorFlow、Amazon 的 MXNet、Facebook 的 Pytorch 和 Microsoft 的 CNTK 等。近年来，新型人工智能学习不断发展，成了迈向高级智能的重要阶梯，比如目前比较热门的应用于对弈类游戏的智能决策和自动驾驶等领域的强化学习。与强化学习算法的快速发展相应，现已有多个强化学习开源软件发布，包括提供试验环境的 Universe、elf 以及提供各种算法基础的开源环境 TensorLayer 和 PyBrain 等。

随着人工智能领域竞争的加剧，通用开源算法框架的竞争也会随之加剧，它将会继续朝着易学易用、高效灵活和彻底开放的方向发展。

（3）应用领域开源软件。随着人工智能底层基础架构的不断完善、关键人工智能技术的突破以及高效的算法模型日益丰富，应用领域的人工智能开源软件也开始涌现，主要涉及几大人工智能应用领域，如自然语言处理、计算机视觉、智能语音、无人系统、信息安全、知识图谱和虚拟现实等。

人工智能可以解决特定领域的问题，应用层的人工智能软件与基础人工智能计算平台、机器学习开源框架协同发展，在技术与产业的加速耦合中，改变了诸多领域与行业的产业生态。每个专业细分的人工智能技术都囊括了相应的多个基础研究领域，而且针对单个技术，也有开源软件和社区在某个人工智能技术下深耕，力求提供更专业、更具针对性的平台，以供特定领域的开发者学习与交流。在单一人工智能技术作为一门学科来发展的过程中，开源软件起到了良好的推动作用。

以某个典型人工智能技术——计算机视觉为例，可从中窥探到应用层面开源软件的一些特点。计算机视觉主要有图像理解、三维视觉和动态视觉 3 大典型任务，有自动/辅助驾驶、生物特征识别、图像信息提取等典型应用。针对不同的任务与应用场景，也有不同的开源软件提供专业化服务，如动态视觉，即分析视频或图像序列，被广泛应用在视频分析与人机交互等方面，典型的应用有视频监控，代表性开源数据集有 YouTube-8M，代表性开源软件有 OpenVSS 和 ITU Gaze Tracker。

3.1.2 典型人工智能开源平台简介

本部分内容主要介绍国内外典型的开源机器学习框架 AI 平台，总体来说，相较于国外，从平台数量、社区活跃度、技术架构成熟度、标准统一性和产业覆盖广度等方面看，国内在补齐人工智能开源平台的短板上任重而道远。

1. 国内人工智能开源平台

（1）OpenI 启智。OpenI 启智是新一代人工智能开源开放平台，由深圳鹏城实验室负责开发维护，现面向全球发布了四个基础设施和框架技术平台——启智章鱼、启智珊瑚、启智 Trustie 和启智 VisualDL。启智章鱼是一个集群管理和资源调度系统，支持在 GPU 集群中运行 AI 任务作业（比如深度学习任务作业）；启智珊瑚是为启智章鱼人工智能平台提供面向异构计算设备的通用管理框架开源项目；启智 Trustie 是群体化方法与技术的开源实现案例，是在基于 Redmine 的在线项目管理基础上，进一步支持社交化的协同开发、协同学习和协同研究等群体创新实践服务；启智 VisualDL 是 PaddlePaddle 的核心功能，用于实现深度学习的可视化。

启智平台的特点是对原有的平台并不排他，全盘照收；增加一层基础平台，可嫁接原有的资源；在中间加转换层，使得硬件和平台不相互对应和依赖。通过转换可以使 A 平台训练的结果用 B 硬件去实现。

（2）PaddlePaddle。PaddlePaddle 是中国首个开源深度学习平台，2013 年由百度自主研发，并于 2016 年宣布开源，该平台以易用、高效、灵活和可伸缩而著称。PaddlePaddle 是一个相对全功能的深度学习框架、工具组件和服务平台，涵盖自然语言处理、计算机视觉和推荐引擎等多个领域，并开放了多个预训练中文模型。目前，该平台已被中国企业广泛使用，并拥有活跃的开发者社区生态。

PaddlePaddle 具有众多优势：①实现 CPU/GPU 单机和分布式模式，支持稠密参数和稀疏参数场景的大规模深度学习并行训练，支持千亿规模参数、数百个节点的高效并行训练。②涵盖文本分类、序列标注和语义匹配等多种 NLP 任务的解决方案，拥有当前业内效果最好的中文语义表示模型和基于用户大数据训练的应用任务模型，且同类型算法模型可灵活插拔。③拥有多端部署能力，支持服务器端和移动端等多种异构硬件设备的高速推理，预测性能有显著优势。④实现了 API 的稳定和向后兼容，具有完善的中英双语使用文档。⑤提供 AutoDL Design、PaddleHub、PARL、VisualDL 和 EDL 等丰富的配套工具组件，能简化调试和支持大规模训练。

2. 国外人工智能开源平台

（1）TensorFlow。TensorFlow 是目前最受欢迎的开源深度学习框架之一，是由 Google 公司于 2015 年开发的基于 Apache 2.0 协议的开源软件，其以功能全面、兼容性广泛和生态完备著称。TensorFlow 被广泛应用于语音识别或图像识别等多项机器学习和深度学习等领域当中。

TensorFlow 的优点包括：①提供了丰富的构建和训练机器学习模型的 API 库，支持经典机器学习算法。②容纳了卷积神经网络、循环神经网络和长短期记忆网络等深度神经网络模型，能很好地支持各种深度学习算法，同时还具备支持强化学习和其他算法的工具。③支持异构计算和分布式计算，实现了在多 GPU 上运行深度学习模型的功能。④可以提供数据流水线的试用程序，并具有模型检查、TensorBoard 可视化和序列化的配套模块。

TensorFlow 的缺点包括：①目前 TensorFlow 还不支持所谓的"内联（Inline）"矩阵运算，必须要复制矩阵才能进行运算，复制非常大的矩阵会导致成本偏高且比其他框架速度慢。②和大多数深度学习框架一样，TensorFlow 是用一个 Python API 编写的，通过 C/C++ 引擎加速，但这种解决方案并不适合 Java 和 Scala 用户群。③TensorFlow 比 Torch 笨重许多，并且更难理解。

（2）Caffe/2+PyTorch。Caffe 的全称为 Convolutional Architecture for Fast Feature Embedding，是加州大学伯克利分校中国籍博士贾扬清在 2014 年开发的基于 BSD 协议的开源软件。Caffe 也是一个被广泛使用的开源深度学习框架，以其在图像处理领域的深耕和易用性而著称，主要应用于计算机视觉、自然语言处理和语音识别等方面。目前，Caffe1/2 两个项目已经合并到 PyTorch 统一维护。

Caffe 的优点包括：①容易上手，网络结构都是以配置文件形式定义，不需要用代码设计网络。②训练速度快，能够训练 State-of-the-Art 的模型与大规模的数据。③组件模块化，可以方便地拓展到新的模型和学习任务上，开放性好，支持 GPU 计算，可以在 CPU 和 GPU 之间直接无缝切换。④选用 Python 作为其 API，Python 界面的易用性强。

Caffe 的缺点包括：①Caffe 将 Matlab 实现的快速卷积网络移植到了 C 和 C++平台上，需要用 C++/CUDA 编写新的 GPU 层。②Caffe 不适用于文本、声音或时间序列数据等其他类型的深度学习应用，不适合递归网络，当其用于大型网络（GoogleNet、ResNet）时过于烦琐。

（3）MXNet。MXNet 是 Amazon 官方选择的开源深度学习框架，是不同开发者在 2015 年合作开发的基于 Apache 2.0 协议的开源软件，以其优异性能及全面的平台支持而著称。

MXNet 的优点包括：①具有很好的灵活性和可扩展性，由科技圈硬件平台（包括手机端）运营，提供了多种语言接口，包括 C++、Python、R、Scala、Julia、Matlab 和 JavaScript。②具有灵活的编程模型，支持命令式和符号式编程模型，能支持各种神经网络模型，甚至包括生成对抗网络（GAN）模型，在手写识别、语音识别、预测和自然语言处理等领域性能出色。③可以在 CPU、GPU、集群、服务器、台式机甚至是移动设备上运行，云端到客户端可移植。④支持本地分布式训练和在多 CPU 或 GPU 设备上的分布式训练，使其可充分利用计算集群的规模优势，显著提高运行速度。

MXNet 的缺点主要是：使用 MXNet 构建网络比用 Keras 构建网络需要花费更多时间，由于教程少，相关人员学习的难度更大。

（4）Keras。Keras 是一个由 Python 编写的开源人工神经网络库，可以作为 TensorFlow、Microsoft-CNTK 和 Theano 的高阶应用程序接口，进行深度学习模型的设计、调试、评估、应用和可视化，它旨在帮助用户进行最快速的原型实验。Theano 和 TensorFlow 的计算图支持更通用的计算，而 Keras 则专精于深度学习。

Keras 的优点包括：①同时支持卷积网络和循环网络，支持级联的模型或任意的图结构的模型，使得创建 Inception 等复杂网络变得容易。②具有高度模块化、极简和可扩充的特性，大大降低了编程开销（Code Overhead）和阅读别人代码时的理解开销（Cognitive Osverhead）。③支持 CPU 和 GPU 的无缝切换。④没有单独的模型配置文件类型，模型由 Python 代码描述，使其更紧凑，并提供了扩展的便利性。

Keras 的缺点主要是：Keras 的社区相对而言没有 TensorFlow 等主流机器学习框架那么活跃，文档不易理解。

（5）Theano。Theano 是专门为处理大型神经网络算法所需而设计的开源人工智能算法框架，是加拿大蒙特利尔大学机器学习研究所在 2008 年开发的基于 BSD 协议的开源软件，是一个高性能的符号计算及深度学习库。Theano 可与其他学习库配合使用，非常适合数据探索和研究活动。

Theano 的优点包括：①允许用户定义、优化和评估包含多维数组的数学表达式，适用于 CPU 或 GPU 上运行快速数值计算，计算稳定性好。②其核心是一个数学表达式的编译器，专门为处理大规模神经网络训练的计算而设计，它可以将用户定义的各种计算编译为高效的底层代码，并链接各种可以加速的库，比如 BLAS 和 CUDA 等。③集成 NumPy，API 接口学习成本低。

Theano 的缺点包括：①API 水平较低，直接使用 Theano 库的难度较大，但现在已有大量基于 Theano 的开源深度学习库，包括 Keras、Lasagne 和 Blocks，这些学习库正试着在 Theano 有时不够直观的界面之上再添加一层便于使用的 API。②不支持分布式，大型模型的编译时间可能较长。③其比 Torch 笨重许多，且更难理解。④其对已预定型模型的支持不够完善。

（6）Torch。Torch 是由 Facebook、Twitter 和 Nvidia 等机构在 2007 年共同开发的基于 BSD 协议的开源软件。Torch 是 LuaJIT 上的一个高效的科学计算库，里面包含了大量的机器学习、计算机视觉、信号处理、并行运算、图像、视频、音频和网络处理的库，也拥有大量的已经训练好的深度学习模型。

Torch 的优点包括：①Torch 的灵活度很高，高度模块化，内部有多个已训练好的模型，支持强化学习，同时也支持 iOS 和 Android 等嵌入式平台。②支持多种神经网络模型，尤其适用于卷积神经网络和递归神经网络。

Torch 的缺点主要是：Torch 采用 Lua 脚本语言和 C 语言编写，但 Lua 语言不是主流语言，同时 Torch 缺乏像 TensorFlow 的分布式应用程序管理框架，导致 Torch 的可用性大打折扣。

（7）CNTK。CNTK 是开源人工智能工具包，是 Microsoft 在 2016 年开发的基于 MIT 协议的开源软件，以其在智能语音语义领域的优势及良好性能著称。它依托于微软的产品生态，在语音识别、机器翻译、类别分析、图像识别、图像字幕、文本处理、语言理解和语言建模等领域都有良好的应用。目前，Microsoft 也使用它来支持 Skype、Cortana 和必应（Bing）中的 AI 功能。

CNTK 的优点包括：①CNTK 也像 Caffe 一样基于 C++架构，提供基于 C++代码的 Python API，支持跨平台的 CPU 或 GPU 部署，具有速度快、可扩展性、商业级质量高以及兼容性好等优点。②它支持卷积神经网络和递归神经网络类型，因而是图像处理和语音识别问题上的不错选择。③它可与微软 Azure 相集成，显示出最高效的分布式计算性能。

CNTK 的缺点包括：①不支持 ARM 架构，限制了其在移动设备上的功能。②虽然 CNTK 遵循一个比较宽松的许可协议，却并未采用 ASF2.0、BSD 或 MIT 等一些较为传统的许可协议。

（8）Scikit-Learn。Scikit-learn 是专门针对机器学习开发的 Python 工具包，是在 2007 年开发的基于 BSD 协议的开源软件。Scikit-learn 几乎包含了所有常见的机器学习算法和模型，主要强调数据挖掘与数据分析。

Scikit-Learn 的优点包括：①构建于现有的 NumPy、SciPy、matplotlib、IPython、Sympy 和 Pandas 之上，做了易用性的封装，使之成为广受欢迎的、简单高效的数据挖掘与分析工具。②对所有人开放，且在很多场景易于复用。

Scikit-Learn 的缺点主要是：Scikit-learn 不做机器学习领域之外的其他扩展，也不采用未经广泛验证的算法，使得其发展略显保守。

3.1.3 基于开源软件的人工智能技术典型解决方案

基于开源软件的人工智能技术典型解决方案主要由 4 个模块组合而成，包括计算管理、数据管理、基础机器学习算法和领域构件，如图 3-2 所示。其中，计算管理和数据管理是人工智能开源软件技术的基础，基础机器学习算法和领域构件是人工智能开源软件技术的核心。

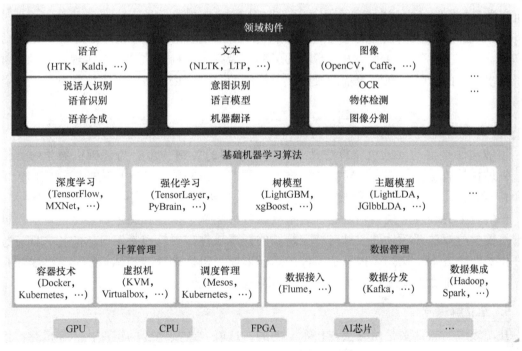

图 3-2　基于开源软件的人工智能技术典型解决方案
来源：中国人工智能开源软件发展联盟

1. 数据管理

数据管理是实现人工智能算法模型的重要基础，包括数据接入、分发和集成等关键环节。其中，数据接入负责从数据源头采集和同步数据；数据分发负责为各接入点的数据建立高效的数据总线,将数据正确路由到目的地,并建立灵活的消息队列,以满足数据处理时效性和准确性的要求;数据集成是对各种数据源进行数据对齐和关联合并,然后再对数据进行统一规范处理,并保证数据的一致性和完整性。为实现不同环节的数据管理功能,典型的数据管理开源软件有 Flume、Kafka、Hadoop MR/Hive、Spark、Apache Storm 和 Spark Streaming。

2. 计算管理

计算管理的主要任务是组织调度计算和数据资源。人工智能技术对计算资源的需求量巨大,客观上也需要更灵活的弹性计算能力。目前,云计算技术已成为人工智能计算管理的一大支柱,虚拟机、容器已成为弹性计算的两种典型基本计算单元,并发展出了越来越高效的资源调度管理技术。典型的虚拟机技术包括 KVM、Virtualbox 和 VMware 等相关开源项目。Docker 是目前容器技术最主要的开源项目之一,而 Kubernetes 则是一个基于 Docker 容器虚拟化技术的集群资源调度管理开源工具。

3. 基础机器学习算法

人工智能场景中解决问题的核心是算法,包括特征抽取、分类、聚类和动态决策等。基础的机器学习算法包括常见的聚类、分类和回归。其中,比较集中被使用的一系列基础的机器学习方法包括支持向量机(SVM)、逻辑回归、贝叶斯方法、K-均值聚类、主题模型(Topic Model)、决策树以及决策树的一些集成模型(比如随机森林和梯度提升树)、神经网络和强化学习工具等。算法是人工智能的引擎,为完成各种算法的高效实现,开源界涌现出了很多优秀的软件,在涵盖基础机器学习算法的同时,也在各细分算法领域不断创新与提高。

4. 领域构件

领域构件是推动基础机器算法从理论走向应用的关键一步。与基础机器学习算法不同,领域构件算法更加侧重于对某一场景的问题解决,侧重于产生算法的实际应用价值,二者相互促进、共同发展,促成了人工智能算法从理论基础到实际应用的完整闭环。目前,按照数据的表现形式,领域构件通常可以分为图像、语音和文本等多个领域。不同于基础机器学习算法开源软件,针对特定领域的开源软件需要针对特定应用的相关任务提供组件化的解决方案,比如多种算法组件的结合形成了机器翻译的领域构件,这些领域构件对应用产业界的发展起到了更为直接的推动作用。

5. 建立解决方案

开源领域的软件多是由算法与技术驱动的,这就导致其内容的组件化和零散化。因而从形式上来看,这些开源平台仅仅是算法组件。为构建解决方案,算法是必要的,而更重要的则是将多个层次的开源环境结合起来。按照在线方式可将解决方案分为两种,即离线批量训练模型解决方案和在线实时模型解决方案,下面简要介绍这两类解决方案涉及的关键模块。

(1)离线批量训练模型解决方案。在行业应用中,绝大部分 AI 模型的训练都是离线进行的,如语音识别、图像识别和文本分类等。这些解决方案的整个流水线涉及数据存储和管理、批量模型训练及模型在线预测 3 个部分，如图 3-3 所示。

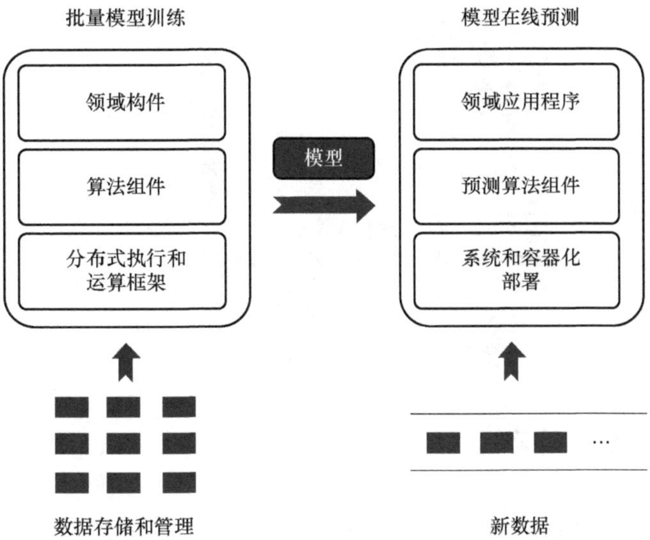

图 3-3　离线批量训练模型框架

来源：中国人工智能开源软件发展联盟

离线批量训练模型的特点是对模型更新的实时性要求不高，但是训练模型需要处理海量的训练数据。模型的训练效率会直接影响到模型更新迭代的速度，进而会影响在线预测模块的服务效果，因此，模型训练效率是影响这类 AI 解决方案的一个关键因素。

在实际应用中，这类模型的训练更新离不开分布式程序的支持，充分利用集群的能力进行高速运算和存储是目前通用的解决方法，典型代表有 Hadoop、MapReduce、参数服务器和数据流框架等面向大规模数据处理的开源并行计算框架。批量模型训练部分则需要针对特定的解决方案使用不同的算法组件和领域构件。模型训练完成后的在线预测部署也需要对应的预测算法组件来完成应用层的调用任务，此外，还需要用到一些容器化系统来保证算法的快速部署和扩容。

（2）在线实时模型解决方案。在线实时模型解决方案是为了满足线上服务中跟随用户的反馈快速进行 AI 模型调整的需要以及能不断修正模型以应对新的用户需求，如在线推荐系统、在线广告系统和搜索引擎系统等。在这样的系统中，整个流水线上包括线上服务部分、实时数据流系统部分、实时模型训练部分以及用户反馈如图 3-4 所示。

实时模型训练部分通常是基于实时数据流系统来完成的，典型的代表有 Flink 和 Storm，这些系统会调度机器资源以完成线上数据收集和存储，基于实时的数据完成模型（比如 FTRL、MAB 和强化学习模型）更新，这一过程的关键是将算法接入到实时计算系统中来，以适应平台的数据接口，待模型更新完成后，线上服务模块会用最新的模型工作运行。

这类系统架构实际也适用于目前比较常见的一些自动控制系统，根据实时交互过程中的反馈，系统会使用不断修正后的模型来继续测试和服务，比如机器人控制和自动驾驶等。

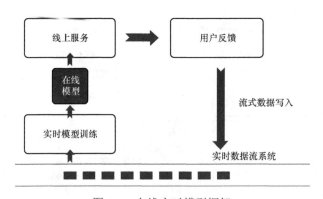

图 3-4　在线实时模型框架
来源：中国人工智能开源软件发展联盟

3.1.4　开源平台的发展趋势

要构建完善的人工智能开源软件框架生态，就要让开发者的技术服务与使用者的产品需求之间形成良性循环，打破二者之间的信息壁垒与技术壁垒，以促进社区的活跃度以及开源体系的标准化，让开源平台成为人工智能发展中的活水源泉，从而打造良好的产业生态圈。当前开源软件框架的技术发展呈现出以下几方面的特点：

（1）各大领先人工智能企业之间的竞争性增强。科技巨头在技术上都希望占领战略高地，在技术上积极探寻包括模型互换和模型迁移等技术的联合。例如，Facebook 和微软已经合作开发了一个可互换的人工智能软件框架解决方案。

（2）开源软件框架向统一和标准化方向发展。随着人工智能应用在数量和复杂度上的阶段性扩张，开发人员在不同平台上创建模型及部署模型的需求越发强烈，因此，在各类软件框架间的模型迁移互换技术研发已经成为重点。

（3）更高级的 API2 逐渐占据主导地位。以 Keras 为例，它是建立在 TensorFlow、Theano、CNTK、MXNet 和 Gluon 上运行的高级开源神经网络库，以其高级 API 易用性而被广泛地使用。

（4）模型的集群并发计算成为业界研究热点。当前，人工智能网络对于单计算节点的算力要求过高，但主流开源软件框架对于模型分割进行计算并没有实现，而这个问题也将随着应用场景的不断丰富而不断引起重视，成为开源软件框架下一个核心竞争点。

3.2　人工智能的应用

3.2.1　人工智能的应用领域

1. 人工智能的行业应用

人工智能的应用范围广泛，典型的应用领域包括智能医疗、智能安防、智能教育、智能零售、智能家居与智能金融等。

具体来看，在智能医疗领域，主要有虚拟助理、医疗影像、辅助诊断、疾病风险预测、药物挖掘、健康管理和辅助医疗平台这几大发展方向；在智能安防领域，人工智能主要应用于公共交通、工厂园区、智能楼宇、民用安防和公共安全等场景，通过计算机视觉技术和大数据分析来实现视频监控智能识别、目标跟踪与分析预测；在智能教育领域，人工智能的应用目标是改变学生的学习管理方式，承担学习测评与教学辅助任务，实现学生自适应和个性化的学习、基于编程和机器人的科技教育以及基于虚拟现实或增强现实的场景式教育；在智能零售领域，人工智能技术可以有效整合资金流、物流和信息流，引领电子商务的智能变革，感知客户消费习惯、预测消费趋势、引导生产制造和智慧物流，在提供多样化产品和服务的同时，降低运营成本并提高效益；在智能家居领域，使用自动控制技术和音视频技术统一控制家具设备，通过万物互联与设备智能化可以使家庭生活与人工智能技术零距离接触，改变人们的生活方式。

特别要指出的是，在智能金融领域，运用大数据、云计算、人工智能和区块链这些新的 IT 技术赋能传统金融行业转型，不仅改变了其信息管理方式，支持其由信用中介角色向金融服务商角色转变，也促进了其改善业务链条中的风险定价建模和投资决策过程，大幅提升了传统金融的效率，解决了传统金融的痛点。金融科技给传统金融业态带来了深刻的变革，是将金融作为信息技术领域的应用场景，并以技术驱动金融业本身的发展。

2. 人工智能在金融领域的应用价值

（1）便于海量数据的价值实现。广泛的金融业务形成的海量数据是金融行业重要的战略资源，主要涉及金融交易、客户信息和市场行情等，这些数据容量巨大且类型丰富。传统的金融机构没有充分挖掘出这些数据的潜在价值，使用数据处理和分析辅助其业务拓展与决策的能力亟待增强。随着机器学习算法的广泛应用与深度学习技术的推荐，金融业的海量数据就像一个天然的能量池可供机器进行学习，以提升金融业数据分析的能力，尤其是在金融交易与风险管理这类问题上，人工智能技术可以有效地进行大数据分析，建立应用性强的模型以应对复杂难解的数据，从而帮助金融机构实现更高效的业务处理、风控与决策分析工作。

（2）提升金融服务能力。传统金融机构大多遵循"二八法则"向高净值客户提供定制化的服务，而对长尾用户仅提供一般化的服务。此法则是与成本收益一致原则相匹配的，以往银行受限于人力资源和数据处理能力，只能面对面满足客户个性化的金融需求。现在，人工智能技术能够替代人工，主动为所有的客户提供个性化、有针对性的服务，降低了金融服务的成本，提升了金融服务的效率并扩大了金融服务的范围，这使得传统金融机构在金融服务上的职能得到了加强。通过线下营业网点的智能柜台，客户能够得到更优质的客户体验；通过辅助支持系统，不仅能改变传统的客户信息管理系统，将海量的客户信息与交易数据用于打造客户画像，深度分析与挖掘客户的需求以实现精准营销，还能改变决策支持系统，通过对金融交易的分析与预测，使决策更加智能化；通过对机器学习算法搭建风险识别与控制模型，在后台用于风险识别和防控保障，使管理更加稳定化。

（3）提升风险管理能力。金融行业在服务中的一大问题是信息不对称，信息的难获取、难识别与难验证，使金融行业面临广泛的逆向选择与道德风险，而现在，人工智能技术给风险管理提供了新的方法与平台。利用人工智能技术的智能风控可从金融机构内部和第三方平台获取关键信息来进行挖掘分析，从而对客户进行信用评级和风险识别，对潜在的风险点进行预警，提高风险防范能力，降低风险甄别成本。此外，在传统金融体系中，大量中小微企业难以获得金融服务，导致了金融资源的"二元化"，人工智能也使这一问题得到了缓解，例如专门服务于中小微企业的网商银行，就充分利用人工智能技术搭建了一套高精准度的风控模型，降低为中小微企业提供信贷资源与其他金融服务的风险，推动了金融的普惠化。

3. 智慧金融的人工智能应用场景

（1）关键技术。人工智能在金融领域的应用主要包括 5 个关键技术，即机器学习、生物识别、自然语言处理、语音技术以及知识图谱。

1）机器学习：机器学习具有多种衍生方法，包括监督学习、无监督学习、深度学习和强化学习等。在金融领域中，监督学习用于对历史数据进行分析与挖掘，寻找数据集的规律，以对未来趋势进行预测；无监督学习用于尝试解析数据的结构，并确定其背后的主要规则。其中，聚类分析可将金融数据集基于某些相似性概念将其进行分组，而因子分析则旨在识别金融数据中的主要内在规律或确定数据的最佳表示方法，在复杂投资组合中，因子分析可提取数据的主要成分；深度学习通过深度网络的表示从大数据学习各种规律，可用于金融交易的各个阶段；而强化学习则使用算法来探索和寻找最有利的交易策略。

2）生物识别：金融行业应用范围较广的 4 项生物识别技术包括指纹识别、人脸识别、虹膜识别和指静脉识别。指纹识别涉及指纹样本采集、存储以及 OCR 技术，通过摄像头提取指纹后经过指纹识别算法完成身份识别认证；人脸识别主要包括获取人脸图像、进行特征提取、根据特征进行决策分类和完成匹配识别；虹膜识别采用红外成像技术，将虹膜纹络特征输入计算机，成为可供自动识别的人体身份证；指静脉识别通过指静脉识别仪取得个人手指静脉分布图，将特征值存储，然后进行匹配，从而进行个人身份鉴定。目前，以上生物识别技术应用于客户身份验证、远程开户、无卡取款、刷脸支付、金库管理和网络借贷等金融场景。

3）自然语言处理：多数金融行业的信息为文本形式，比如新闻公告、年报和研究报告，因此通过用自然语言处理和知识图谱，能大大提升金融行业获取数据、进行数据清洗和深度加工的效率。尤其是在投研领域中，自然语言处理技术可对海量复杂的企业信息进行处理，以提取出行业分析人员最关注的数据指标，并进行投资分析总结，最大化减少不必要的重复人力劳动，帮助分析人员进行投资决策。

4）语音技术：在金融领域的应用中，语音识别通常与语音合成技术结合在一起，提供一种基于语音的自然流畅的人机交互方法。语音识别过程包含语音信号处理、静音切除、声学特征提取和模式匹配等多个环节。其应用遍布各大银行及证券企业的电话银行、信用卡中心、委托交易、自助缴费和充值等各项业务，以及语音导航、业务咨询、投诉申报、账户查询和政策咨询等非交易性业务中。金融行业带有明显的客户服务属性，加上完整而庞大的业务及数据积累，因此成为语音技术的重要应用阵地。

5）知识图谱：在金融行业的数据中，存在着大量的实体和关系。通过知识图谱技术将其建立连接形成大规模的实体关系网络，可以突破传统的计算模式，从"实体—关系"的角度整合金融行业现有数据，结合外部数据，从而更有效地挖掘潜在客户和预警潜在风险，帮助金融行业各项业务提升效率，从而发挥更大的价值。

（2）应用范围。目前，人工智能技术在金融领域应用的范围主要集中在智能客服、智能投顾、智能风控、智能投研和智能营销方面。

1）智能客服：智能客服主要以语音技术、自然语言理解和知识图谱等技术为基础来掌握客户需求，通过自动获取客户特征和知识库等内容，帮助客服快速解决客户问题。具体来说，智能客服系统运用自然语言处理技术，准确提取客户意图，并通过知识图谱构建客服机器人的理解和答复体系。同时，智能客服以文本或语音等方式与客户进行多渠道的交互，为广大客户提供了更为便捷和个性化的服务，在降低人工服务压力和运营成本的同时进一步增强了客户体验，助力客服从成本中心向营销中心转变。智能客服的技术架构如图3-5所示。

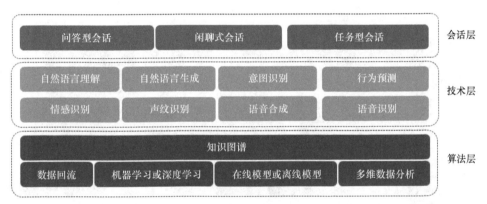

图 3-5　智能客服的技术架构

来源：中国信息通信研究院

2）智能投顾：智能投顾又称机器人投顾，主要是运用多种机器学习算法，基于现代资产组合优化理论，根据投资者的风险偏好、财务状况与理财目标，构建标准化的数据模型，为客户提供智能化的投资管理服务，并利用网络平台和人工智能技术对客户提供个性化的理财顾问服务。智能投顾的应用价值在于，可代替或部分代替昂贵的财务顾问人工服务，将投资顾问服务标准化和批量化，从而降低服务成本、财富管理的费率和投资门槛，实现更加普遍的投顾服务。智能投顾的技术架构如图3-6所示。

3）智能风控：智能风控主要是运用大数据、机器学习和人工智能等技术，来降低业务坏账率，从而提高放贷效率。知识图谱、深度学习等技术可以将不同来源的结构化和非结构化大数据整合在一起，分析诸如企业上下游、合作对手、竞争对手、母子公司和投资等关系数据，发现可能存在的欺诈疑点。在信用风险管理方面，关联知识图谱可以利用"大数据+人工智能"技术建立信用评估模型，刻画精准的客户画像，支持信贷审批人员在履约能力和履约意愿等方面对用户进行综合评定，提高风险管控能力。

智能风控的技术架构如图3-7所示。

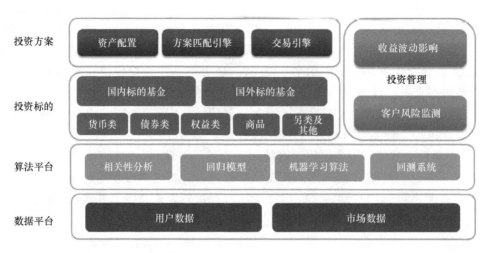

图 3-6 智能投顾的技术架构

来源：中国信息通信研究院

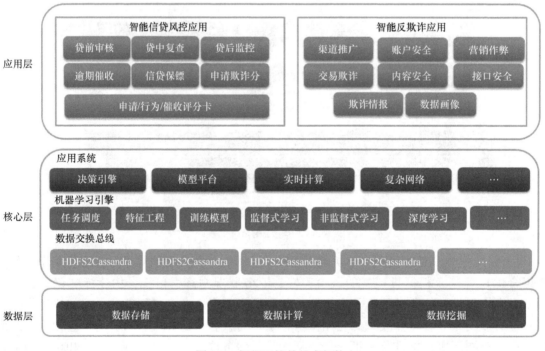

图 3-7 智能风控的技术架构

来源：中国信息通信研究院

4）智能投研：智能投研是基于大数据、机器学习和知识图谱技术，将数据、信息和决策进行智能整合，并实现数据之间的智能化关联，形成文档供分析师、投资者使用。它可以辅助决策，甚至能够自动生成投研报告。相较于需要收集大量资料、数据分析与报告撰写的传统投研业务，智能投研可以节省投研人员的时间与精力，减少投研机构的人力资本投入，从而提高投研效率，充分挖掘市场价值信息，为客户提供更及时、全面的研究观点与预警信息。智能投研的技术架构如图 3-8 所示。

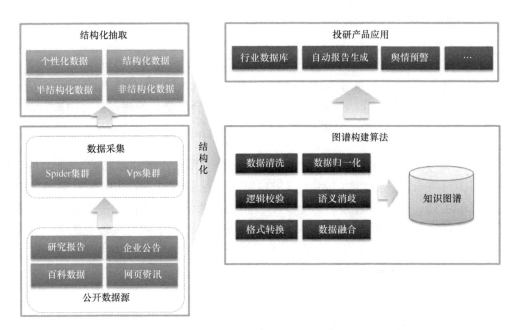

图 3-8 智能投研的技术架构

来源：中国信息通信研究院

5）智能营销：智能营销可以通过客户画像和大数据模型精准定位客户需求，在可量化的数据基础上，基于大数据、机器学习计算框架等技术，分析消费者个体的消费模式和特点，以此来划分客户群体，从而精确找到目标客户，建立个性化的客户沟通服务体系，进行精准营销和个性化推荐。相较于传统的营销模式，智能营销具有时效性强、精准性高、关联性大、性价比高和个性化强的特点。

智能营销的技术架构如图 3-9 所示。

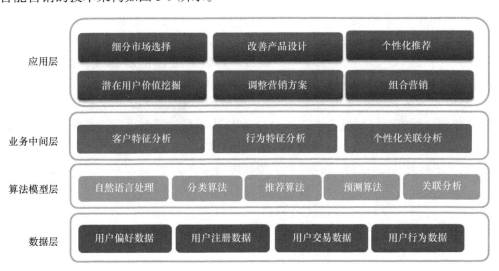

图 3-9 智能营销的技术架构

来源：中国信息通信研究院

3.2.2 人工智能应用的风险

人工智能的发展与应用是一把双刃剑：一方面，人工智能可以变革生产组织方式并提升生产效率，催生新的产业并增加就业岗位；另一方面，人工智能在提高居民生活水平的同时，也累积了许多风险，包括失业风险、收入差距社会风险和伦理与法律风险。

1. 失业风险

人工智能技术在各行各业的普及，引发了诸如"人工智能技术挤占就业岗位"的担忧。中国目前可被自动化替代的工作人口数量巨大，据麦肯锡估测，中国近乎 51% 的工作都存在这样的可能，这个数值远超其他国家，而在可替代的工作中，中等技能工人将最早受到冲击。从行业划分来评估这一影响，酒店和餐饮服务业、制造业以及农业在中国经济结构中占据了相当大的比重，其中包含大量重复的、可自动化的工作内容，这些工作都将有可能用基于现有的人工智能技术的自动化设备进行辅助和替代。

2. 收入差距社会风险

人工智能的大范围运用可能会进一步拉大收入差距。首先，人工智能产业的兴起将使重复性大的、可替代的中低端技能的劳动力需求减少，与之相对，精通人工智能技术的人才将获得青睐并得到高报酬，这会进一步加剧财富分配的倾斜程度。其次，由于社会中不同行业、群体和地域间人工智能技术学习及应用程度存在差距，这种"数字鸿沟"有可能扩大不同群体与地域间的社会分化。再次，在国际分工与合作不断加深的大背景下，基于人工智能技术的自动化将造成劳动力市场分化，技术不发达的发展中国家在这一波发展浪潮中将落于下风，从而可能扩大国家间的"数字鸿沟"，影响国际关系与分工合作。

3. 伦理与法律风险

人工智能模糊了物理现实以及数字和个人的界限，衍生出了复杂的伦理、法律及安全问题。首先，当传感器和人工智能无处不在时，个人信息的隐私也难以得到保障，各类数字设备都可能是泄露隐私的暗渠。企业是否拥有信息搜集与使用的权利？如何保护私人空间免受网络安全的攻击？信息收集共享的模式因此受到了法理的质疑。其次，人工智能算法很容易导致"算法歧视"，因为算法模型非常依赖于输入数据，假若输入的数据是有偏的（比如带有性别歧视或种族歧视等特征），那么训练出的最终模型也可能会在决策的过程中产生无意识的歧视。再次，如果人工智能拥有较强的智能，拟人化程度不断提升且能够自主行动，那么应该如何对其进行监管和规范？又当如何看待人工智能与人类之间的关系呢？

【思考题】

1. 简述人工智能开源平台的优点和使用方式。
2. 举例介绍人工智能的应用场景和方法。

Chapter 4

大数据处理与数据中台

4.1 大数据的定义

4.1.1 大数据的 4 种定义

世界上首次提出大数据概念的是维克托·迈尔·舍恩伯格及肯尼斯·库克耶，他们在《大数据时代：生活、工作与思维的大变革》一书中对大数据的定义为：不是用随机分析法（抽样调查）这样的捷径，而是采用所有的数据来进行分析处理。所谓"所有的数据"是指人类当前能力下可以获得的所有数据的总和。

全球知名咨询公司麦肯锡发布了《大数据：创新、竞争和生产力的下一个前沿领域》报告，其指出"数据已经渗透到每一个行业领域，并逐渐成为重要的生产因素；而人们对于海量数据的运用将预示着新一波生产率增长和消费者盈余浪潮的到来"。但是至今，国内外对于大数据的概念还没有一个准确的、权威性的定义，或比较一致的概念描述。王岑岚，尤建新在 2016 年总结归纳了以下 4 种定义来阐述大数据的概念：①属性定义；②来源定义；③比较定义；④构架定义。

1. 属性定义

Gartner 机构的分析师 Doug Laney 在 2001 年的相关讲座中提到，数据增长的挑战和机遇可以从三维角度来定义，即增长的数量、数据进出的速度以及数据种类和数据源的范围。2012 年，Gartner 机构更新了对大数据的定义：大数据是指需要新处理模式才能具有更强的决策力、洞察发现力和流程优化能力的数量大、高增长率和多样化的信息资产。大数据代表了信息资产的特点——高容量、速度快、种类多，且需要特定的技术和分析方法将其转换成价值。

2. 来源定义

人、机、物三元世界的高度融合引发了数据规模的爆炸式增长和数据模式的高度复杂化，当今世界已经进入网络化的大数据时代。

大数据来源大致可以分为 3 类：①人们通过互联网进行信息传递和交互产生的文本、图片、声音和视频等数据；②计算机信息系统内部产生的包括文件和自动生成的数据库等；③各类物联网，如电子传感器、工业设备、家用电器、汽车、电表和科研仪器等数字联网设备产生的巨量流媒体数据。

大数据是指大量的、不同的且复杂的纵向数据或者分布式数据的集合，多来自设备、感应器、网络交易、电子邮件、录像、点击流，以及其他现在和未来可以使用的电子源等。

3. 比较定义

维基百科对大数据给出的定义是：大数据是数量大、结构复杂且超出了传统数据处理能力的数据集合。大数据的定义取决于其使用者和工具变化，基于其扩大的能力，可知大数据是一个动态的目标。

根据比较普遍的定义，大数据是指当前的数据太大、结构太多且变化太快，以至于现在的技术不能快速存储、加工和转化成价值的数据。大数据分析可以分为小分析和大分析，小分析是指在很大的数据集合上进行基本的查询功能，而大分析则是指利用更昂贵、更先进的算法来实现数据挖掘和机器学习技术。

4. 构架定义

大数据可以被进一步分为大数据科学和大数据构架。大数据科学是指"学习获得、修复和调高大数据价值的技术"；大数据构架则是指"学习各种软件及其相关算法，实现分布式处理和分析大数据的跨越计算机单元的集聚问题"。

综上所述，大数据是指人类能够获取的完整的、动态的、实时的数据流，其具有容量高、速度快和结构复杂的特点，只有在充分合理利用的情况下才有可能发挥其高价值和准确性。大数据具有动态的目标，是基于使用对象和使用工具不同而不断变化的数据集，这一集合因人而异，在时间维度下会持续变化。

4.1.2 大数据技术

为了高效、实时地处理巨大的数据问题，大数据技术应运而生。所谓大数据技术，即指针对数据集合来进行一系列收集、存储、管理、处理、分析、共享和可视化等操作的技术。向世静（2016）归纳了目前主要的大数据技术，涉及大数据采集、大数据存储与管理、大数据计算模式、大数据分析与挖掘和大数据隐私与安全等方面。

1. 大数据采集

大数据具有规模大和数据源多样化等特点，为获取高质量数据，可将大数据采集过程分为数据清洗、数据转换和数据集成 3 个环节。数据清洗是指通过检测除去数据中明显的错误和不一致来达到减少人工干预和用户编程量的目的；数据转换是指按照已经设计好的规则对清洗后的数据进行转换来达到统一异构数据格式的目的；数据集成是指为后续流程提供统一且高质量的数据集合来解决"信息孤岛"现象。目前，常用的数据采集方法有传感器收取、手机电子渠道、传统搜索引擎和条形码技术等。

2. 大数据存储与管理

针对大数据的规模性，为了降低存储成本、并行处理数据且提高数据处理的能力，通常采用分布式数据存储管理技术，主要存储模式为冗余存储模式，即将文件块复制存储在几个不同的存储节点上。比较有名的分布式存储技术是 Google 的 GFS 和 Hadoop 的 HDFS。其中，HDFS 是 GFS 的开源实现。为了达到方便管理数据的目的，大数据不再采用传统的单表数据存储结构，而是采用由多维表组成的按列存储的分布式实时数据管理系统来组织和管理数据，比较有代表性的有 Google 的 Big Table 和 Hadoop 的 HBase。其中，Big Table 基于 GFS 技术，而 Hbase 则基于 HDFS 技术。

3. 大数据计算模式

大数据计算模式是指根据大数据的不同数据特征和计算特征，从多样性的大数据计算问题和需求中提炼并建立的各种高层抽象或模型。大数据计算模式多而复杂，比如流式计算、批处理计算、迭代计算和图计算等。其中，批处理计算的 Map Reduce 技术具有扩展性和可用性，适合海量且多种类型数据的混合处理，因此大数据计算通常采用此技术。Map Reduce 采用"分而治之"的思想，首先将一个大而重的数据任务分解为一系列小而轻且相互独立的子任务，然后将这些子任务分发到平台的各节点并行执行，最后将各节点的执行结果汇总得到最终结果，从而完成对海量数据的并行计算。

4. 大数据分析与挖掘

为了从体量巨大、类型繁多且生成快速的大数据集中寻找出更高的价值，需要大数据分析与挖掘技术帮助理解数据的语义，从而提高数据的质量和可信度。由于大数据时代数据的复杂性，传统的数据分析技术如数据挖掘、机器学习和统计分析等已无法满足大数据分析的需求，有待进一步研究和改进。目前，关键的大数据云计算和挖掘技术是云计算技术和可视化技术。云计算技术中的分布式文件系统为大数据底层存储架构提供支撑，基于分布式文件系统构建的分布式数据库通过快捷管理数据的方式来提高数据的访问速度。同时，通过各种并行分析技术在一个开源平台上处理复杂数据，最终通过采用各种可视化技术将数据处理结果直观、清晰地呈现出来，帮助用户更简单、更方便地从复杂的数据中得到新的发现和收获。

5. 大数据隐私与安全

大数据潜在的巨大价值，吸引着无数潜在的攻击者。同时，在社交网络的快速发展下，人们的隐私安全更是备受威胁，甚至还会影响到国家安全。鉴于此，各界人士着手大数据隐私与安全保护技术研究并取得了一定成果。现有的大数据隐私与安全保护技术包括：能对数据所有者进行匿名化的数据发布匿名保护技术、能隐藏用户信息和用户间关系的社交网络匿名保护技术、能确定数据来源的数据溯源技术、能够实现用户授权和简化权限管理的角色挖掘技术和将标识信息嵌入数据载体内部的数据水印技术等。

4.1.3 大数据的价值

毫无疑问，大数据行业对于当今社会产生了重大影响，其价值也不可小觑。大数据是国家的核心战略资源，引发了知识技术创新模式的变革，且促进了传统产业的升级和新兴业态的涌现。

1. 大数据是国家的核心战略资源

大数据与云计算以数据为材料，计算为能源，共同引领了一次生产力的大解放，引发了继信息化和互联网之后的又一次信息革命浪潮。国家重大战略问题都与大数据应用密切相关，包括与国家社会稳定相关的舆情监控和预警，与国民经济发展相关的经济运行状态分析和预测，与环境气候相关的大气污染分析处理等。从生产要素的角度来讲，大数据已成为国民经济和社会发展的基础性与战略性资源,是一个国家数字主权的充分体现。大数据的可获取性、流动性及对数据的分析处理能力已成为决定国家核心竞争力的重要因素。网络空间的数据主权将是继海、陆、空、天后大国博弈的新角力场。如果在大数据领域落后,那么将意味着产业制高点和数字主权的失守,甚至还会危及国家安全。

2. 大数据引发知识技术创新模式变革

传统的科研创新方法大都采用鱼骨图、假设检验和故障树等方式发现问题产生的原因并寻找薄弱点,以此来寻求解决途径。在大数据时代,知识创新模式正从这种求因果向重相关方向转变。在小数据世界中,由于样本容量小而且采集数据的成本高,使相关分析的条件受到局限;而在大数据背景下,可得数据少的局限性将消失,发现事物相关性也变得更加容易。由于因果关系与个体认知方式密切相关,不同文化背景、生长环境及教育水平的人群对事物判断的"因"和"果"不同,因此对世界的认识是不客观的。相关关系以大量确凿的数据为基础,使人们更加清晰、真实地认识客观世界。因此,各领域、各行业的科研人员可以充分利用大数据来快速挖掘事物间的相关性,以更加客观、准确地预测事物发展的方向和趋势,从而以更高效的方式来实现知识和技术创新。

3. 大数据促进传统产业的升级和新兴业态的涌现

大数据的广泛应用对产业结构优化具有积极影响。对于传统农业,大数据应用在播种、施肥、杀虫、收割、仓储和育种等环节,可实现农业生产流通精细化。对于传统工业,数据已经成为工业化和信息化深度融合的关键枢纽;同时,大数据在新材料研发、生物制药和设备维修等领域也得到了运用。近年来,人们对大数据的重视程度日益凸显,其市场规模增长迅猛,新技术、新应用层出不穷。

我国大数据正逐渐由探索起步期进入实践推进期,全社会对大数据的认识正逐步加深,产业支撑能力和应用能力持续增强,成功案例也在不断涌现,大数据发展将迈出实质性的步伐。大数据将使新产品的研发、设计、生产及工艺测试改良等流程发生革命性的变化,可以帮助企业大幅提升研制生产效率。对于传统服务业,大数据已成为金融和电子商务等行业背后的金矿。大数据不仅是传统产业升级的助推器,也是孕育新兴产业的催化剂。可以说,数据已成为和矿物、和化学元素一样的原始材料,未来大数据将与制造业和文化创意等传统产业深度融合,进而衍生出如数据服务、数据化学、数据材料、数据制药和数据探矿等一系列战略性新兴产业。

4.2 数据清洗与标注

4.2.1 数据清洗

1. 数据清洗的目的

在进行数据标注之前,首先要对数据进行清洗,以得到符合要求的数据。数据清洗

（Data Cleaning）是对数据进行重新审查和校验的过程，目的在于删除重复信息、纠正存在的错误，并提供数据的一致性。

数据清洗，从名字上可推断是把"脏"的数据"洗掉"，具体是指发现并纠正数据文件中可识别错误的最后一道程序，包括检查数据一致性、处理无效值和缺失值等。因为数据仓库中的数据是面向某一主题的数据集合，这些数据是从多个业务系统中抽取而来且包含历史数据，这就避免不了有的数据是错误数据，有的数据相互之间会有冲突。这些错误的或有冲突的数据，被称为"脏数据"。按照一定的规则要把"脏数据"给"洗掉"，即数据清洗。数据清洗的任务就是过滤掉那些不符合要求的数据，将过滤的结果交给业务主管部门，确认是将数据过滤掉还是由业务单位修正之后再进行抽取。不符合要求的情况主要包括存在不完整的数据、错误的数据和重复的数据3大类。

2. 数据清洗的方法[1]

一般来说，数据清洗是将数据库精简以除去重复记录，并使剩余部分转换成标准可接收格式的过程。数据清洗标准模型是将数据输入到数据清洗处理器，通过一系列步骤"清洗"数据，然后以期望的格式输出清洗过的数据。数据清洗从数据的准确性、完整性、一致性、唯一性和适时性等几个方面来处理数据的丢失值、越界值、不一致代码和重复数据等问题。

数据清洗一般针对具体应用，因而难以归纳统一的方法和步骤，但是根据不同数据可以给出相应的数据清洗方法。

（1）解决不完整数据（即值缺失）的方法。大多数情况下，缺失的值必须手工填入（即手工清洗）。当然，某些缺失值可以从本数据源或其他数据源推导出来，这可以用平均值、最大值、最小值或更为复杂的概率估计代替缺失的值，从而达到数据清洗的目的。

（2）错误值的检测及解决方法。用统计分析的方法识别可能的错误值或异常值，如偏差分析、识别不遵守分布或回归方程的值，也可以用简单规则库（常识性规则和业务特定规则等）来检查数据值，或使用不同属性间的约束以及外部的数据来检测和清洗数据。

（3）重复记录的检测及消除方法。数据库中属性值相同的记录被认为是重复记录，通过判断记录间的属性值是否相等来检测记录是否相等，相等的记录即合并为一条记录，这是消除重复的基本方法。

（4）不一致性（数据源内部及数据源之间）的检测及解决方法。由多数据源集成的数据可能会出现语义冲突，可通过定义完整性约束来检测不一致性，也可以通过分析数据发现联系，从而使数据保持一致。目前，开发的数据清洗工具大致可分为3类。

1）数据迁移（Data Migration）工具：该类工具允许指定简单的转换规则，如将字符串 gender 替换成 sex。Prism 公司的 Warehouse Manager 就是一个流行的工具，即属于这种类型。

2）数据清洗（Data Scrubbing）工具：该类工具使用领域特有的知识（如邮政地址）对

---

[1] 许翔，毛婕. 数据清理技术在软件开发中的应用研究[J]. 计算机时代，2004(08)：25-26.

数据做清洗。它们通常采用语法分析和模糊匹配技术完成对多数据源数据的清洗。某些工具可以指明源的"相对清洁程度"。工具 Integrity 和 Trillum 就属于这一类。

3）数据审计（Data Auditing）工具：该类工具可以通过扫描数据来发现数据的规律和联系。因此，这类工具可以看作是数据挖掘工具的变形。

（5）不一致性（数据源内部及数据源之间）的检测。

3. 数据清洗的质量评估

数据清洗的质量评估实质上是对清洗后的数据质量进行评估，而数据质量的评估过程是一种通过测量和改善数据综合特征来优化数据价值的过程。数据质量评价指标和方法研究的难点在于数据质量的含义、内容、分类、分级和质量的评价指标等。

在进行数据质量评估时，要根据具体的数据质量评估需求来对数据质量评估指标进行相应的取舍。一般来说，数据质量评估至少应该包含以下两方面的基本评估指标。

（1）数据的可信性。数据的可信性包括精确性、完整性、一致性、有效性和唯一性指标。

1）精确性：描述数据是否与其对应的客观实体的特征相一致。
2）完整性：描述数据是否存在缺失记录或缺失字段。
3）一致性：描述同一实体的同一属性的值在不同的系统是否一致。
4）有效性：描述数据是否满足用户定义的条件或在一定的域值范围内。
5）唯一性：描述数据是否存在重复记录。

（2）数据的可用性。数据的可用性包括时间性和稳定性指标。

1）时间性：描述数据是当前数据还是历史数据。
2）稳定性：描述数据是否稳定，是否在有效期内。

4.2.2 数据标注

1. 数据标注的类型

目前，提供给机器学习的大数据采集工作仍基于密集劳动力的人工智能数据标注产业。常见的数据标注主要有以下几种类型。

（1）分类标注。分类标注即常见的打标签。一般是从既定的标签中选择数据对应的标签，是一个封闭集合。如某一张照片，可以有很多分类或标签，如成人、女、黄种人、长发等。对于文字，可以标注为主语、谓语、宾语或名词、动词等。

（2）标框标注。机器视觉中的标框标注是指框选要检测的对象，如人脸识别首先要先把人脸的位置确定下来。

（3）区域标注。相比于标框标注，区域标注的要求更加精确，边缘可以是柔性的，如自动驾驶中的道路识别。

（4）描点标注。一些对于特征要求细致的应用中常常需要描点标注，如人脸识别和骨骼识别等。

（5）其他标注。标注的类型除了上面几种比较常见的类型，还有很多个性化的类型，对于不同的需求，人们需要不同的标注，如自动摘要需要标注文章的主要观点等。

2. 数据标注的过程

（1）标注标准的确定。确定好标准是保证数据质量关键的一步。要保证有可以参照的标准，一般可以设置标注样例和模板，例如颜色的标准比色卡。对于模棱两可的数据，设置统一处理方式，如弃用或统一标注。参照的标准有时还要考虑行业。以文本情感分析为例，"疤痕"一词，在心理学行业中，可能是负面的，而在医疗行业则是一个中性词。

（2）标注形式的确定。标注形式一般由算法人员制定，例如某些文本标注中问句识别，只需要对句子进行 0 或 1 的标注，是问句就标 1，不是问句就标 0。

（3）标注工具的选择。标注的形式确定之后就是对标注工具的选择。大型企业可能会在内部开发一个专门用于数据标注的可视化工具。

4.3 数据挖掘

4.3.1 数据挖掘的概念

数据挖掘是指从大量的、有噪声的、不完全的、模糊的且随机的实际应用数据中提取出有效的、新颖的且潜在有用知识的过程。数据挖掘过程如图 4-1 所示。这些数据可以是结构化的，如关系数据库中的数据；也可以是半结构化的，如文本、图形、图像数据，甚至是分布在网络上的异构型数据。发现知识的方法可以是数学的，也可以是非数学的；可以是演绎的，也可以是归纳的。发现的知识可以被用于信息管理、查询优化、决策支持和过程控制等，还可以用于进行数据自身的维护。

图 4-1 数据挖掘过程

4.3.2 数据挖掘的任务

数据挖掘是一个"发现"的过程，其主要任务包括分类、关联分析、聚类分析、预测和时序模式。

1. 分类

分类是数据挖掘中一项非常重要的任务，也是商业等领域应用最多的数据挖掘操作。分类是指找出一个类别的概念来描述，它代表了这类数据的整体信息，即该类的内涵描述,并用这种描述来构造模型,一般用规则或决策树模式表示。为建立模型而被分析的数据元组称作训练数据集,训练数据集中的单个元组称作训练样本,分类是利用训练数据集通过一定的算法而求得分类规则。

2. 关联分析

关联分析是指在数据库中寻找值的相似性,即发现数据之间的关联规则,一般用支持度和可信度两个阈值来度量关联规则的相关性。值得注意的是,利用数据挖掘得到的关联规则,只是对数据库中数据相关性的一种描述,在没有得到其他数据验证的前提下,不能保证利用过去数据得到的规律在未来仍然有效。

3. 聚类分析

将数据库中的数据分组成由类似的数据组成的多个类的过程就称为聚类分析。由聚类分析生成的每个类是一组数据的集合,同一类中的数据彼此相似,不同类中的数据相异。通过聚类分析,可以建立宏观的概念。对于数据库中数据的聚类分析,可以发现数据的分布模式以及可能的数据属性之间的相互关系。

4. 预测

预测是利用历史数据找出变化规律来建立模型,并由此模型对未来数据的种类及特征进行预测。典型的预测方法是回归分析,即用大量的历史数据,以时间为变量建立回归方程。对于很多复杂的现实问题,要用大量非线性变量来描述时间的变化,为此人们又发明了许多新的手段来解决这类问题,如非线性回归、决策树和神经网络等。

5. 时序模式

时序模式是指通过时间序列搜索出的重复发生概率较高的模式,与回归一样,它也是用已知的数据来预测未来的值。但这些数据的区别是变量所处时间的不同,所采用的方法一般是在连续时间流中截取一个时间窗口(一个时间段),以窗口内的数据作为一个数据单元,然后让这个时间窗口在时间流上滑动,以获取建立模型所需要的训练集。

4.4 数据中台

4.4.1 数据中台的概念

1. 数据中台是什么

金融机构数字化架构的核心是中台。中台概念来源于阿里巴巴网络技术有限公司,其核心思想是"共享"和"复用"。中台概念与前台概念和后台概念相对应。前台是指面向客户的市场、销售和服务部门或系统,后台是指技术支持、研发、财务、人力资源和内部审计等二线支撑部门或系统。中台则是指介于前台和后台之间的一个综合能力平台,可以有效地连接前后台,具备对于前台业务变化及创新的快速响应能力。中台打破了"烟囱式"

的企业传统 IT 架构，在前后台之间增加了一层系统，使新一代企业 IT 架构从一系列套装软件系统的方式变为各种服务支撑下的一系列前端应用系统。中台的提出和落地，将企业信息化架构由不同平台下分散的"烟囱式"系统集群变革为部署在同一平台下基于服务的应用系统集群。

数据中台是中台的核心平台之一，简单来说就是数据仓库，是将传统数据仓库扩展到企业级所有数据的更大领域，对这些数据进行数据采集、数据建模和数据服务，并提供给前端以开展不同维度的数据应用。一方面，业务会产生数据；另一方面，数据也会反哺业务。数据中台是为了能够让数据驱动业务价值的一系列数据管理能力组合，包括数据资产的治理、数据的获取和存储、数据服务的提供和数据服务的运营等一系列活动。作为一个新概念，数据中台既不是某一家技术产品，也不是某一技术平台，而是围绕着数据驱动业务价值的一系列数据管理能力的组合。

2. 数据中台、数据仓库和数据平台的关键区别

数据中台、数据仓库和数据平台是目前数据行业常讨论的问题。Thought Works 数据和智能总监史凯在《数据中台已成下一风口，它会颠覆数据工程师的工作吗？》一文中提出，三者最关键的区别在于与业务需求之间的关系。

（1）数据中台。数据中台是企业级的逻辑概念，它体现的是企业 D2V（Data to Value）的能力，提供服务的主要方式是数据 API，距离业务更近，为业务提供速度更快的服务。数据中台可以建立在数据仓库和数据平台之上，不仅限于分析型场景，也适用于交易型场景，是加速企业从数据到业务价值转化的中间层。

（2）数据仓库。数据仓库是一个相对具体的功能概念，是存储和管理一个或多个主题数据的集合，为业务提供服务的方式主要是分析报表，主要用于支持管理决策分析。数据仓库具有历史性，其中存储的数据大多是结构化数据，这些数据并非企业全量数据，而是根据需求针对性抽取的，因此数据仓库对于业务的价值是产生各种各样的报表，但这些报表无法实时产生。数据仓库报表虽然能够提供部分业务价值，但不能直接影响业务。

（3）数据平台。数据平台是在大数据的基础上出现的融合了结构化和非结构化数据的基础平台，为业务提供服务的方式主要是直接提供数据集。数据平台的出现是为了解决数据仓库不能处理非结构化数据和报表开发周期长的问题，把企业所有的数据都抽取出来融合到一起，成为一个大的数据集，其中包括结构化数据和非结构化数据等。当业务方有需求的时候，再把其需要的若干个小数据集单独提取出来，以数据集的形式提供给数据应用。

4.4.2 数据中台的价值

数据中台的构建对企业有着重大价值。有了数据中台，数据在信息化体系中就不再是分散、凌乱、重复的存在，系统可以对数据进行实时的分类、整理和加工，使其成为清晰有序、有条理、有脉络的有用信息。这些数据可以进一步分享给业务应用系统以开展数据应用和实现数据变现，结果将通过前端展现系统以多样化、可视化的形式展现出来。

1. 彻底解决企业的信息孤岛问题

数据中台可将企业的内部和外部数据、结构化和非结构化数据实时地汇集到一起，从源头上解决大数据应用中的数据捕获难题，为大数据应用的开展奠定充分的数据基础。

2. 推动企业数据的深入挖掘与应用

企业有高达80%的数据从未被使用过，这些数据非但不是企业的"资产"，反而是企业的一种"负担"。数据中台提供以数据资产为视角的管理能力，实现数据的"显性化"管理。首先，让用户看到数据、看懂数据并了解数据的业务含义；其次，再通过高复用数据服务与前端业务应用的无缝集成，提升数据消费的敏捷能力，从而进一步提升数据的利用率，让数据发挥价值并逐步演变为"数据资产"。

数据中台上部署了一系列趋势性的新技术。内存多维数据库实现了数据时效性的革命性突破，分布式计算大大提升了数据计算的速度，数据可视化大大降低了决策的难度，智能数据分析让数据的价值获得了更充分的挖掘，机器学习令系统具备了自助分析的能力。总之，依托数据中台上所部署的新技术，企业将实现实时、多维、智能、自动的数据应用，这将赋予企业数据应用前所未有的用户体验。

3. 赋能企业业务模式创新

企业在谋求"变化"的过程中，往往需要更加综合的数字化解决方案。数据中台通过统一的数据资产视图，为企业打通业务系统，并提供多样的数据服务能力，有效赋能业务前台，快速构建创新型业务应用并提升数据响应能力，这种模式意味着企业有更多迭代和试错的可能，可以赢得更多的时间和竞争优势。

4. 构建需求快速响应能力

数据中台正在改变企业数据的应用模式，通过"预处理"和"自组织"的方式，为企业用户提供统一的数据资源视图、高复用的数据服务及数据"轻加工"的能力。这种模式极大地缩短了数据需求响应的周期，借助数据中台可以进行自助式数据消费和快速组装数据分析应用，无须再为用户定制大量的可视化报表和数据应用。

5. 减少数据管理与应用成本

对于"按需满足数据需求"与"高复用的数据资产与服务"，从建设与运营的角度来看，显然后者更加经济。数据中台的重要特征就是通过"唯一数据视图"和"数据服务"实现数据高复用，而高复用则意味着节省建设成本和运营成本。

6. 促进数据应用轻量化

在数据中台上，经加工整理后的有用数据将直接输出到具体业务场景的应用端，形成以"分析—决策—行动"为闭环的应用链条。数据将真正与业务场景融为一体，一个个轻量级的应用将直接帮助企业解决业务问题。基于中台架构，大数据将与业务数据、财务数据结合在一起，循着轻量化、场景化、实时性、自动化和智能化的方向，共同赋能企业的业务发展。

4.4.3 构建数据中台

构建数据中台，需要从数据消费、数据管理和数据研发 3 个视角入手。

1. 从数据消费的视角，提供"快速""易用"的数据服务

例如，某国际知名电信企业进行数据服务能力规划，构建高复用的数据服务，通过数据集和数据 API 建设，满足一线业务人员的自助式分析需求，降低了数据研发和运营成本，将需求响应时间从按周计缩短到天甚至小时。通过友好易用的数据沙盒服务和数据开发集成环境满足专业人士的数据分析需求，可降低数据的预处理难度，让数据科学家将精力专注在算法与业务结果验证与分析环节，提升了单位时间的产出。通过多服务的提供方式，数据中台既能保证数据的有效供应，又能保证企业不同类型的用户可以把时间和精力聚焦在数据的价值发现上，无须关注过多的技术和数据处理细节。

2. 从数据管理的视角，构建以数据资产为核心的管理能力

例如，某快速消费品客户构建数据资产管理门户。以前，数据对于用户来说是黑盒，需要借助很强的数据专业能力才能有效使用数据，而在基于数据中台打造了数据资产管理门户以后，企业可以通过元数据驱动的方式将其数据资产和数据服务资源进行有效整合。这样一来，用户可以快速了解自己所需数据的来源、业务含义、统计口径及目前可以使用的服务。整个过程用户自助即可完成，无须专业的数据分析人员和 IT 人员参与。

3. 从数据研发的视角，提供简单、易用的"一站式"数据研发能力

随着大数据和云计算等技术的快速发展，数据的技术解决方案非常综合，涉及的技术栈多样且复杂，这也给企业数据研发和运营维护带来了很大的挑战。而数据中台可以对不同的技术栈加以整合与封装，提供简单易用的界面化数据研发方式，数据研发无须过多关注技术类型和开发语言，通过界面拖拽或者类 SQL 的脚本化语言即可完成复杂的数据研发工作。

【思考题】

1. 简述大数据处理的一般流程。
2. 数据中台是什么？如何构建数据中台？

Chapter 5

云计算服务

5.1 云计算的基本概念

5.1.1 云计算的定义

早期的云计算（Cloud Computing）是分布式计算的一种，是指通过网络"云"将巨大的数据计算处理程序分解成无数个小程序，然后再通过多部服务器组成的系统对这些小程序进行处理和分析，将得到的结果返回给用户。因此，云计算也被称为网格计算。通过这项技术，可以在几秒内完成对数以万计的数据的处理，从而为人们提供强大的网络服务。现阶段所说的云服务已经不仅仅是一种分布式计算，而是将分布式计算、效用计算、负载均衡、并行计算、网络存储、热备份冗杂和虚拟化等计算机技术混合演进并跃升的结果。

目前，业内比较公认的对云计算的定义是由美国国家标准与技术研究院（National Institute of Standards and Technology，NIST）于2011年9月发布的，定义指出："云计算是对基于网络的、可配置的共享计算资源池能够方便、随需访问的一种模式。这些可配置的共享资源计算池包括网络、服务器、存储、应用和服务。并且，这些资源池以最小化的管理或者通过与服务提供商的交互可以快速地提供和释放。这样的云模式提升了其可用性并且具有5个基本特性以及3种部署模式。"具体云计算架构如表5-1所示。

表 5-1 NIST 云计算架构

	基本特征	服务模式	部署模式	共同特征	
云计算	划分独立资源池			高安全性	自动化计算
	广泛的网络访问	软件即服务	私有云	价格低廉的软件	高可拓展性
	按需自助服务	平台即服务	公共云	Web 应用	高安全性
	快速、弹性释放	基础设施即服务	混合云	虚拟化	分布式计算
	可量化服务			自动化计算	面向服务

云计算是新一代 IT 模式，在后端规模庞大、高自动化和高可靠性的云计算中心的支持下，人们只要接入互联网，就能够非常方便地访问各种基于云的应用和信息，并免去了安装和维护等烦琐操作。同时，企业和个人也能以低廉的价格来使用这些由云计算中心提供的服务，或者在云中直接搭建其所需的信息服务。在收费模式上，云计算和水电等公用事业非常类似，用户只需为其所使用的部分付费。

5.1.2 云计算的基本特征

云计算的基本特征主要有以下5个：

1. 划分独立资源池

绝大多数云计算企业已经实施了一种或多种形式的虚拟化，最常见的就是服务器虚拟化。虽然服务器虚拟化包含在了 NIST 的资源池中，但它只是 NIST 标准定义的一部分。除计算资源外，NIST 对资源池的定义还包括所有其他 IT 组件的虚拟化，包括存储和网络。NIST 定义还假设所有资源都根据用户的需求来动态地划分或释放不同的物理和虚拟资源，供应商以多租户的模式来提供计算资源服务。通常来说，用户并不了解或控制这些资源池的准确划分，但可以知道这些资源池在哪个数据中心，如存储、计算处理、内存、网络带宽以及虚拟机个数等。

2. 广泛的网络访问

从 NIST 对云计算的定义来看，这一基本特征意味着用户可以借助不同的客户端来通过标准的应用对网络进行访问。然而，从实用的角度来看，云计算企业必须在提供可广泛访问的数据资源和提供安全有效的需求之间寻求均衡。

3. 按需自助服务

按需自助服务是指用户无须同服务提供商交互就可以自行获取计算资源的能力，如服务器的时间、网络存储等（资源的自助服务）。用户按需自助服务不仅可以降低使用成本，还可以对资源进行灵活配置。

4. 快速、弹性释放

根据 NIST 的定义，云计算拥有一种对资源快速、弹性提供与释放的能力。对用户而言，服务商提供的这种能力是可以无限获取的（随需的、大规模的计算机资源），并且可以随时随地通过量化方式进行购买。

5. 可量化服务

云系统可对服务类型通过可量化的方式来优化资源使用和自动控制（如存储、处理、带宽以及活动用户数）。资源的使用可以基于即付即用的模式被供应商和用户监测、控制以及为其提供透明的报告。

5.1.3 云计算的部署模式

云计算的部署模式主要有 3 种：公共云、私有云和混合云。

1. 公共云

公共云是指由云服务供应商向用户提供应用程序、资源、存储和其他服务。公有云服务由第三方提供商进行运营和维护，为用户提供价格合理的计算资源访问服务，用户无须购买硬件、软件或支持基础架构，只需要为其使用的资源付费。公共云用户无须支付硬件带宽费用，投入成本低，但数据安全性低于私有云。

2. 私有云

私有云的云基础设施仅为一个企业服务。它可以由该企业或第三方来管理，可以由企业内的架构或组织外的设施 VPC（一个虚拟私有云）进行部署。私有云企业自己采购云基础设施,搭建云平台,可在此基础上开发应用的云服务。私有云可充分保障虚拟化私有网络的安全,但投入成本相对公共云更高。

3. 混合云

混合云的云基础设施由两种或两种以上的云模式组成,其既可以保持单一模式的独立性,又可以通过标准策略使不同云模式相互关联,发挥混合云计算模型各自的优势。混合云一般由用户创建,而运营和维护的职责则由用户和云计算提供商共同分担,其在使用私有云作为基础的同时结合了公共云的服务策略,用户可根据业务私密性程度的不同自主地在公共云和私有云之间进行选择。

云部署模式商用落地时,对于企业来说最重要的是为用户提供可量化与按需消费的商业服务,而用户只需要注重用户体验。云计算部署模式的核心区别在于使用云服务的用户是否拥有云基础设施,所以部署模式是可以随企业和用户的需要而改变的。目前,提供云部署服务的企业,实质上是一个不断演化的企业,会随着用户的需求和科技的进步不断地演进。

5.2 云计算的产业发展

5.2.1 云计算的产业链

云计算产业具有资本密集和技术密集的特点,其产业壁垒较高,新企业难以在短时间内进入市场。同时,其也具有明显的规模效益,中小型企业很难在产业格局下有所作为。云计算横跨信息和通信两个领域,云计算服务商把数据中心的计算、存储的信息资源以及其开发平台、应用软件等信息服务通过互联网动态提供给用户,涵盖的内容从基础设施到上层应用。各类企业根据自身的传统优势和发展战略纷纷提出了自己的云计算架构、产品和服务。

从目前已推出或计划推出的云计算相关产品和服务的企业来看,一般可归为云基础设施提供商、云服务供应商和云计算延伸产业及增值服务 3 类。下面简析这 3 类角色在云计算产业链中的利益诉求及定位。

1. 云基础设施提供商

云基础设施提供商主要分为软件基础设施提供商、硬件基础设施提供商以及网络基础设施提供商。其中,软件基础设施提供商包括 OS、数据库、虚拟化和信息安全等厂商;硬件基础设施提供商包括芯片、服务器、存储等厂商;网络基础设施提供商包括网络设备和电信运营等。

该类企业有着丰富的软件、硬件和传统 IT 行业经验,同时具备较完备的传统 IT 产品线。在迈向云计算时,一般将已有产品冠以云计算之名,同时,根据自身在分布式计算、IT 流程管理等领域的积累,经过相应的集成、转化或包装,进而为用户提供更高质量的产品和服务。该类企业既可以直接为用户提供 IaaS/PaaS/SaaS[①]模式的云计算服务，也可以向其他云计算服务提供商提供相关的软硬件产品以及咨询、集成等服务，IBM 就是其中的一个代表性企业。

2. 云服务供应商

云服务供应商一般指为用户提供云计算服务的实力雄厚、规模较大的企业或者企业集团。对于传统意义上包括 IT 软件、互联网相关的云服务供应商而言，云计算带来的改变无疑是机遇与挑战并存：一方面，云计算轻而易举地解决了困扰云服务供应商已久的用户隐私问题；另一方面，云计算颠覆了现有软件架构，使得传统操作系统和中间件不仅要转变为以互联网为中心的架构，同时还必须加入对云计算核心技术（如虚拟化）的支持。

该类企业若能把握机遇，则必将霸据云计算软件的核心地位，微软就是其中的一个典型代表。云计算的出现使微软感到了前所未有的危机，为了加以应对，微软在 2009 年正式发布了云计算平台产品——Azure，强调"端"在云计算中的重要性，当前，微软已把大部分精力投入到云计算产品的研发当中。

3. 云计算延伸产业及增值服务

处于云计算产业链下游的延伸产业及增值服务商主要包括云计算规划咨询服务商、云计算实施/交付/外包服务商、云计算系统集成服务商、云计算运维服务商、行业解决方案提供商和云计算终端设备提供商等。

云计算以网络为中心的特点为延伸产业带来了一片未曾开发的富矿区。无论是 IaaS/PaaS/SaaS 模式的云计算，还是数据中心内部架构，其对网络带宽、网络质量和网络特性等都提出了更高的要求。云计算产业链下游的延伸产业及增值服务商结合云计算特点，可推出各类网络设备或服务以解决上述问题。同时，部分有实力的企业还可借此机会将产品线向 IT 领域的基础设施方面进一步扩张。

5.2.2 云计算的商业模式

云计算是一种可用于商业化运作的技术架构，利用技术创新满足用户需求增长和降低运营成本。通过云计算的组织架构，可以将富余的算力资源虚拟成资源池以提供服务来满足社会需求。本节将介绍不同的堆栈层次（SaaS、PaaS 和 Iaas）相对应的不同商业发展模式。

1. SaaS 商业模式

SaaS 模式可以理解为是基于服务架构的业务功能虚拟化，比如为多个企业提供在线客户关系管理服务。比较热门的是把社交网络作为渠道，将业务纳入到一个面向营销的服务云里面。目前，国内 SaaS 的业务有 90%都是工具型的，比如邮件、杀毒、OA 和中小型企业的财务软件，并未触及大型企业的 IT 核心业务。换句话说，国内的 SaaS 业务首先是成本导向

[①] IaaS：基础设施即服务；PaaS：平台即服务；SaaS：软件即服务。

的，一些中小企业不愿建立自己的财务应用、邮件系统和杀毒系统，通过使用提供商提供的SaaS模式降低了成本。而在提供商一方，SaaS模式提供了一种走向低端市场的模式，既避免了盗版，又获取了客户。SaaS模式的另一个好处是，理论上可以为中小客户和软件开发商提供一个基于SaaS模式的开发与使用平台。软件的销售，无论是采取授权模式，还是采取服务付费模式，本质上都是一些人为另一些人提供的代码型脑力劳动付费，只因为软件是无形产品，获取技术渠道的模式不同而已。

SaaS模式在国内遇到的挑战主要有两个：一是安全方面，二是可管理方面。这两者同样也是其他云计算商业模式所面临的难题。把生产、交易过程的数据存放到别的企业的机器上，甚至将应用权限委托给别人，需要建立起企业的信任与制度保证机制。短期内对于多数企业来说还是难以接受的，除非是一些工具型的应用。SaaS模式提供的软件开发的商业模式，也带来了诸如多租户管理、功能颗粒度和软件重用等问题。

2. PaaS商业模式

PaaS模式是SaaS多租户模式的收敛，PaaS模式为国内的云模式商业落地提供了两种参考。一种模式是针对大型企业的私有云模式，大型企业的IT部门将各种核心应用整合成一个面向服务的平台，从而为各个子公司的新应用提供一个应用快速上线的基础。企业可在灵活性和可管理性二者间保持一个平衡，也更易实现集团企业的一体化管控。

PaaS的另一种模式是由政府等公共部门提供一个面向特定行业的平台，类似区域医疗服务中心和区域教育平台等，为区内特定的中小对象（医院、初等学校等）提供某类特定的公共服务，比如患者健康档案、学籍管理服务等，此方式解决了IT资源的不均衡问题。

3. IaaS商业模式

IaaS的模式强调对IT资源的有效利用，国内用户将自己的服务器直接搬到运营商机房，通过远程摄像头，用户IT维护人员可以监控自己服务器的运行情况。在此角度上，IaaS与互联网数据中心（Internet Data Center，IDC）有类似的地方，而二者的区别在于，目前的虚拟化技术已经发展到了一个新的水平。在应用服务器、数据库服务器、存储虚拟化和广域网的数据复制等层次上，技术都可以达到更高的水平。

目前，国际上比较常见的IaaS服务有多种，存储云允许可以不建立自己的容灾系统，而把数据备份到云运营商中。服务器云可以为客户提供一套虚拟的计算空间，客户可以自己定制CPU数量、操作系统（比如Linux）以及内存和硬盘空间，一切都通过一个安全的入口进入，然后在此虚拟系统上运行自己需要的应用程序。当然，大型企业也可以在内部采用这种模式为新建立的部门提供这种服务，这样一来新成立的业务部门就不需要匆忙购置设备，同时也节省了运营成本。

5.2.3 云计算市场的发展现状

1. 我国云计算产业的发展

2006年8月9日，Google首席执行官埃里克·施密特在搜索引擎大会上首次提出了"云计算"的概念。2008 年，云计算在国内掀起一场风波，许多大型网络企业纷纷加入云计算的阵列，数百个规模各异的国家级和地方云计算中心设施开始动工。同时，中央和地方政府也出台了一系列的产业激励措施以促进云计算产业的发展。2010 年 10 月，工信部和国家发改委联合发布了《关于做好云计算服务创新与发展试点示范工作的通知》。总体而言，随着中国经济的发展进入新常态，在上下游产业价值链的共同努力下，我国云计算产业正在快速发展。

根据中国信通院数据，2018 年国内公共云市场规模达 382.50 亿美元。未来几年中国公共云市场仍将保持 30%以上的高增速增长，预计 2021 年中国公共云市场规模将达 902.60 亿美元，我国公共云市场发展前景广阔。2018 年，中国私有云市场规模达 524.60 亿美元。未来几年中国私有云市场仍将保持 20%以上的高增速增长，2021 年预计中国私有云市场规模将达 955.70 亿美元。

2. 我国云计算产业政策

近年来，在国家政策的大力扶持下，我国的云计算产业呈爆发式增长，与诸多传统产业深度融合，推动了各行各业的模式创新，也为国民经济可持续发展注入了新的动力。2015 年，国务院先后出台三项与云计算密切相关的政策文件，为云计算的发展奠定了重要的政策基础；中央网信办发布了关于党政部门云计算安全管理的文件，在政务云领域发挥了重要影响；新版《电信业务分类目录》针对云计算的业务形态，明确了互联网资源协作服务业务的概念，相关市场管理政策相继配套出台；工信部于 2017 年发布《云计算发展三年行动计划（2017—2019 年）》，提出了我国云计算发展的指导思想、基本原则、发展目标、重点任务和保障措施。我国云计算产业政策如表 5-2 所示。

表 5-2 我国云计算产业政策

颁布时间	颁布法规
2015 年 1 月	《国务院关于促进云计算创新发展培育信息产业新业态的意见》（国发〔2015〕5 号）
2015 年 5 月	《关于加强党政部门云计算服务网络安全管理的意见》（中网办发文〔2014〕14 号）
2015 年 7 月	《国务院关于积极推进"互联网+"行动的指导意见》（国发〔2015〕40 号）
2015 年 8 月	《促进大数据发展行动纲要》（国发〔2015〕50 号）
2015 年 12 月	《电信业务分类目录（2015 版）》
2016 年 11 月	《关于规范云服务市场经营行为的通知（公开征求意见稿）》
2016 年 12 月	《"十三五"国家信息化规划》（国发〔2016〕73 号）
2017 年 3 月	《云计算发展三年行动计划（2017—2019 年）》
2017 年 6 月	《电信业务经营许可管理办法》（工信部令第 42 号）
2018 年 8 月	《推动企业上云实施指南（2018—2020 年）》

5.3 云计算的服务模式

5.3.1 概述

根据 NIST 的定义，从用户体验的角度出发，可将云计算的服务模式分为 3 类，即软件即服务（Software-as-a-Service，SaaS）、平台即服务（Platform-as-a-Service，PaaS）和基础设施即服务（Infrastructure-as-a-Service，IaaS）。

软件即服务（SaaS）从应用、Web、网络、业务、内容和数据等方面保证应用安全；平台即服务（PaaS）保证运行环境和信息的安全；基础设施即服务（IaaS）主要考虑基础设施相关的安全风险。在云平台的运营过程中，涉及复杂的人员风险、管理流程风险和合规风险。同时，云计算开源技术使用率正不断攀升，开源风险也成为云计算领域的关注重点。

5.3.2 软件即服务（SaaS）

1. SaaS 的概念

软件即服务（SaaS）模式的云服务，用户通过 Web 浏览器运行供应商在云基础设施上所提供的应用并借助各种终端设备进行访问。用户并不需要对云的基础设施、网络、服务器和操作系统进行管理和控制，而是通过各种终端设备指定云基础设施所提供的应用配置，但有限的特定于用户的应用程序配置设置则是例外。

SaaS 是一种以互联网为载体，以浏览器为交互方式，把服务器端的程序软件传给远程用户来提供软件服务的应用模式。在服务器端，SaaS 服务提供商为用户搭建信息化所需要的所有网络基础设施及软硬件运作平台，并负责所有前期的实施和后期的维护等一系列工作；而用户只需根据自己的需要，向 SaaS 提供商租赁软件服务，无须购买软硬件、建设机房和招聘 IT 人员。

一般来讲，SaaS 可分为两大类别的服务：一类是面向个人用户的服务，面向个人用户的服务通常是把软件服务免费提供给用户，通过广告来赚取收入；另一类是面向企业的服务，这种服务通常采用用户预订的销售方式，为各种具有一定规模的企业和组织提供可定制的大型商务解决方案。

2. SaaS 的特点

SaaS 作为一种新的软件服务模式，与传统软件模式相比，具有以下几方面的优势。

（1）服务特性。SaaS 使得软件以互联网为载体的服务形式被客户使用，所以服务合约的签订、服务使用的计量、在线服务质量的保证和服务费用的收取等问题都必须考虑，这些问题通常是传统软件所没有考虑到的。

SaaS 是通过互联网以服务形式交付和使用软件的业务模式。在 SaaS 模式下，软件使用者无须购置额外的硬件设备、软件许可证及安装和维护软件系统，只要通过互联网浏览器就可以在任何时间、任何地点轻松使用软件并按照使用量定期支付使用费。

（2）使用方便。传统软件模式在使用方式上还会受到空间和地点的限制，如必须在固定的设备上、一定时间内使用等。而 SaaS 通过互联网以浏览器的方式把服务器端的程序软件提供给用户，因此 SaaS 模式的软件可以在任何可以接入因特网的地方使用，无须安装任何插件或软件，为用户带来了极大的便利。

（3）SaaS 软件项目部署周期短，风险低。SaaS 模式与传统的软件模式相比，不仅缩短了软件项目的部署周期，而且大大降低了项目投资的风险性，即使部署失败，也不会处于像传统软件那样所有前期投入几乎全部白费的境地。

（4）多重租赁性和可配置性。SaaS 提供商通过不同的配置满足不同客户的需求，而不需要为每个客户进行特定的定制，从而降低了定制开发的成本。

3．SaaS 的服务理念

SaaS 是 3 种云服务模式里最为成熟的一种。在 SaaS 中，提供商完全掌控了基础设施、性能、安全、扩展性和隐私等各种事项；供应商通常会向其用户提供两种使用应用的方式。最常见的一种是通过任何联网设备都可访问的网页形式的用户界面；另一种是向其客户提供 API，这样用户能够将功能集成到他们自己现有的应用或其他 SaaS 解决方案中。

SaaS 企业一般是做应用的专家，但对底层的资源整合不是很熟悉。企业应该通过使用 SaaS 来将所有非核心竞争力的应用、功能和服务外包出去，保留核心的平台业务。也就是说，如果企业的业务不是编写 HR、工资单、客户关系管理（CRM）和会计软件，首先不应自己开发相关应用；而如果有 SaaS 作为备选方案，则购买和在本地运行这些应用也不是一种性价比高的选择。

对此，有很多种不同的 SaaS 解决方案。最常见的是 CRM、ERP、审计、人力资源和工资单等企业业务应用。还有一些 IT 基础设施相关的 SaaS 解决方案，处理安全、监控、日志记录和测试等工作。数据类包括商业智能、数据库即服务、数据可视化、仪表板和数据挖掘等。效率类包括协作工具、开发工具、调研和电子邮件活动工具等。

因为 SaaS 提供商要满足许多用户的需求，所以通常情况下不会提供像企业自建的应用那样的灵活性方案。有时候，企业选择构建自己的应用只是因为 SaaS 供应商无法提供自己想要的功能或配置。总之，在企业计划自建应用之前，应该分析 SaaS 提供商能替客户完成哪些工作，并将其计入整体成本中。

4．SaaS 应用分析

根据 SaaS 本身的特点可知，它主要适用于那些启动资金要求少、业务量不断增长、对业务支持要求不高、开发周期短且开发风险较高的一些软件项目中。例如，CRM（客户关系管理）、HRM（人力资源管理）、SCM（供应链）以及 ERP 等企业管理软件。但目前，由于 SaaS 在实施、服务和运营过程中还存在着巨大的风险，使得现在它还不能够完美地解决企业的实际应用。如果 SaaS 要大规模应用，还有待进一步的完善。

5.3.3 平台即服务（PaaS）

1．PaaS 的概念

PaaS 是云计算 3 大服务类型之一，它面向广大互联网应用开发者，通过互联网提供端到端的分布式软件开发、测试、部署、运行环境以及复杂的应用程序托管服务。PaaS 依托基础设施云平台，通过开放的架构，为互联网应用开发者提供了一个可共享且超大规模的云计算机制。

它覆盖应用程序完整的开发生命周期，为开发者提供了包括统一开发环境（IDE）在内的一站式软件开发服务，使得开发者可以从复杂低效的环境搭建、配置和维护工作中解放出来，将精力集中在软件编写工作，从而大大提高软件开发的效率。

用户可借助云服务商所提供的编程语言和工具（如 Java、Python 等），在平台上开发相关应用。用户不需要购买硬件和软件，只需利用 PaaS 平台，就能够创建、测试和部署应用与服务。

2. PaaS 的特点

一般认为，PaaS 具有如下几个特点。

（1）应用程序开发、测试、部署、运行和维护工作都在同一集成环境中进行，有助于降低软件开发、维护的开销，同时降低市场运营和项目风险。

（2）内建集成 Web 服务和数据库，提供开放的接口与第三方 Web 服务对接。

（3）支持贯穿整个软件开发生命周期的协作。

（4）提供完备的应用程序监控手段。

3. PaaS 的服务理念

（1）面向应用程序开发人员。PaaS 企业把软件开发、测试、部署和运行环境通过互联网提供给用户，从而简化了应用程序开发和部署工作。PaaS 没有标准的服务列表，不同服务提供商有不同的实现策略，例如 Google 在其 App Engine 上，为用户提供了包括开发环境 IDE、Account、Mail 等服务在内的互联网应用程序开发平台；Amazon 则在其 Web Service 平台上提供 HadoopSimpleDB 和 SQS 等服务供开发者开发基于其内部云平台的分布式应用。

（2）数据库中间件等应用。常见的数据库中间件包括有关系型数据库、非关系型数据库、分布式缓存和消息队列等服务。典型代表有 Amazon 的 DynamoDB、RDS 和 SimpleDB 等数据库，缓存服务 Elasticache，消息服务 SQS 等。

（3）商业智能分析。如基于 Hadoop 的 mapreduce 大型分布式计算。

4. PaaS 应用分析

PaaS 为开发者提供了应用程序的开发环境和运行环境，将开发者从烦琐的 IT 环境管理中解放出来，实现应用程序的自动部署和运行，使开发者能够将精力聚焦于应用程序的开发，极大地提升了应用的开发效率。PaaS 允许个人或企业创建个性化的应用，也允许独立软件厂商或者其他的第三方机构针对垂直细分行业创造新的解决方案。

PaaS 是 SaaS 发展的一种结果，它是 SaaS 企业为提高自己的影响力、增加用户黏度而做出的一种努力和尝试。SaaS 企业把支撑应用开发的平台发布出来，软件开发商根据自身需求，利用平台提供的能力在线开发和部署，然后快速推出自己的 SaaS 产品和应用。随着 Google App Engine、Force.com 等 PaaS 平台的成功运营，PaaS 不再只是 SaaS 服务的延伸，而是一场互联网应用软件开发革命，它体现了互联网低成本、高效率和规模化应用的特性，能够帮助应用程序开发人员快速定制、开发满足特定需求的互联网应用，从而大大提高其工作效率和执行力。

目前提供 PaaS 平台的企业并不多，Salesforce 的 Force.com 是业内第一个 PaaS 平台，

PaaS 的概念也是该企业提出的；八百客的 800 App 是国内第一个 PaaS 平台；Google 的 AppEngine 以及微软的 Azure 也都是典型的 PaaS 平台。此外，随着开源的 Hadoop 分布式软件架构的逐渐成熟，越来越多的IaaS 企业开始尝试在自己的 IaaS 平台上部署 Hadoop 以提供 PaaS 服务，如 Amazon、Yahoo 和 IBM 等。

5.3.4 基础设施即服务（IaaS）

1. IaaS 的概念

IaaS 通常译为基础设施即服务。这里的基础设施主要是指 IT 设施，包括计算机、存储、网络，以及其他相关的设施。使用该服务模式，用户需求可以通过网络资源的调动来与之匹配，若用户无须使用该服务，则可以将这些资源进行释放。

企业要实现信息化，就需要一系列的应用软件来处理企业应用的业务逻辑，还需要将企业的数据以结构化或非结构化的形式保存起来，也要构造应用软件与使用者之间的桥梁，使用户可以使用应用软件来获取或保存数据。这些应用软件需要一个完整的平台以支撑它的运行，这个平台通常包括网络、服务器和存储系统等构成企业 IT 系统的硬件环境，也可以包括操作系统、数据库和中间件等基础软件，这个由 IT 系统的硬件环境和基础软件共同构成的平台就是 IT 基础设施。

通过抽象的表达方法，可以将 IT 基础设施中的各种设备抽象成各种 IT 基础设施的资源。实际上业务应用软件在运行环境上运行，使用 IT 基础设施的服务，就是在直接使用 IT 基础设施的各种资源。IT 基础设施资源分为计算资源、存储资源、网络资源、中间件资源和数据库资源等。

2. IaaS 的特点

为了更好地理解 IaaS，可以从其技术和业务两个层面进行分析。

首先，IaaS 有 4 个技术特征。

（1）1 划 N。将一台物理设备划分为多台独立的虚拟设备，各个虚拟设备之间能进行有效的资源隔离和数据隔离；由于多个虚拟设备共享一台物理设备的硬件资源，能够充分复用物理设备的计算资源，以提高资源利用率。

（2）N 划 1。将所有物理设备资源形成对用户透明的统一资源池，并能按照用户需求生成和分配不同性能配置的虚拟设备，从而提高资源分配的效率和精确性。

（3）动态缩放。IaaS 具有良好的可扩展性和可靠性，一方面它能够弹性地进行扩容，另一方面它能够为用户按需提供资源，并能够对资源配置进行实时修改和变更。

（4）智能部署。IaaS 能实现资源的自动监控和分配、业务的自动部署，同时能够将设备资源和用户需求更紧密地结合。

其次，IaaS 有 4 个业务特征。

（1）租赁服务。用户能够租用具有完整功能的计算机和存储设备，获得相关的计算资源和存储资源服务。

（2）网络服务。资源服务和用户之间的渠道是网络，当 IaaS 作为内部资源整合优化时，用户可以通过企业因特网获得弹性资源；当 IaaS 作为一种对外业务时，用户可以通过因特网获得资源服务。

（3）自助服务。用户通过 Web 页面等网络访问方式，能够自助地定制所需的资源类型和配置（如 CPU 数量和主频、内存空间以及硬盘空间等）、资源使用的时间和访问方式，还能够在线完成费用支付并实时查询资源使用情况和计费信息。

（4）按需计费。IaaS 能够按照用户对资源的使用情况提供多种灵活的计费方式，一方面能够按照使用时长进行收费，如按月租、按日租和按小时租；另一方面，其能按照使用的资源类型和数量进行收费，如按照存储空间大小收费以及按照 CPU 处理能力收费等。

3. IaaS 的服务理念

IaaS 就是将这些硬件和基础软件以服务的形式交付给用户，使用户可以在这个平台上安装部署各自的应用系统。因此，IaaS 的服务通常包括以下部分。

（1）网络和通信系统提供的通信服务。
（2）服务器设备提供的计算服务。
（3）数据存储空间提供的存储服务。
（4）操作系统、通用中间件和数据库等软件服务。

通常，IaaS 服务所能提供的服务功能较单一，不能直接满足应用系统的运行要求。IaaS 提供者一般会将几个 IaaS 服务进行组合，包装成 IaaS 服务产品。如一个虚拟化服务器产品可能需要来自网络和通信服务的 IP 地址、来自计算服务的虚拟化服务器、来自存储服务的存储空间以及来自软件服务的操作系统。

另外，IaaS 提供者会以产品目录的形式告知 IaaS 使用者能够提供何种 IaaS 服务产品，而 IaaS 使用者可以根据应用系统运行的需要选购 IaaS 产品。IaaS 提供者通常以产品包的形式向 IaaS 使用者交付 IaaS 产品，产品包可能很小，也可能很大，小到一台运行某种操作系统的服务器，大到囊括支持应用系统运行的所有基础设施，包括网络、安全、数据处理和数据存储等多种产品，IaaS 使用者可以像使用直接采购的物理硬件设备和软件设备一样使用 IaaS 提供的服务产品。

4. IaaS 的应用分析

IaaS 对内能够进行资源整合和优化，提高资源利用率；对外能够将 IT 资源作为一种互联网服务提供给终端用户，使用户能低成本、低门槛地实现信息化。

对内，企业的 IT 系统建设还是属于"烟囱式"的建设模式，一个应用有一个专门配套的硬件环境，且硬件环境可能是按照应用的峰值需求进行配置的，在大多数时间里各类的资源利用率都较低。如果引入 IaaS 技术，则能将所有的计算和存储资源都构建为计算池和存储池，能够按照应用的要求灵活实时地为应用提供硬件资源，使资源得到充分利用，从而提高效率。

对外，随着 IaaS 技术的不断发展和成熟，企业 IT 的建设开始从内建的方式逐步转向数据中心服务运营商和相关资源，满足降低采购成本、快速安装部署和维护简单便捷的 IT 需求。IaaS 能够提供基础设施资源的服务，使用户能够随时随地通过互联网访问和使用其定制的 IT 资源。企业用户不需要购买计算机等基础设备，服务提供商会负责管理和维护基础设施，减少用户在基础设施方面的资源和精力投入。

具体来说，IaaS 的商业应用通常分为以下 3 种：公共云、私有云和混合云。

（1）公共云。20 世纪兴起的 IDC（互联网数据中心）提供了大量的公共服务，例如：主机租用、网络存储，二者仍然是 IaaS 的主要服务形态，也就是在网络上提供服务器的租用、存储空间的租用等。但是，IaaS 所提供的可以是各种资源的组合租用，用户可以临时形成自己的虚拟信息中心，包括服务器、存储、网络、操作系统和数据库等，而当工作完成后又可以释放这些资源。

（2）私有云。对于处在转型期的国内企业来说，IaaS 是直接而有效的方式。大中型企业可以将信息中心转化为 IaaS 服务商，形成自己的 IaaS 云计算服务，这样就可以控制和降低总使用成本、提高交付质量和节省能耗与空间。

（3）混合云。混合云结合以上两种云服务可以更快地开发应用程序和服务，缩短了开发和测试周期。

5.4 公共云、私有云和混合云

5.4.1 概述

虽然云计算的技术或者架构比较单一，但是在实际情况下，为了适应用户的不同需求，它会演变为不同的部署模式。在 NIST 定义的云计算概念中，定义了云的 3 种部署模式，它们分别是：公共云、私有云和混合云。接下来的内容将详细介绍每种部署模式的概念、构建方式、优势、不足之处及未来展望等。

5.4.2 公共云

1. 公共云的概念

公共云是目前最主流也是最受欢迎的云计算模式。它是一种对公众开放的云服务，能支持数目庞大的访问需求，且其成本因为规模优势效益也相对较低。公共云由云供应商运行，为最终用户提供各种各样的 IT 资源。云供应商负责从应用程序、软件运行环境到物理基础设施等 IT 资源的安全、管理、部署和维护。在使用 IT 资源时，用户只需为其所使用的资源付费，无须任何前期投入，经济效率很高。而且在公共云中，云服务提供商能保证其所提供的资源具备安全和可靠等非功能性需求。

许多 IT 巨头都推出了它们自己的公共云服务，如 Amazon 的 AWS、微软的 Windows Azure Platform、Google 的 Google Apps 与 Google App Engine 等大型 IT 企业。一些主流的 VPS 和 IDC 厂商也推出了它们自己的公共云服务，如 Rackspace 的 Rackspace Cloud 和国内世纪互联的 CloudEx 云快线等。

2. 公共云的构建方式

在构建方式方面，目前主要有 3 种方法。

（1）独自构建。云供应商利用自身优秀的工程师团队和开源的软件资源，购买大量零部件来构建服务器和操作系统，乃至整个云计算中心。这种独自构建的好处是，能为自己的需求做最大限度的优化，但是该模式需要一个非常专业的工程师团队。

（2）联合构建。云供应商在构建的时候，在部分软硬件上选择商业产品，而其他方面则会选择自建。联合构建的好处是避免自己的团队涉足一些不熟悉的领域，而在自己擅长的领域大胆创新。这方面最明显的例子莫过于微软，在硬件方面，它并没有像 Google 那样选择自建，而是采购了惠普和戴尔的服务器，但是在其擅长的软件方面则选择了自主研发，比如采用了 Windows Server2008、IIS 服务器和.NET 框架。

（3）购买商业解决方案。有一部分云供应商在建设云之前缺乏相关的技术积累，所以会稳妥地购买比较成熟的商业解决方案。这样购买商业解决方案的做法虽然很难提升云供应商自身的竞争力，但是在风险方面和前两种构建方式相比更为稳妥。在这方面，无锡的云计算中心就是一个不错的典范。因为无锡购买了 IBM 的 Blue Cloud 云计算解决方案，所以在半年左右的时间内就能向其整个高新技术园区开放公共云服务，而且在这之前，无锡基本上没有任何与云计算相关的技术储备。

3. 公共云的优势

公共云在许多方面都有其优越性，下面是其中的 3 个方面。

（1）规模大。因为公共云的开放性，它能聚集来自整个社会并且规模庞大的工作负载，从而产生巨大的规模效应。比如，能降低每个负载的运行成本或者为海量的工作负载做出更多优化。

（2）价格低廉。因为对用户而言，公共云完全是按需使用的，无须任何前期投入，所以与其他模式相比，公共云在初始成本方面有非常大的优势。而且随着公共云规模的不断增大，不仅会使云供应商受益，而且也会相应地降低用户的开支。

（3）功能完备。公共云在功能方面非常丰富。比如，支持多种主流的操作系统和成千上万个应用。

4. 公共云的不足

不过，公共云也有一些不足之处。主要的缺陷是以下两方面。

（1）缺乏信任。虽然在安全技术方面，公共云有很好的支持，但是因为其存储数据的地址并不是在企业本地，所以企业会不可避免地担忧数据的安全性。

（2）不支持遗留环境。因为现在公共云技术基本上都是基于 ×86 架构的，在操作系统上普遍以 Linux 或者 Windows 为主，所以对于大多数遗留环境没有很好的支持，比如基于大型机的 COBOL 应用。

5. 对公共云未来的展望

由于公共云在规模和功能等方面的优势，它会受到绝大多数用户的欢迎。从长期而言，公共云将像公共电厂那样毋庸置疑成为云计算最主流，甚至是唯一的模式，因为在规模、价格和功能等方面，其潜力巨大。但是在短期内，因为信任和遗留等方面的不足会降低公共云对企业的吸引力，特别是大型企业。

5.4.3 私有云

1. 私有云的概念

对许多大中型企业而言，因为很多限制和条款，它们在短时间内很难大规模地采用公共云技术，但是它们也期盼云所带来的便利，所以引出了私有云这一云计算模式。私有云主要为企业内部提供云服务，不对公众开放。私有云在企业的防火墙内工作，并且企业 IT 人员能对其数据、安全性和服务质量进行有效控制。与传统的企业数据中心相比，私有云可以支持基础设施进行动态灵活的调整，降低 IT 架构的复杂度，使各种 IT 资源得以整合和标准化。

在私有云界，主要有两大联盟：其一是 IBM 与其合作伙伴，主要推广的解决方案有 IBM Blue Cloud 和 IBM CloudBurst；其二是由 VMware、Cisco 和 EMC 组成的 VCE 联盟，它们主推的是 Cisco UCS 和 vBlock。在实际的例子方面，已经建设成功的私有云有采用 IBM Blue Cloud 技术的中化云计算中心和采用 Cisco UCS 技术的 Tutor Perini 云计算中心。

2. 私有云的构建方式

创建私有云的方式主要有两种：一种是独自构建，通过使用诸如 Enomaly 和 Eucalyptus 等软件将现有硬件整合成一个云，比较适合预算少或者希望重用现有硬件的企业；另一种是购买商业解决方案，通过购买 Cisco 的 UCS 和 IBM 的 Blue Cloud 等方案来一步到位，比较适合有实力的企业和机构。

3. 私有云的优势

私有云主要在企业数据中心内部运行，并且由企业的 IT 团队来进行管理，所以这种模式在下面 5 个方面表现出色。

（1）数据安全。虽然每个公共云的供应商都对外宣称其服务在各方面都非常安全，特别是在数据管理方面，但是对企业而言，特别是大型企业，和它们业务相关的数据是其生命线，不能受到任何形式的威胁和侵犯，而且需要严格控制和监视这些数据的存储方式与位置。所以短期而言，大型企业是不会将其关键应用部署到公共云上的。而私有云在这方面非常有优势，因为它一般都构筑在防火墙内，企业比较放心。

（2）服务质量（SLA）。因为私有云一般在企业内部，而不是在某一个遥远的数据中心中，所以当企业员工访问那些基于私有云的应用时，它的服务质量应该会非常稳定，不会受到远程网络偶然发生异常的影响。

（3）充分利用现有硬件资源。每个企业，特别是大企业，都会存在很多低利用率的硬件资源，这可以通过一些私有云解决方案或者相关软件提升硬件资源利用率。

（4）支持定制和遗留应用。现有公共云所支持应用的范围都偏主流，对一些定制化程度高的应用和遗留应用很有可能束手无策。私有云定制服务可以很好地帮助企业解决这个问题。

（5）不影响现有 IT 管理的流程。对大型企业而言，流程是其管理的核心，如果没有完善的流程，那么企业将会成为一盘散沙。实际情况是，不仅企业内部和业务有关的流程非常多，而且 IT 部门的自身流程也颇为繁多，比如和 Sarbanes-Oxley 相关的流程。在这方面，私有云的适应性比公共云好很多，因为 IT 部门能完全控制私有云，有能力使私有云比公共云更好地与现有流程整合。

4. 私有云的不足

私有云也有其不足之处，主要是成本开支高。首先，建立私有云需要很高的初始成本，特别是如果需要购买大厂家的解决方案时更是如此；其次，因为需要在企业内部维护一只专业的云计算团队，所以其持续运营成本也同样偏高。

5. 对私有云的未来展望

在将来很长一段时间内，私有云将成为大中型企业最认可的云模式，而且将极大地增强企业内部的 IT 能力，并使整个 IT 服务围绕着业务展开，从而更好地为业务服务。

5.4.4 混合云

1. 混合云的概念

混合云虽然不如前面的公共云和私有云普及，但市场上已有类似的产品和服务出现。顾名思义，混合云是把公共云和私有云结合到一起的模式，即它是让用户在私有云的私密性和公共云灵活的低廉之间做一定权衡的模式。比如，企业可以将非关键的应用部署到公共云上来降低成本，而将安全性要求很高、非常关键的核心应用部署到完全私密的私有云上。

现在混合云的例子比较少，比较典型的例子是 Amazon VPC（Virtual Private Cloud，虚拟私有云）和 VMware vCloud。比如，通过 Amazon VPC 服务能将 AmazonEC2 的部分计算能力接入到企业的防火墙内。

2. 构建方式

混合云的构建方式有两种。一种是外包企业的数据中心。企业搭建了一个数据中心，但具体维护和管理工作都外包给专业的云供应商，或者邀请专业的云供应商直接在厂区内搭建专供本企业使用的云计算中心，并在建成之后，负责今后的维护工作。另一种是购买私有云服务。通过购买 Amazon 等云供应商的私有云服务，可以将一些公共云纳入到企业的防火墙内，并且在这些计算资源和其他公共云资源之间进行隔离，同时获得极大的控制权，也免去了维护之苦。

3. 优势

通过使用混合云，企业可以享受接近私有云的私密性和接近公共云的成本，并且能快速接入大量位于公共云的计算能力,以备不时之需。

4. 不足之处

现在可供选择的混合云产品较少,而且在私密性方面不如私有云好,在成本方面也不如公共云低,并且操作起来较为复杂。

5. 对混合云的未来展望

混合云比较适合那些想初涉云计算的企业和面对突发流量但不愿将企业 IT 业务都迁移至公共云的企业。虽然混合云才刚刚起步,但是它应该会占据一定的市场空间,并且一些厂商也将会推出相关的产品。

5.5 边缘计算

5.5.1 背景

物联网的快速发展让我们进入了后云时代,使我们的日常生活中产生了大量的数据。物联网应用可能会被要求有极快的响应时间和保护数据的私密性等。如果把物联网产生的数据传输给云计算中心,那么将会加大网络负载,可能会造成网络拥堵,并且会有一定的数据处理延时。

随着物联网和云服务的推动,出现了一种新的处理问题的模型,即边缘计算。它是指在网络的边缘产生、处理和分析数据。作为一家内容分发网络 CDN 和云服务的提供商,AKAMAI 早在 2003 年就与 IBM 合作"边缘计算"。作为世界最大的分布式计算服务商之一,当时它承担了全球 15%~30%的网络流量。在其一份内部研究项目中即提出了"边缘计算"的目的和解决问题的方案,并通过 AKAMAI 与 IBM 在其 WebSphere 上提供基于边缘 Edge 的服务。

5.5.2 边缘计算的定义

边缘计算起源于传媒领域,是指在靠近物或数据源头的一侧,将网络、计算、存储和应用核心能力融为一体的开放平台,就近提供最近端服务。其应用程序在边缘侧发起,能够产生更快的网络服务响应,满足行业在实时业务、应用智能以及安全与隐私保护等方面的基本需求。边缘计算处于物理实体和工业连接之间,或处于物理实体的顶端。而云端计算仍然可以访问边缘计算的历史数据。

对物联网而言,边缘计算技术取得突破,意味着许多控制将通过本地设备实现而无须交由云端,处理过程将在本地边缘计算层完成。这无疑将会大大提升处理效率,减轻云端的负荷。由于更加靠近用户,还可为用户提供更快的响应,将需求在边缘端解决。

5.5.3 边缘计算的特点

边缘计算和云计算二者都是处理大数据的一种方式。云计算是在云端集中式进行大数据处理,而边缘计算则无须将数据传到云端,在网络的边缘侧即可进行大数据处理。边缘计算更适合实时的数据分析和智能化处理,作为对云计算的一种补充和优化,边缘计算更加高效和安全。

边缘计算有以下几个优点。

(1)分布式和低延时计算。边缘计算聚焦实时、短周期数据的分析的特点,能够更好地支撑本地业务的实时智能化处理与执行。数据处理更接近数据来源,而不是在外部数据中心或云端进行,因此可以减少延时。

(2)效率更高。边缘计算距离用户更近,在边缘节点处实现了对数据的过滤和分析,因此滞后减少,应用程序能够以更快的速度更高效地运行。

(3)更加智能化。AI+边缘计算的组合出击让边缘计算不止于计算,相对于云计算更加智能化。

(4)更加节能。云计算和边缘计算结合,成本只有单独使用云计算的 1/3,企业在本地设备的数据管理解决方案上的成本比在云数据中心网络上的成本更低。

(5)缓解流量压力。随着物联网设备数量的增加,数据生成继续以创纪录的速度增加。网络带宽因此变得更加有限,让云端不堪重负,造成更大的数据瓶颈。在进行云端传输时,通过边缘节点进行一部分简单数据处理,进而能够减少设备响应时间,同时减少从设备到云端的数据流量。

【思考题】

1. 简要介绍云计算的特点和业务模式。
2. 比较 SaaS,PaaS 和 IaaS 的异同以及使用场景。

Chapter 6

量化投资技术

6.1 量化投资概述

6.1.1 基本概念

1. 概念

（1）定义。简单来讲，量化投资就是采用一定的数学模型，以数量化的方式，通过计算机程序化发出操作指令，以实现投资理念、实现投资策略的过程。量化投资不同于传统的投资方法，它主要依赖于数据和模型来寻找投资标的和投资策略。

（2）内涵。定量投资和传统的定性投资本质上是相同的，二者都以市场非有效或弱有效理论为基础，量化投资区别于定性投资的鲜明特征在于数据与模型。传统的投资分析方法主要有基本面分析法和技术分析法两种，它将投资视为一门艺术，投资决策的制定主要依赖于投资者的经验和技术，因此侧重于投资者的主观评价。量化投资则是"定性思想的量化应用"，更加强调数据，量化投资将投资思想、投资经验甚至直觉反映在量化模型中，利用模型及信息处理大量的金融数据、归纳市场规律、构建可反复使用并优化的投资策略、辅助金融投资分析并为投资决策过程提供指导。

量化投资只是一种实现工具，利用这种数量化的工具可以实现投资理念。因此，我们所关心的不仅仅是投资理念本身是否成功，更关心所采用的量化工具能否准确把握投资理念本身并准确地实现了投资理念。

2. 优点

与传统投资方法比，量化投资有以下 5 方面的优势，主要包括纪律性、系统性、准确性、分散化和及时性。

（1）纪律性。量化投资根据模型的运行结果进行决策，而不是随着投资者的情绪变化而随意更改。纪律性既可以克制人性中贪婪、恐惧和侥幸心理等弱点，也可以克服认知偏差。行为金融学的研究表明这种认知偏差会歪曲投资者的决策从而对其投资行为产生影响。除此之外，纪律性还可以跟踪和修正。

（2）系统性。量化投资的系统性特征主要体现为多层次、多角度及多数据：①多层次，包括在大类资产配置、行业选择、精选具体资产 3 个层次上都有模型；②多角度，定量投资的核心思想包括宏观周期、市场结构、估值、成长、盈利质量、分析师盈利预测和市场情绪等多个角度；③多数据，即对海量数据的处理。

（3）准确性。量化投资能准确、客观地评价交易机会，克服主观情绪偏差，妥善运用套利的思想。量化投资模型能够通过全面、系统性的扫描，捕捉错误定价和错误估值，从中发现投资机会，通过买入低估资产、卖出高估资产而获利。

（4）分散化。分散化即指量化投资靠大概率取胜。这表现为两个方面：一是量化投资不断地从历史中挖掘有望在未来重复的历史规律并且加以利用；二是依靠筛选出股票组合来取胜，而不是一只或几只股票取胜。

（5）及时性。量化投资可及时、快速地跟踪市场变化，不断发现能够提供超额收益的新的统计模型，以寻找新的交易机会。

6.1.2 量化投资的发展历程

1. 数量金融理论的发展

量化投资的出现离不开现代数量金融理论的发展，很多量化投资的理论、方法和技术都来自于数量金融，数量金融学的理论是量化投资策略的基础。

（1）20世纪50~60年代。马科维茨于1952年建立了以均值方差模型为基础的现代投资组合理论（Modern Portfolio Theory，MPT），第一次把数理工具引入金融研究。在资产组合理论和资本市场理论的基础上，美国学者夏普、林特尔、特里诺和莫辛于1964年提出了资本资产定价模型（Capital Asset Pricing Model，CAPM），这是现代金融市场价格理论的支柱。作为基于风险资产期望收益均衡基础上的预测模型之一，CAPM大大推动了金融投资领域的实际应用进程。此外，尤金·法玛于1970年深化并提出的有效市场假说（Efficient Markets Hypothesis，EMH），为不同的市场有效性前提下的证券投资分析提供了策略依据。

（2）20世纪70年代。20世纪70年代，随着金融创新的进行，衍生产品的定价成为理论研究的重点。费雪和麦隆于1973年建立了第一个完整的期权定价模型（OPM），为衍生品定价问题确立了分析范式，期权定价模型被迅速运用于金融实践，金融市场创新得到了空前的发展。1976年，福斯建立了套利定价理论（Arbitrage Pricing Theory，APT），这是对资本资产定价模型的一般化推广。套利定价理论认为风险资产的收益率不但会受市场风险的影响，还会受到许多其他因素（如宏观经济因素和某些指数）的影响，是量化选股的基础理论，其中，多因素模型是APT理论的典型代表。

（3）20世纪80~90年代。20世纪80年代，现代金融创新进入鼎盛时期，诞生了"20世纪80年代国际金融市场四大发明"，即票据发行便利（NIFs）、互换交易、期权交易和远期利率协议，金融工程作为一个新的学科从金融学中独立出来。这一时期，对期权定价理论的进一步研究推动了倒向随机微分方程求解的发展，从而为期权定价理论的研究带来了新的活力。同时，20世纪80年代对金融市场的大量实证研究发现了许多现代金融学无法解释的异象，为了解释这些异象，一些金融学家将认知心理学的研究成果应用于对投资者的行为分析中，形成了行为金融学派，对传统金融理论的创新和发展具有重要意义。到了20世纪90年代，金融学家更加注重金融风险的管理，形成了诸多风险管理模型，其中，应用最广泛的是风险价值模型（Value at Risk，VaR）。

（4）20世纪90年代末至今。20世纪末，非线性科学的研究方法和理论在金融理论及其实践上的运用，极大地丰富了金融科学量化手段和方法论的研究，在金融实践和金融经验上也取得累累硕果。桑塔费于1991年创立的预测公司，是使用非线性技术最有名的投资公司之一，运用了遗传算法、决策树和神经网络等多种非线性回归方法建立模型。目前，非线性科学的研究方法和理论，为人们进一步探索金融科学数量化的发展提供了最有力的研究武器，将多种非线性结构并入金融理论和金融经验的研究和应用中，这一问题仍需要不断地开创、丰富和发展。

2. 国外量化投资基金的发展

量化投资基金是利用数学、统计学和信息技术等量化投资方法以及量化投资策略进行投资组合管理，以期获取超越指数基金的收益。对于一个完全的量化基金来说，其最终的买卖决策完全依赖于量化模型。

（1）量化投资的产生——20世纪60年代。1965年，爱德华·索普和黎巴嫩裔金融学教授希恩卡索夫基于对股票权证定价的研究，合作设计出了第一个精确的量化投资策略——科学股票市场系统（Science Stock Market System）。在此基础上，1969年，索普和杰伊里根合伙成立了一家基金——可转换对冲合伙基金（后改名为普林斯顿—纽波特合伙基金），主要从事可转换债券的套利，是第一个量化投资基金。爱德华·索普被誉为量化投资的鼻祖。

（2）量化投资的兴起——20世纪70至80年代。1973年，美国芝加哥期权交易所成立，以金融衍生品创新和估值的量化投资革命拉开了序幕。1983年，时任摩根士丹利大宗交易部门的程序员格里·班伯格发现了配对交易策略，这是一种非常强大的统计套利策略，使得许多基金竞相仿照采用。1988年，曾为数学家和密码学家的詹姆斯·西蒙斯成立了大奖章基金，从事高频交易和多策略交易，基金成立20多年来收益达到年化70%左右，除去报酬后达到40%以上。西蒙斯因此被称为"量化对冲之王"。

（3）量化投资的繁荣——20世纪90年代。1991年，彼得·穆勒发明了alpha系统策略。1992年，克里夫·阿斯内斯发明了价值和动量策略（OAS）。1994年，约翰·梅里威瑟成立了长期资本管理有限公司（LTCM），创立期权定价模型（OPM）并吸引了获得诺贝尔经济学奖的斯科尔斯和莫顿加入。该公司专长相对价值交易，搜寻价格偏离理论均衡水平的证券，并利用超高杠杆放大收益。1998年，由于采用了过高的杠杆并遭遇小概率事件，长期资本管理有限公司破产。

（4）量化投资在危机中前行——21世纪至今。2000年，互联网泡沫破灭，更多资金进入量化对冲基金。2008年，由美国次贷危机引发的金融危机使得许多量化对冲基金受到重创，价值缩水，量化投资基金的发展受到抑制。2011年，量化投资基金管理的总资产再次暴涨，超过两万四千万亿美元。

3. 国内量化投资基金的发展

（1）第一只国内量化基金的诞生。相较于国外量化基金，中国量化基金出现较晚。2004年12月华宝信发行的"基金优选套利"是国内最早的一只量化投资基金，当时并没有股指期货和ETF，因此该产品的主要策略是捕捉封闭式基金的大幅折价机会，进行优选套利。受限于金融市场的政策制约，国内早期的量化产品大部分以套利策略为主，但套利策略有规模限制上的先天缺陷，所以在此后的5年内，国内量化基金的发行一度处于空窗期。

（2）股指期货开启国内量化投资元年。2010年，沪深300股指期货上市，这为量化基金提供了可行的对冲工具，2010年成了中国量化投资的元年。各种量化投资策略如alpha策略、股指期货套利策略有了实践空间，大量从事量化基金研究的机构开始投入到量化策略的大潮中。一批海外量化投资人才相继回国创业，他们认为，相对于海外的成熟市场，A股市场的发展历史较短，有效性偏弱，市场上被错误定价的股票相对较多，留给量化投资策略去发掘市场无效性的机会也更多，获取超额收益的潜力更大。

（3）"牛市"助推国内量化投资高速发展。2013～2015年9月股指新政之前，国内量化基金经历了一段最为风光的时期。2013年创业板的"牛市"让alpha策略量化基金取得了高收益，但是其中也隐藏了一些问题，比如同质化的问题和权重依赖创业板的问题，这些问题在后来创业板不再坚挺的时候就逐步暴露了出来。2014年基金业协会推行私募基金管理人和产品的登记备案制，推动了私募基金的全面阳光化，加速了私募基金产品的发行，其中也包括量化对冲型私募产品。从2014年年底至2015年8月，A股经历了大涨大跌的市场波动，量化投资擅长通过市场波动获利，因此在这期间，几乎所有的量化投资产品都取得了很好的收益，海外投资人员开始成批回国，国内量化投资机构成批涌现，量化投资高速发展。

（4）股指期货新政促使国内量化投资多元化发展。2015年6月至8月的股灾期间，股指期货被很多人指认为"元凶"，即所谓的存在许多金融机构"恶意做空"股指期货。为了应对股灾，2015年9月2日，中金所出台了严厉的股指期货日内交易限制措施，市场流动性趋于枯竭，大量alpha策略量化基金转型为相对价值复合策略。在此背景下，市场上已经聚集起来的比较有实力的量化团队开始逐步转型：一方面，从低收益低风险的套利对冲策略，逐步向多空策略、股票多头策略转变；另一方面，从股票对冲向商品期货、国债期货等品种的CTA策略转变，然而当时看似被动的转型，实则开辟了量化投资的新时代。

6.1.3 量化投资的主要内容

量化投资技术几乎覆盖了投资的全过程，一个典型的投资流程包括量化选股、量化择时、股指期货套利、商品期货套利、统计套利、期权套利、算法交易、资产配置等。

1. 量化选股

量化选股就是利用数量化的方法选择股票组合，期望该股票组合能够获得超越基准收益率的投资行为。

量化选股的方法有很多种，总的来说，可以分为公司估值法、趋势法和资金法3大类。公司估值法是上市公司基本面分析的重要利器，在"基本面决定价值，价值决定价格"的基本逻辑下，比较公司估值得出的公司股票的理论价格与市场价格的差异，从而寻找出价值被低估或价值被高估的股票，从而指导投资者具体的投资行为。趋势法是根据市场表现，强势、弱势和盘整等不同的形态，做出对应的投资行为的方法，可以追随趋势，也可以进行反转操作等。资金法的逻辑是追随市场主力资金的方向，如果资金流入，则应该伴随着价格上涨；如果资金流出，则股票应该伴随着价格下跌。另外，也可以通过持仓筹码的分布来判断未来一段时间内股价的上涨和下跌情况，资金法本质上是一种跟风策略，追随主流热点,从而期望在短时内间获得超额收益。

量化选股策略分为两类:第一类是基本面选股,包括多因子模型、风格轮动模型和行业轮动模型三类;第二类是市场行为选股,包括资金流模型、动量反转模型、一致预期模型、趋势追踪模型和筹码选股模型。

2. 量化择时

量化择时是指利用某种方法来判断大势的走势情况,是上涨、下跌,还是盘整。如果判断是上涨,则买入持有;如果判断是下跌,则卖出清仓;如果判断是盘整,则进行高抛低吸,这样可以获得远远超越简单买入持有策略的收益率。但是由于大盘趋势和宏观经济、微观企业、国家政策以及国际形势等密切相关,想要准确判断大盘走势具有相当的难度。

股市的可预测性问题与有效市场假说密切相关,如果有效市场理论或有效市场假说成立,股票价格充分反映了所有相关的信息,价格变化服从随机游走,那么股票价格的预测就毫无意义。但从中国股票市场的特征来看,多数研究还是认为中国的股票市场尚未达到弱有效,即历史数据对股票的价格形成会起到预测作用,因此,可以通过对历史信息的分析预测股票的价格。随着计算机技术、混沌理论、分形理论的发展,众多的研究发现我国股市的指数收益中,存在经典线性相关之外的非线性相关,从而拒绝了随机游走的假设,指出股价的波动隐藏着确定性的机制,即存在可预测成分,因此可以使用经济预测的方法,建立起满足一定误差要求之下的预测股价变动的预测模型。

量化择时的方法很多,包括趋势择时、市场情绪择时、有效资金模型、牛熊线、Hurst 指数、SVM 分类、SWARCH 模型及异常指标模型等。

3. 股指期货套利

股指期货套利是期货套利交易的一种类型,其原理是在市场价格关系处于不正常状态下进行双边交易以获取低风险差价。期货套利一般可分为期现套利、跨期套利、跨市套利以及跨种套利 4 种。

股指期货套利和商品期货套利的主要区别在于期货合约标的属性不同。商品期货合约的标的是有形商品,受商品属性的影响;而股指期货的标的是股票指数,不存在有形商品的相关限制,同时股指期货的交割采用现金交割,在交割和套利上都有很大的便利性,但是股指期货的理论价格相对商品期货而言更难准确定价。

股指期货套利交易是一种值得研究的新型盈利模式,开展股指期货套利交易对于恢复扭曲的市场价格关系、抑制过度投机和增加市场流动性都有重要的作用。沪深 300 股指期货的推出为机构投资者提供了金融创新的工具,使用这些工具,机构投资者可以按照金融工程的理论框架去探索新的盈利模式。股指期货套利的研究主要包括现货构建、套利定价、保证金管理、冲击成本和成分股调整等内容。

4. 商品期货套利

与股指期货套利类似,商品期货同样存在着套利策略,在买入或卖出某种期货合约的同时,卖出或买入相关的另一种合约,并在某个时间同时将两种合约平仓。

在交易形式上，它与套期保值有些相似，但套期保值是在现货市场买入（或卖出）实货，同时在期货市场上卖出（或买入）期货合约；而套利却只在期货市场上买卖合约，并不涉及现货交易。商品期货套利盈利的逻辑原理是基于以下几个方面的：相关商品在不同地点、不同时间对应都有一个合理的价格差价；由于价格的波动性，价格差价经常会出现不合理，不合理必然要回到合理，而不合理回到合理的这部分价格区间就是盈利区间。

对相关合约之间的价差数据变化进行统计分析是商品期货套利过程成功实施的重要前提，只有借助统计分析工具和图表，结合基本面和技术分析，才能预测出今后一段时间内相关合约价差数据变化的趋势，从而把握最佳的套利时机。另外，考虑到套利交易中的资金成本运用问题，能够通过历史数据变化规律的分析帮助投资者在继续持有套利头寸和提前结束头寸之间做出恰当的选择也是非常必要的。

5. 统计套利

统计套利是一种基于模型的投资过程，在不依赖于经济含义的情况下，运用数量手段构建资产组合，根据证券价格与数量模型所预测的理论价值进行对比，构建证券投资组合的多头和空头，从而对市场风险进行规避，获取一个稳定的 alpha。有别于无风险套利，统计套利是利用证券价格的历史统计规律进行套利的，是一种风险套利，其风险在于这种历史统计规律在未来一段时间内是否继续存在。

统计套利的主要思想是：先找出相关性最好的若干对投资品种（股票或者期货等），再找出每一对投资品种的长期均衡关系（协整关系），当某一对品种的价差（协整方程的残差）偏离到一定程度时开始建仓——买进被相对低估的品种、卖空被相对高估的品种，等到价差回归均衡时获利了结。

统计套利的主要内容包括股票配对交易、股指对冲、融券对冲和外汇对冲交易。在方法上，统计套利可以分为两类：一类是利用股票的收益率序列建模，目标是在组合的 β 值等于零的前提下实现 alpha 收益，即 β 中性策略；另一类是利用股票的价格序列的协整关系建模，即协整策略。前者是基于日收益率对均衡关系的偏离，后者则是基于累计收益率对均衡关系的偏离。基于日收益率建模的 β 中性策略，是一种超短线策略，只要日偏离在短期内不修复，策略就会失效，且如果日偏离是缓慢修复的，那么这种策略很难搜索到合适的平仓时机。此外，很多分析表明，β 中性策略经常会发出错误的交易信号。协整策略则直接利用了股价这一原始变量进行建模，当累计收益率偏离到一定程度时建仓，在偏离修复到一定程度或反向时平仓。

6. 期权套利

期权套利交易是指同时买进卖出同一相关期货，但不同敲定价格或不同到期月份的看涨或看跌期权合约，希望在日后对冲交易部位或履约时获利的交易。

期权具有杠杆高、损失有限的特点，使得利用期权进行套利交易，比利用期货套利的效率更高，收益率更大。

期权套利的交易策略和方式多种多样，是多种相关期权交易的组合，具体包括水平套利、垂直套利、转换套利、反向转换套利、跨式套利、蝶式套利和飞鹰式套利等。期权套利分析主要需要解决的问题有高低损益平衡点确定、套利空间计算、交易成本和市场容量等。

7. 算法交易

算法交易又称自动交易、黑盒交易或者机器交易，它是指通过使用计算机程序来发出交易指令。在交易中，程序可以决定的范围包括交易时间的选择、交易的价格，甚至可以包括最后需要成交的证券数量。

算法交易广泛应用于投资银行、养老基金、共同基金，以及其他买方机构投资者，以把大额交易分割为许多小额交易的方式来应付市场风险和冲击。卖方交易员（如做市商、对冲基金）为市场提供流动性、自动生成和执行指令。

根据各个算法交易中算法的主动程度不同，可以把不同算法交易分为被动型算法交易、主动型算法交易和综合型算法交易 3 大类。

8. 资产配置

资产配置是指根据投资者的投资需求将投资资金在不同资产类别之间进行分配，并对这些混合资产进行实时管理，通常是将资产在低风险、低收益证券与高风险、高收益证券之间进行分配。

量化投资管理突破了传统积极型投资和指数型投资的局限，将投资方法建立在对各种资产类股票公开数据的统计分析上，通过比较不同资产类的统计特征，建立数学模型，进而确定组合资产的配置目标和分配比例。

资产配置在不同层面有着不同的含义，从范围上看，可分为全球资产配置、股票债券资产配置和行业风格资产配置；从时间跨度和风格类别上看，可分为战略性资产配置、战术性资产配置和资产混合配置；从资产管理人的特征与投资者的性质上看，可分为买入并持有策略（Buy-and-hold Strategy）、恒定混合策略（Constant-mix Strategy）、投资组合保险策略（Portfolio-insurance Strategy）和战术性资产配置策略（Tactical Asset Allocation Strategy）。

6.2 量化投资的主流技术

量化投资涉及很多数学和计算机方面的知识和技术，总的来说，主要有人工智能、数据挖掘、小波分析、支持向量机、分形理论和随机过程这 6 种。

6.2.1 人工智能

1. 定义

人工智能（Artificial Intelligence，AI）是研究如何使用计算机来模拟人的某些思维过程和智能行为（如学习、推理、思考和规划等）的学科，典型的人工智能技术包括机器人、语言识别、图像识别、自然语言处理和专家系统等。

金融投资是一项复杂的、综合了各种知识与技术的学科，对智能的要求非常高，而量化是典型的统计学习应用场景，机器学习就是统计学习，因此，人工智能的很多技术可以用在量化投资分析中，包括专家系统、机器学习、神经网络和遗传算法等。量化投资所需的金融数据是复杂多样的，往往具有海量、高维和非结构化的特点，而人工智能技术在这样的数据处理与分析方面具有独特的优势，能更有效地处理大量、高维的金融数据。

2. 应用

具体来说，人工智能可以提供更多的另类信息，借助网络爬虫、自然语言处理和图像识别等技术，可以获取大量的非结构化的信息，这些信息经过适当的处理，可以从中获取知识以指导投资决策。除此之外，在人工智能交易策略构建上，采用人工智能算法从海量的数据中学习知识、发现事件之间的关联和规律、构建性能更优的预测模型，可以帮助我们进行选股、择时、交易信号优化和交易策略优化等。人工智能可以提供非线性算法来搭建量化投资模型，动态模型的选股机制能够对复杂多变的股票市场做出及时的反应，从而能够更加贴近市场的最新变化。

现阶段，人工智能已逐渐成了量化投资的新竞技场，国内外的对冲基金纷纷布局人工智能领域。桥水基金从 2013 年开始建立人工智能团队，基于历史数据与统计概率建立起交易算法，让系统能够自动学习市场变化并适应新的信息。高盛在 2014 年年底向美国智能投研先行者 Kensho 投资了 1500 万美元以支持该公司的智能化数据分析平台，目前，该平台已经运作于高盛内部，不仅通过强大的分析能力把长达几天的传统投资分析周期缩短到几分钟，而且可以根据各类不同的问题积累经验，完成自我更新。除此之外，近年来也有一些新兴的专注于人工智能交易的对冲基金。总部位于纽约的 Rebellion Research 公司推出了第一个纯人工智能投资基金，这一基金对全球 44 个国家和地区的股票、债券、大宗商品和外汇进行交易。此外，比较有名的专注于人工智能交易的机构还有总部位于香港的 Aidyia、旧金山的 Sentient Technologies 以及伦敦的 Castilium 和 CommEq 等。其中，Sentient 的核心算法是深度学习，而 CommEq 的投资方法则结合了定量模型与自然语言处理技术。

6.2.2 数据挖掘

1. 定义

数据挖掘（Data Mining）是从大量的、不完全的、有噪声的、模糊的且随机的数据中提取隐含在其中的、人们事先不知道的但又是潜在有用的信息和知识的过程。当前，无论是在投资领域还是在其他领域，人工智能往往和数据挖掘放在一起，人工智能在学习中寻找大量的数据样本，而很多的数据样本都需要通过数据挖掘去寻找样本的规律。

数据挖掘是一门交叉学科，它把人们对数据的应用从低层次的简单查询，提升到从数据中挖掘知识并提供决策支持。在量化投资系统的建立过程中，特别是量化投资模型的建立、模拟验证和实盘验证的过程中，一直需要处理大量的数据，因此会用到数据挖掘的各种技术，数据挖掘技术方法是量化投资系统建立产生的核心方法。

2. 应用

数据挖掘基于的数据库类型主要有关系型数据库、面向对象数据库、事务数据库、演绎数据库、时态数据库、多媒体数据库、主动数据库、空间数据库、文本型、因特网信息库以及新兴的数据仓库（Data Warehouse）等。数据挖掘后获得的知识包括关联规则、特征规则、区分规则、分类规则、总结规则、偏差规则、聚类规则、模式分析及趋势分析等。

数据挖掘在量化投资中的应用广泛。对当前的量化交易来说，使用最多的是对历史数据的挖掘，主要的分析方法更偏向于统计学和计量经济学的知识。

（1）宏观经济分析。宏观经济分析经常用到回归、关联分析、分类和预测等方法，比如利用回归、预测等技术确定经济周期，并研究不同股票与各经济周期的关联性，这样就可以在不同的经济周期制定不同的投资策略，实现持续盈利并规避风险。比如，有的投资机构在2008年前就利用数据挖掘技术确认当时的经济周期，提前减仓，改变投资策略，这样不仅避免了风险，而且实现了高额收益。

（2）估价。数据挖掘技术可以有效地发现价值被低估的股票，比如可以用最近邻方法确定基本面相似的股票的市场估价，然后与实际价格对比确定估值高低，或者在新股认购策略中，评估新股的合理价格区间。

（3）量化选股。数据挖掘的应用十分丰富，比如依靠数据挖掘中的回归方法得到多因子选股模型；用聚类方法对股票进行聚类以及股票分池；用神经网络方法预测股票的涨跌概率等。

（4）量化择时。数据挖掘可以用大量的数据去寻找最佳的卖点，比如用支持向量机方法进行择时，采用神经网络预测近期的涨跌趋势，或者采用分类方法判断近期的最佳交易周期。

（5）算法交易。这方面的数据挖掘技术往往涉及多种方法的综合，目前用得比较多的是集成决策树，其核心是当不同的指标（信号）出现不同的情况时，给出具体的交易操作（买入或卖出），采用这种方法不仅稳定、灵活，而且还可以采用优化算法对其进行优化，提高收益。

6.2.3 小波分析

1. 定义

小波（Wavelet）这一术语，顾名思义，就是小的波形。所谓"小"是指它具有衰减性，而称之为"波"则是因为它有波动性，其振幅是正负相间的震荡形式。小波分析主要研究如何将一个函数分解为一系列简单基函数的表示方法，这可以看成是傅里叶变换的升级版。

2. 应用

与傅里叶变换相比，小波变换是时间（空间）频率的局部化分析，它通过伸缩平移运算对信号（函数）逐步进行多尺度细化，最终达到高频处时间细分、低频处频率细分，能自动适应时频信号分析的要求，从而可聚焦到信号的任意细节，解决了傅里叶变换的困难问题，成为继傅里叶变换以来在科学方法上的重大突破，因此，也有人把小波变换称为数学显微镜。

小波分析在时域和频域上良好的局部化特性，对于信号处理、信息处理起着至关重要的作用，广泛应用于理论数学、应用数学、信号处理、语音识别与合成、自动控制、图像处理与分析、天体物理和分形等领域。小波分析的基础知识包括连续小波变换、连续小波变换的离散化、多分辨分析和 Mallat 算法。在量化投资中，小波分析的主要作用是进行波形处理。任何投资品种的走势都可以看作是一种波形，其中包含了很多噪音信号。利用小波分析，可以进行波形的去噪、重构、诊断和识别等，并进行金融时序数据预测，实现对未来走势的判断。

6.2.4 支持向量机

1. 定义

支持向量机（Support Vector Machine，SVM）方法是基于统计学习理论和结构风险最小化原理，通过一个非线性映射，把样本空间映射到一个高维的特征空间中，使得在原来的样本空间中非线性可分的问题转化为在特征空间中的线性可分的问题，简单来说，就是升维和线性化。

2. 应用

支持向量机更多使用在数据分类和预测方面。针对分类、回归等问题，在低维样本空间无法线性处理的样本集，在高维特征空间中却可以通过一个线性超平面实现线性划分（或回归）。一般的升维都会带来计算的复杂化，但 SVM 方法应用核函数的展开定理，不需要知道非线性映射的显式表达式，而且因为是在高维特征空间中建立线性学习机，所以有效地降低了问题的复杂度，在某种程度上避免了维数灾难，也可以解决过拟合等问题。

SVM 的内容包括线性 SVM、非线性 SVM、SVM 分类器和模糊 SVM 等。由于具备分类效果好、学习算法简单的特点，SVM 在许多非线性问题上有很大的优势。证券、期货等市场会受到国家政策和企业投资运营情况等的影响，因此市场走势的预测有较大难度，SVM 在量化投资中的应用主要在于复杂金融时序数据预测和趋势拐点预测，进而对市场的动向进行趋势预测。

6.2.5 分形理论

1. 定义

分形理论（Fractal Theory）是现代数学的一个新分支，它本质是一种新的世界观和方法论,与动力系统的混沌理论交叉结合,相辅相成。混沌是指现实世界中存在的一种貌似混乱无序的复杂运动形态,但混沌不表示混乱,它是"一种更高层次的次序"。混沌的背后拥有精细的结构,这种精细的结构具有自相似性,称为分形。分形理论与混沌理论同属非线性理论,是从不同的角度同时表达的对动态复杂系统的研究。

自相似原则和迭代生成原则是分形理论的重要原则。它表示分形在通常的几何变换下具有不变性,即标度无关性。分形形体中的自相似性可以是完全相同的,也可以是统计意义上的相似。迭代生成原则是指可以从局部的分形通过某种递归方法生成更大的整体图形。

混沌分形理论具有3项主要原则,第1项是宇宙中的每个事物遵循最小阻力途径;第2项是最小阻力途径由潜在并通常不可见的结构所决定;第3项是这种潜在并通常不可见的结构能够被发现并能够改变。

2. 应用

根据混沌分析理论解读技术分析的3大假设。第一,价格包容一切可以成立。包容一切就是包容了价格和信息,信息没有被记录,只记录了价格,而价格只是表象,承载的信息才是核心,信息驱动了价格。没有了信息驱动,价格只会无序波动,这是技术分析的根本缺陷。第二,价格沿趋势运动。这一点有局限性,价格涨到了顶了还会沿趋势运动吗?不会,物极必反了,阻力最小的方向是下。这一点可依据混沌理论的3项主要原则修改为:价格沿最小阻力途径运动。第三,历史会重复,但是不会简单重复,因为我们通常可以看到很多价格形态,形态一样,但是背后的走势却是完全不同的,因为它背后所隐含的信息不一样。信息决定驱动,驱动决定价格,可以根据这个道理修改为分形的自相似性会重复。分形的自相似性不单单是价格形态上的相似,而是包含多个维度(形态、时间、空间、结构、信息和能量等)都具有相似性。

分形理论的基础是分形几何学,其最大的特点是通过分数维度的视角和数学的方法研究客观事物。它甚至已经跳出一维的线,二维的面,三维的立体和四维的时空,更可以搭建无数维的世界观。当前量化交易的数据模型中很多时候都是在多维框架下进行的,因此当前的分形理论也是量化交易的一种重要应用理论,主要可以用于金融时序数列的分解与重构,并在此基础上进行数列的预测。

6.2.6 随机过程

1. 定义

随机过程(Stochastic Process)是一连串随机事件动态关系的定量描述。随机过程论与其他数学分支如位势论、微分方程、力学及复变函数论等有密切的联系,是在自然科学、工程科学及社会科学各领域中研究随机现象的重要工具。随机过程目前已得到广泛的应用,如天气预报、统计物理、天体物理、运筹决策、经济数学、安全科学、人口理论、可靠性及计算机科学等诸多领域。

研究随机过程的方法多种多样,主要可以分为两大类:一类是概率方法,其中会用到轨道性质和随机微分方程等;另一类是分析的方法,其中会用到测度论、微分方程、半群理论、函数堆和希尔伯特空间等。实际研究中常常两种方法并用。另外,组合方法和代数方法在某些特殊随机过程的研究中也有一定作用。研究的主要内容有多指标随机过程、无穷质点与马尔科夫过程、概率与位势及各种特殊过程的专题讨论等。

2. 应用

随机过程是对实际时间的动态定位和量化分析,通过分析寻找规律并对未来进行预测。常见的随机过程包括独立增量过程、泊松过程、维纳过程、正态过程和马尔可夫过程等。在量化投资中,马尔可夫过程是典型应用,适用于金融时序数列的预测,比如用马尔可夫过程对股市大盘进行预测。

马尔可夫链理论预测的对象是一个随机变化的动态系统,其预测是根据状态之间的转移概率来推测系统未来的发展,转移概率反映了各种随机因素的影响程度,因而马尔可夫链比较适合随机波动性较大的预测问题,但是马尔可夫链要求状态无后效性,且要具有平稳过程等特点。如果灰色 GM(1,1)模型对数据进行拟合,找出其变化趋势,那么可以弥补马尔可夫预测的局限性,而在灰色预测基础上进行马尔可夫预测,又可弥补灰色预测对随机波动性较大的数据序列准确度低的不足,因此,将二者结合起来将大大提高此法对股市的预测精度。

6.3 量化数据库

6.3.1 金融数据的类型

金融数据是影响金融投资行为和金融市场发展的信息,具有可度量、可处理和可存储的性质,同时具有海量、有效性、传染性和会对资产价格产生影响等特点。

在金融量化投资领域,数据是人们研究金融现象的纽带和通道。策略开发人员往往会先应用历史数据对策略进行历史回验,策略调整至有效后再进行实盘交易。一方面,量化投资对于输入数据的质量要求很高,输入质量决定输出质量;另一方面,系统输入变量的属性还决定了系统的设计与运行,如果宽客得到的是缓慢变化的宏观经济数据,那么就不可能建立一个快速交易模型。此外,存储和提取数据所使用的数据库技术在很大程度上也取决于数据的属性。

量化投资使用的数据可以分为价格数据(Price Data)和基本面数据(Fundamental Data),按照数据流的时序特征,可将价格数据进一步划分为历史高频数据与实时数据。一般来说,使用价格数据的相关交易策略通常是短期策略,而使用基本面数据的大多是长期策略。

从涵盖范围来看,价格数据不仅仅是与金融产品价格相关的数据,也包括从交易行为中提取或得到的其他信息。比如股票的交易量、每笔交易的时间和规模,以及各种指标水平相关的数据(如标普 500 指数每日记录的波动百分比)。实际上,整个指令簿都可以看作是价格数据。基本面数据泛指价格数据以外的所有数据，这些数据有助于决定金融产品未来的价格，或者至少描述产品的目前状况。常见的基本面数据种类有财务健康状况（Financial Health）、财务表现（Financial Performance）、财物价值（Financial Worth）和情绪（Sentiment）等。

1. 基本面数据

基本面数据包括宏观数据、行业数据、公司数据、股票数据、基金数据、债券数据、期货数据、指数数据和衍生数据 9 大类。基本面数据主要用于择时、选股和配置等策略构建，择时策略包括趋势追踪策略、反转策略和市场情绪等，选股策略包括多因子策略、风格轮动策略和行业轮动策略等，配置策略包括套期保值策略和期现套利策略等。

（1）宏观数据。宏观数据体现了一个国家经济发展的现状，在任何策略下，只要资产存在风险暴露，则必然要考虑金融市场行情和宏观因素的影响。宏观经济的发展情况影响资金配置，以股票市场为例，经济发展较好的"牛市"中，资金配置偏向成长类股票，而在经济情况不佳的"熊市"，资金配置则偏向于资产保值类股票。

宏观数据涵盖国民经济核算、价格指数、居民收入、固定资产投资、三大产业、人口与就业、财政税收、对外经济贸易和金融保险等方面。其中，常用的分析指标主要包括经济指标环比、国内生产总值、工业增加值、行业增加值、商品房销售、消费品零售、电力工业数据、固定资产投资、居民消费水平和物价指数。

（2）行业数据。行业数据包括行业进出口数据、行业经济指标、行业产品产量和行业概况等。行业数据代表中观市场情况，代表了这个行业或者产业的发展情况。根据市场联动性，行业常被划分为周期性行业和非周期性行业。其中，周期性行业是指和国内或国际经济波动相关性较强的行业，典型的周期性行业包括大宗原材料（如钢铁与煤炭）、工程机械、船舶和化工等；而非周期行业的代表如医药行业和公用事业行业等。

对于量化投资者而言，行业数据很多时候可以作为一个过滤器，"牛市"行情时常选用走势强劲的周期性行业，比如有色金属、钢铁和化工行业；"熊市"行情时则选用风险防御能力较强的非周期性行业，比如医药行业和公用事业行业。此外，行业划分也有利于一些主题类投资、事件驱动类投资策略的开发，比如，战争时期人们会偏向相关行业如军工、造船和机械等，科技繁荣时则会偏向互联网和电子等。同时，金融市场存在风格轮动效应，不同市场发展阶段往往会呈现个别行业发展的相对优势。

（3）公司数据。在量化投资领域，以上市公司为投资标的的量化策略大多基于获取的公司财务指标或因子的构建进行研究分析，如多因子选股策略就需要上市公司的多种财务数据源。

公司行情数据一般可分为基本面因子、技术因子、事件因子及分析师预测因子。基本面因子主要是指公司财务方面的数据，如规模因子、估值因子、成长因子、盈利因子和偿债能力因子。技术因子包括上市公司的一些交易指标，如 1 月动量因子、EMA、换手率和资金流量等，事件因子需要研究消化公司的及时信息并将其转化为量化投资的信号。分析师预测因子的表征为市场情绪指标，情绪具有催化剂的作用，对于股市尤其如此。

（4）股票数据。股票数据主要包括个股交易停复牌数据、个股回报率、日大宗交易数据、异常波动信息、复权信息和市场行情。股票是量化投资最常用的品种。股票投资策略一般包括风格轮动策略、行业轮动策略、资金流策略、动量反转策略和趋势跟踪策略等。风格轮动策略根据市场或个股的发展阶段以及呈现出的风格特征进行选股买卖；行业轮动策略根据不同市场周期特征选择行业进行投资；资金流策略根据市场的资金流向进行选股配置；动量反转和趋势跟踪策略则根据股价的回复或趋势特征进行套利。

（5）基金数据。基金数据包括基金基本数据、基金净值数据、除权息数据、基金数据评价、回报率、资产配置和基金财务指标。基金有广义和狭义之分，人们常说的基金主要是指证券投资基金。基金一般可反映金融市场的环境情况，通过对不同配置的基金在净值变化和收益回报等方面的表现情况进行研究，可以发掘很多关于投资组合资产配置有效性的信息，进而为调整量化策略提供支持，比如"基金 88 魔咒"，它是指当股票型基金或偏股混合型基金的股票仓位达到 88%或以上时，A 股将会见顶回落，这就为基金持仓设定上限提供了经验参考。

（6）债券数据。债券数据包括债券基本数据、债券回购日交易信息、债券现期收益率、标准券折算比例、债券派息信息和企业债公司债主要财务指标。债券作为一种相对风险较低的品种，适合于风险规避型的投资者。常见的一类策略是债券品种间的套利，如不同到期债券之间、同一公司的债券股票之间、可转债与股票之间等。

（7）期货数据。期货的投资策略可分为单一品种策略和混合品种策略。单一品种策略包括趋势跟踪、动态反转和跨期套利等。混合品种策略可进一步分为跨市场策略与跨品种策略，其中，跨市场策略包括商品期货与现货之间的基差套利等，而跨品种策略主要是将相似品种特征的商品期货合约配对。

按照期货类别，可将期货数据分为股指期货数据、商品期货数据与国债期货数据 3 大类，这 3 大类均包括期货基本信息数据、期货交易数据、期货交易量及仓位状况，除此之外，商品期货数据还包括现货价格信息，国债期货数据还包括国债价格信息。

（8）指数数据。指数数据包括指数基本信息、股票指数样本股基本信息和指数成分股权重数据。指数数据反映的是其编制对象的总体价格水平及其变动趋势，如沪深 300 反映的是沪深市场的市场行情，农林牧渔行业指数反映的是农林牧渔行业的总体市场行情。

根据选用指数策略的不同，权益类基金可以分为被动型基金和主动型基金两大类。被动型基金利用成分股按权重复制指数以获得市场平均收益率；主动型基金在成分股组成的股票池中进行资产配置，以获得超过市场平均水平的收益。

（9）衍生数据。衍生数据可以提高金融市场投资者的策略构建能力、策略绩效评估及风险控制水平，能够反映和预测盈利能力。一些大型金融数据供应商会提供常见的衍生数据集，以供个人、小型企业或机构采购使用，但是研究能力强的大型投资企业往往会自己发掘并构建这类数据。

量化投资研究常用的衍生数据库包括量化因子仓库和风控因子数据库。量化因子仓库包括宏观因子、行业因子、基本面因子、技术因子、行为因子、高频因子、衍生物因子、事件因子和复合因子；风控因子数据库包括行业因子和风格因子。

2. 历史高频数据

历史高频数据即指日内的数据，主要针对以小时、分钟或秒为采集频率的数据，常见的历史高频数据字段主要涵盖股票品种、股指与商品期货品种，均包括分笔高频数据与分时高频数据。

3. 实时数据源

一些交易所会提供交易产品的实时行情数据，比如上海证券交易所、深圳证券交易所等证券交易所，以及上海期货交易所、大连商品交易所、郑州商品交易所和中国金融期货交易所等期货交易所。不同交易所的交易品种有所区别，交易机制与规则也有所不同，量化投资者需要根据具体的协议做交易所行情对接，并对量化策略做适当的调整。

交易所的交易协议是为了实现证券市场参与主体间的信息实时交换所构建的一套适用于实时证券金融电子交易开发的数据通信标准，主要有 4 种，即 Fix 协议、STEP 协议、FAST 协议和 Binary 协议。

（1）Fix 协议是指金融信息交换协议，以上海市场行情库 show2003.dbf 为代表，发布 Level1 行情，共包括 5 档行情。Fix 协议的优势在于，它是 key-value 对，可以很方便地查看报文内容，以及扩展新字段；缺点是接口单一、扩展困难、冗余度高且带宽需求大。

（2）STEP 协议是基于 Fix 协议建立的新一代"证券交易数据交换协议"，该协议与国际流行的 Fix 完全兼容，发布 level2 行情，在基础行情上增加了增值信息，发布速度也有了显著提升。

（3）FAST 协议克服了 Fix 协议数据冗余度高、带宽占用率高的问题，采用二进制数据流交换方式，降低行情延时，发布 level2 行情。

（4）Binary 协议是二进制协议，里面详细定义了各种报文的字段和编解码规则等，Binary 协议在速度上与其他协议相比更具优势。

6.3.2 数据供应商与数据提取方法

1. 数据供应商

目前来说，主要的数据源及数据种类包括以下几种：交易所提供价格、交易量、时间戳、持仓量、空头持仓量和订单簿数据；监管机构提供各个企业的财务报表、个股的大股东持股情况和内部买卖活动；政府提供宏观经济数据，如失业率、通货膨胀率和国民生产总值等；企业提供财务报告和其他公告（如红利的变化）；新闻机构提供新闻报道；数据专营供应商提供一些有用的生产数据，如上市公司报告和基金的现金流数据等。

数据供应商可以解决把来自各种数据源的数据置于统一框架下并进行存储和分类的问题，但不同的数据供应商所提供的数据类型可能不同。比如，对某一只股票，数据供应商甲只提供价格数据，而供应商乙只提供基本面数据，而且它们采用的识别股票的标识符也可能不一样。因此，宽客必须找到一种有效的方法，将不同数据供应商关于同一产品的数据与自己已有的内部数据库统一起来。

与数据供应商的数据相比，从源头直接获取原始数据的一大好处就是宽客可以最大限度地控制数据的清洗和存储，但这么做往往成本很高，对每一个数据源，都需要有相应的软件，把它们转化为量化交易系统可以使用的某种格式。因此，宽客需要结合数据的统计口径与处理方法，进行数据源的选择，选择一个可靠的、合适的数据提供商是进行可靠的量化投资分析的有力保障。

在国外，以 Bloomberg（彭博资讯）、Thomson Financial One Banker（汤姆森金融公司）和 Reuters（路透社）为首的数据提供商享誉全球，此外，还有 CEIC、Capital IQ 和 IBES 提供多样化的数据服务。

目前在国内，国泰安信息技术有限公司以 CSMAR 系列中国金融经济数据库、国泰安市场通全球金融信息分析系统与量化投资研究及投资平台等优秀产品为国内乃至全球的量化投资者提供着优秀的服务；Wind 资讯是中国领先的金融数据、信息和软件服务企业，其数据服务内容囊括新闻、基金、宏观行业、股票以及理财产品 5 大模块；创建巨潮数据库的深圳证券信息有限公司则是深交所和中国证券业协会指定的信息披露单位，多年来致力于中国证券信息数据库系统的研究、建设、维护与产品开发。除此之外，恒生、锐思和巨灵也是较有名气的金融数据供应商。

2. 数据提取方法

主流的数据提取方法主要包括终端提取方法和 API 提取法两种。

（1）终端提取方法。终端包括网页终端和软件终端，其提取方法是利用终端界面上的行业分类和字段筛选等提取相关数据，并最终导出为 Excel、DBF 或 TXT 等格式的文件。

我国提供终端的主流金融数据库主要有：CSMAR 数据库、Wind 数据库、恒生聚源数据库、锐思数据库、中国统计局数据库、巨潮数据库和巨灵金融数据库。

（2）API 提取法。API 提取法主要利用 Matlab、C++，Python 和 Excel 等连接数据库服务器，并通过相关函数字段提取数据库数据。

我国提供 API 接口的数据库主要有：国泰安数据库、Wind 数据库和巨灵数据库。值得一提的是 TuShare 和 Quandl。TuShare 中文财经数据接口包是一个免费、开源的 Python 财经数据接口包，主要实现股票等金融数据的数据采集、清洗加工和数据存储的过程。TuShare 的数据主要来源于网络，最新版本的 TuShare 可接受第三方数据的接入。Quandl 是一个针对金融投资行业的大数据平台，其数据来源包括联合国、世界银行和中央银行等公开数据，核心财务数据来自 CLS 集团、Zacks 和 ICE 等，所有的数据源自 500 多家发布商。

6.3.3 量化数据库的搭建

量化交易系统的搭建必须有较完备的数据库。这个数据库需要含有量化策略涉及的数据，主要包括基本面和财务数据、交易数据以及行业、市场、板块相关的指标数据等，在此基础上可将整理后的数据灵活地调用并运算。量化数据库的搭建主要包括以下步骤：数据收集、数据库架构的设计和算法函数的集成。

1. 数据收集

首先，将收集到的数据进行数据整理，以确保数据的准确性和一致性。准确性是指收集到的数据需要进行反复对比确认，定期对收集到的数据进行对比检验，确保策略形成所需要的数据的准确性。一致性是指策略测试和策略实现的数据需要同源，以期货数据为例，当行情数据从交易所发到各期货公司时，会因期货公司接收服务器的本地时间设置不同，以及接收数据具有延时性，导致不同期货公司转发出来的行情数据存在不一致的可能，所以在数据库搭建的过程当中就需要将数据的一致性考虑进来。

2. 数据库架构的设计

在确保准确性和一致性的基础上，紧接的一步也是最基础的一步就是能够方便、灵活地调用整理好的数据，包括涉及数据颗粒度的设计，如行情数据。不同周期的行情数据，根据不同策略类型需要进行不同的架构设计，如长周期量化策略需要的月、周、日为周期的行情数据；短周期量化策略需要的小时、分钟、秒为周期的行情数据；以及高频量化策略需要的逐笔成交的行情数据。

仅从所涉及的行情数据来看，量化策略所需要的数据深度和广度都大大超过传统策略交易的数据范畴。同样，数据库的深度和广度既决定了量化策略的丰富程度和调用数据的方便灵活性，也决定了量化交易系统的可靠性。

3. 算法函数的集成

量化交易所使用的函数包括简单通用函数、数值分析、统计和数据访问等，还包括高端数据库搭建集成的人工智能类算法，如遗传算法、蚁群算法和支持向量机等。这些算法对于一般性的金融机构来说要求偏高，因直接集成到数据库是较大的算法工程，所以有些机构采用外部算法引擎的调用然后返回结果的方式来实现人工智能类算法。

随着越来越多的数学、物理和计算机方面的人才进入量化策略研究中来，已经有很多机构的数据库集成了这类算法，将简单的数据库提升到量化策略研发平台的水平。

近十年来，已经出现了一批成熟的第三方量化策略研究开发数据库，但这并不意味着所有的量化团队都会直接采用第三方数据库，这与量化团队开发的量化策略类型极度相关。

（1）偏向宏观研究的策略，其需要的数据类型通常很难标准化，基本上需要量化团队通过外部数据自己整理。

（2）高频量化策略，其所需的高速运行的特性是第三方数据库无法满足的，需要开发这类高频策略的团队自己建立合适的数据库。

总之，量化策略数据库搭建的复杂程度，是根据所开发的策略类型来决定的，数据库搭建的核心是围绕量化策略思想所需要的数据来展开。

通常，随着量化策略的多样性发展需求，数据库需要的数据类型的丰富程度、调用方式的灵活程度，以及复杂算法的运算效率都会随着量化策略的多样性而逐渐提高，这也是量化策略发展对数据库搭建要求的未来趋势。

6.4 量化模型

6.4.1 量化模型概述

1. 量化投资交易系统

量化投资交易系统一般包括 3 个模型，即策略模型、风险控制模型和交易成本模型，这 3 个模型的结果都是投资组合构建模型的输入，投资组合构建模型最后通过执行模型来完成任务。

2. 模型分类

（1）策略模型。策略模型也被称为阿尔法模型或预测模型，它是用来预测宽客准备交易的金融产品走势，以此获得投资回报。策略模型可以说是整个量化模型最核心的部分，决定了整个量化模型的盈利能力。

（2）风险控制模型。风险控制模型主要用来限制宽客的风险敞口规模，这些风险因素可能不是产生赢利而是招致损失的因素。比如，在趋势跟随策略中，交易者可能会因为担心太多预测都是指向同一方向从而导致风险，而将方向性的头寸敞口只限制在某些给定的资产（如商品期货）上，此时风险控制模型将给出这些商品上的头寸敞口限额。

（3）交易成本模型。交易成本模型主要用来辅助决定为了构建投资组合而产生交易后所发生的成本，因为交易者将现有的投资组合变为新的目标投资组合时也会产生交易费用。无论交易者期望的赢利是大还是小，只要有交易就会有成本发生。再以趋势跟随策略为例，如果期望的趋势规模过小并且趋势持续的时间过短，那么交易成本模型可能会发出相关信号表明，一次建立头寸然后退出头寸的交易所发生的成本可能要大于趋势跟随的获利。

（4）投资组合构建模型。以上 3 个模型的结果输入到投资组合构建模型中，这个模型就会在追逐利润、限制风险和相关成本发生之间做出平衡，然后给出一个最优的目标组合。完成这个过程后，交易系统再将现有的投资组合与新建的目标投资组合进行对比，两者间的差异就需要通过交易来消除，这个任务就交给执行模型来完成。

（5）执行模型。投资组合构建模型运行后得到了一个新的目标投资组合，两个投资组合之间的差异就是执行模型需要建立头寸用以弥补的。执行模型的算法实施必需的交易，并且以一种高效且低成本的方式来实施。执行模型还需要一些其他的输入信息，如交易执行的迫切性和当前市场的流动性状况等。

量化投资交易系统的构成如图 6-1 所示，但其中示意的结构并不是一成不变的，很多量化交易策略没有交易成本模型，或者没有投资组合构建模型，也可能没有执行模型。此外，一些量化交易策略会将不同的模型合并在一起，比如将风险管理的需求约束整合到策略模型中，或者是在不同组成部分之间建立更加紧密的关联。交易者还可以利用自己的交易数据进一步来改善交易成本模型的功能。一般来说，量化交易系统构成的这种结构在多数情况下都是适用的，它基本反映了量化交易系统的不同组成部分及其功能。

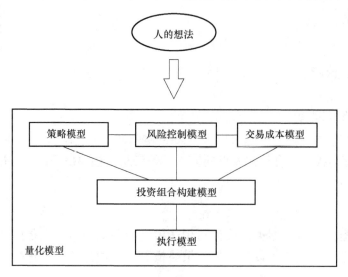

图 6-1　量化投资交易系统的构成

来源：量化研究中心。

6.4.2　策略模型

策略模型可以分为两大类，即理论驱动型模型和数据驱动型模型。在理论驱动型模型中，投资者通过解释市场状况的产生原因来预测未来市场，并将这种理论解释体现在模型中。在数据驱动型模型中，投资者通过对数据的分析去发掘数据中的各种模式，而不是总结出一套理论去对数据进行统一的解释。

1. 理论驱动型模型

理论驱动型模型又分为基于价格数据的模型和基于基本面数据的模型。基于价格数据的模型有：趋势跟随型、均值回复型和技术情绪型。基于基本面数据的模型有：价值（收益）型、成长型和品质型。

（1）趋势跟随型。趋势跟随型模型的基本假设是在一定时间内市场通常是朝着同一方向变化的。根据市场均衡的经济学基本原理，金融产品价格从一个均衡到另一个均衡的缓慢过渡期就是投资机会。另外一种解释是"博傻理论"，人们因相信趋势才会去追涨杀跌，这种行为反过来会促进趋势的形成，关键在于将持有产品卖给更"傻"的下家而避免成为最后的持有者。

定义趋势的一种方法是利用 MACD 指标[⊖]：用短期均线与长期均线的交叉点来判断趋势，若短期均线位于长期均线的下方，则市场处于下跌趋势；若短期均线位于长期均线上

⊖ MACD：异同移动平均线。

方，则市场处于上涨趋势。趋势跟随型的标志性策略就是双均线策略，即投资者认为在一定时间内市场通常是朝着同一方向变化的。

（2）均值回复型。均值回复型模型的基本假设是在一定时间内市场并非朝着同一方向变化的，价格会围绕其价格中枢而上下波动，判断出这个中枢及波动方向便可以捕捉交易机会，简单来说，就是超涨卖，超跌买。理论上看，一方面，流动性会导致市场有时出现买卖之间的短期不均衡，进而会出现超卖或超买现象；另一方面，市场参与者并不了解其他人的观点或行为，进而会出现超买或超卖现象。

均值回复型模型中最著名的策略是统计套利策略，不去关注企业的股票本身价格，而是关注该企业的股票与同类股票或者相关股票相比的估值水平，通过做多低估股票，做空高估股票，等待价差恢复合理区间时获利。

（3）技术情绪型。技术情绪型模型的基本原理是通过追踪投资者情绪相关的指标来判断预期回报率，但是对于"情绪如何影响市场"的观点是不一致的，有人认为过于正面的信息说明已经超卖，未来可能会下跌；也有人认为正面情绪是市场上涨的动力；还有人认为情绪只是一个条件变量。

技术情绪型标志性的策略就是情绪指标策略，表征投资者情绪的指标有交易价格、成交量、波动性以及期权市场的认购及认沽量。投资者认为通过这些指标可以判断出投资者对后续行情的预期，随后进行相应操作。

（4）价值（收益）型。价值型模型的基本理念是利用盈利收益比和股息收益比等比率来度量价值，买入估值过低的证券，卖出估值过高的证券。

典型的策略有量化多空策略，即寻找相对价值低的资产，做出看多或看空的判断，并由此建立相应的投资组合。多空策略是国外对冲基金迄今为止应用最为广泛的投资策略之一，它是套利策略的基础。

（5）成长型。成长型模型通过对所考虑资产的以往增长率水平进行分析，进而对资产价格的未来走势进行预测。成长型模型会通过比较预期增长与预期价值，对金融产品可能会经历的正增长或者负增长进行预测，进而来判断金融产品价格是否合理。

可以表征资产未来增长率的成长变量有：市场情绪预测、价格目标及推荐等级等。典型的策略是基于市场情绪的策略。

（6）品质型。品质型模型看重资产的安全性，其基本原理是：在其他条件相同的情况下，买入或持有高品质产品而做空或减少低品质产品。关注高品质金融产品的策略能够保护投资者，特别是在市场紧张时期。我们经常称其为"择优而栖"策略。

衡量资产品质的指标包括杠杆比率、收入来源多样性、管理水平和欺诈风险等。品质型模型根据这些指标选择企业标的。这种策略在股票的量化交易策略中经常看到，但是在宏观型量化交易策略中却不多见。

2. 数据驱动型模型

数据驱动型模型使用的数学工具更复杂。数据驱动型模型利用机器学习进行数据挖掘，这类模型的基本假设是：历史的数据可以暗示将要发生的事件，借助分析技术可以识别出一些市场走势，模型使用的输入通常来自于交易所的数据（比如价格数据），据此来识别出能够有力预测和解释未来的模式。

数据驱动型模型的优势是：第一，理论驱动型模型容易被人理解，并且在实业界得到广泛的应用，而数据驱动型模型使用复杂的数学公式，技术挑战性高，很难被人理解，因而门槛较高，竞争对手少。第二，理论驱动型模型只能捕捉人们有所认识的行为模式，很多没有被理论定义的行为模式可以由数据驱动型模型捕获到，进而发掘更多的投资机会。数据驱动型模型的缺陷主要有：第一，历史数据所展现的模式可能不会重复，数据驱动型模型依赖的前提可能不成立，因此需要经常调整以适应市场变化，而这可能会带来风险。第二，输入数据决定输出，而输入的数据可能掺杂了很多噪声，从而用错误的信号训练出错误的预测模型，事实上，那些成功的数据挖掘策略更像是趋势跟随或均值回复策略。第三，如果输入模型的数据量很大，那么算法的运算量可能会大到根本无法实施，尤其是把高频数据作为输入进行模型训练的情况。

6.4.3 风险模型

风险模型对于一个量化模型来说必不可少，它能通过对风险敞口实施有目的的选择和规模控制，从而提高量化模型盈利的质量和稳定性。

1. 风险的度量

对风险的度量有两种广为认可的方式：第一种是通过纵向比较，计算不同时期各个产品收益的标准差，这个概念通常被称为波动率，波动率越高，说明目前的市场风险越大；第二种是在给定产品范围内对各种金融产品表现的相似水平进行测量，通常是计算在给定时间所有相关产品的横截面标准差，标准差越大，说明所包含在内的产品的表现种类越多样化，也就意味着市场风险较低，这个标准差也被称为离散，离散也可以用给定范围内产品的相关系数或协方差来度量。

2. 控制风险规模

控制风险规模的方式主要有两种，即硬性约束和惩罚机制。硬性约束的常见做法是设定限制水平，比如限制单只股票的头寸规模和管理投资组合的杠杆率。惩罚机制允许仓位在策略模型带来的收益显著增大的情况下超过临界水平，相比硬性约束，惩罚机制更加灵活，容忍度更高，还能考虑到相对的预期回报增量。惩罚机制有一个特点，那就是超过限制水平越远，增加额外的规模就变得越困难。

3. 风险模型的种类

风险模型主要通过两种方式来清除不希望出现的风险敞口，即理论途径和经验途径，分别对应理论型风险模型和经验型风险模型。

理论型风险模型专注于已知的风险或系统性风险。系统性风险是指不能通过分散而加以消除的风险，比如整个市场表现带来的风险、市值风险、板块风险，以及债券市场的利率风险等。经验型风险模型根据历史数据来判断风险是什么以及投资组合如何暴露其中。

利用主成分分析法之类的统计方法，投资者可以从历史数据中识别出系统性风险。

理论型风险模型与经验型风险模型各有利弊。第一，理论型风险模型相对僵化，意味着风险因素不怎么变动，但实际上推动市场的因素的确在随着时间变化，例如美联储可能会降低或提高利率的预期，是市场的主要推手；而经验型风险模型则可以通过新产生的数据捕捉到更多的风险因素，从而更加适应于不断变化的市场环境。第二，经验型风险模型如果不能快速识别出环境的变化，可能会错误地判断市场风险。此外，为了达到统计学意义上的显著性，减少计算各种产品相关关系时可能存在的测量误差，经验型风险模型需要使用大量的样本数据，但这也会抵消经验型风险模型自适应性带来的绝大部分优势。

6.4.4　交易成本模型

交易成本模型的目的在于告知构建投资组合过程中进行交易的成本，并通过控制成本使得整个量化模型的盈利最大化。

1. 交易成本的构成

交易成本主要由 3 部分构成，即佣金和费用、滑点和市场冲击成本。

（1）佣金和费用是支付给经纪商、交易所和监管者的费用，通常每笔交易的佣金都是很低的。因此，这部分支出一般不是交易成本的主要部分，而且基本上固定不变，比较容易计算。

（2）滑点是指从交易者决定开始交易到订单进入交易所系统实际被执行这段时间内发生的价格变动。滑点带来的交易成本大小与特定的策略模型有关，例如，滑点会给趋势跟随策略带来很大的损失，但是给均值回复策略带来的损失就比较少，有时候甚至还能带来正收益。

（3）市场冲击成本是由市场供需关系变化导致的。滑点和市场冲击成本可能会有些重合。对大规模交易者而言，短时间内大量买进会抬高价格，使得建仓成本高于预期；同理，如果在短时间内大量抛售，最后实现的卖出价也会低于预期。出于对大单交易产生的市场冲击的担忧，暗池交易允许交易者以匿名的方式直接进行交易。

除此之外，一些交易所和交易平台，比如电子通信网络等，可能会向流动性的需求方（或流动性的供给方）收取一定的费用。以上种种因素，都会使交易成本的度量变得更加复杂。

2. 交易成本模型的类型

交易成本模型基本可以分为 4 类，即常值型、线性、分段线性以及二次型。

（1）常值型交易成本模型的假设是：无论订单规模如何，交易成本都保持不变。该模型计算极其简单，但交易成本往往会随着交易规模的变化而上下变动，因此这种交易成本模型的缺陷非常明显，在实际场景中并不常用。

（2）线性交易成本模型的假设是：交易成本以一个固定比例随着交易规模的增加而增加。一般而言，这种模型会在交易规模较小的情况下高估交易成本，在交易规模较大的情况下低估交易成本，但总体的准确度比常值型交易成本模型要好。

（3）分段线性交易成本模型作为简洁性和准确性的折中方案，在大规模交易情景中的准确度要远远高于前两种模型，其使用也更加广泛。

（4）二次型交易成本模型是非线性的，因此计算复杂度最高，建模的过程也比较复杂，但通常是这4种模型中准确度最高的。

在真实的交易环境中，由于市场冲击成本的存在，每次交易的成本都是不一样的，如果可以确切计算出策略模型运行过程中的交易成本，那么就可以预测每笔交易的净盈利，进而控制交易的频率，这在投资实践中非常重要。短线交易由于其频率高，如果累积交易成本甚至达到其收益的30%以上，那么投资者就需要通过改变下单方式等途径来降低其交易成本，从而达到提高收益的目的。如果一个策略模型运行产生的交易成本超过收益数倍，那么这个策略模型就不具有可行性。

6.4.5 投资组合构建模型

投资组合构建模型在于构建一个能创造最大盈利的投资组合。如何分配投资组合中各种产品的比例，主要需要考虑期望收益、风险和交易成本之间的平衡。前文提到的策略模型、风险模型和交易成本模型作为投资组合构建模型的输入，最终被转化为输出，得到目标投资组合，通常是理想的头寸以及各个头寸的规模。

投资组合构建模型主要分为两类，即基于规则的投资组合构建模型和基于优化的投资组合构建模型。基于规则的投资组合构建模型主要依赖于宽客的直觉。这些直觉通常是根据经验得到的规律，比如实验结果或犯错得到的教训等。而基于优化的投资组合构建模型则是使用算法去寻找宽客所定义目标函数的最优路径。

1. 基于规则的投资组合构建模型

基于规则的投资组合构建模型主要分为3类，即相等头寸加权、相等风险加权和信号驱动型加权。其中前两类分别保证了投资组合的每个个股头寸相等和所承担的风险相等，第三类根据信号强度来加权，投资组合中个股与策略模型设定的条件越接近，则赋予的权重就越大，这是合理决定头寸规模的最佳途径。

相等头寸加权模型认为，对不同的头寸加以区分（即给予不同权重）可能会具有两种负面结果，最终会超过非等权重加权所带来的好处。非等权重方法的假设前提是模型具有统计学意义上的能力和功效，对头寸方向、波动幅度和其他预测值进行准确预测，而等权重方法认为，只有在方向性预测上才可以充分信任策略模型。非等权重方法的不足在于，它一般倾向于在"最好"的几个预测头寸上进行大的投注，而在其他预测上投注很少。这种权重的差异会使策略在看似很有吸引力的头寸上承担一些例外事件的风险。

相等风险加权模型依据头寸的波动性（或者风险的其他度量指标）来反向调整头寸规模。波动性越大，分配的权重就越小，反之则越大。

信号驱动型加权模型可以根据"信号"来合理决定头寸规模。投资者也会使用风险模型或交易模型来限制投资比例，然后利用信号强度来决定实际头寸与头寸的最大可能值的接近程度。

实际上，无论使用基于规则的哪一种模型，都可以综合使用阿尔法模型、风险模型和交易成本模型。例如，在相等权重模型中，根据交易成本模型，因为某些产品的交易成本过高而无法进行交易，所以需要对相等权重加以限制。

2. 基于优化的投资组合构建模型

投资组合优化工具主要是基于现代投资组合理论（Modern Portfolio Theory，MPT）基本原理。优化工具通过算法在各种可行的产品组合中进行定向搜索，以实现目标函数的最优化。

均值方差优化技术（Mean Variance Optimization）是基于 MPT 构建投资组合的一种常用方法。均值和方差是传向优化器的两个输入变量，输出变量则是在各个风险水平上具有最高收益的一系列投资组合。这里的均值是指进行评估的各种资产的平均期望收益，方差是对各种资产期望风险的度量。优化器的第三个输入变量是这些资产的期望相关系数矩阵。

（1）优化工具的输入变量。优化工具所需的输入变量有期望收益、期望波动率以及各种备选产品间的相关系数矩阵。宽客倾向于使用策略模型得到期望收益，策略模型的输出变量通常包含预期收益或者预期波动方向。使用历史数据计算出的实际波动率也常被用来作为优化工具的输入变量，此外，也可以使用对波动率的预测值，对波动率最常见的预测方法是使用随机波动模型。优化工具的第三个输入变量是相关系数矩阵，产品间的相关性是由多种动态因素共同决定的，因而产品间关系的度量随着时间的改变可能会很不稳定。

（2）优化技术。常用的优化技术包括无约束条件的优化方法、带约束条件的优化方法、布莱克-李特曼优化方法、格里诺德—卡恩方法、重新取样效率以及基于数据挖掘的最优化方法。

带约束条件的优化方法通过在优化过程中添加约束条件和惩罚项来得到更加合理的结果。常见的约束包括头寸规模限制、对产品组的头寸限制，以及风险模型和交易成本模型的集成等。布莱克-李特曼优化方法解决了优化工具的输入变量带有测量误差的一些相关问题。格里诺德-卡恩方法与绝大部分优化方法试图确定头寸规模不同，该方法的直接目的就是建立信号的组合，主要思想是建立因素投资组合群。重新取样效率相关方法解决了针对估计误差的过度敏感性问题，蒙特卡罗模拟是对数据进行重新取样的重要方法之一。

目前，使用机器学习方法解决优化问题也是量化投资的趋势，如监督学习和遗传算法等，它们被认为是基于数据挖掘的一类最优化方法。

6.4.6 执行模型

执行模型是实施量化模型的最后一个环节，执行模型中订单执行算法是最关键的，其主要目的是以尽可能低的价格、尽可能完整地完成想要交易的订单。获得执行算法有三种途径，即创建算法、使用经纪商的算法和从第三方软件厂商处获得算法。

具体的执行算法包括完成订单的逻辑结构，即采用何种订单类型，采用进取订单还是被动订单，采用大订单还是小订单。对于资金量比较小的宽客，执行模型往往比较简单，一旦出现信号，其所需的成交量并不需要太大；但对于资金量较大的宽客来说，执行模型却是比较复杂的，需要根据实际情况来选择合适的下单方式，比如如何将大订单拆分成小订单，以及对限价指令簿和价格变化的各种应对措施。

度量执行算法的效率涉及两个重要概念，一个是中间市场价格，它反映的是对某一产品最佳买入价和最佳卖出价的均值，这是判断交易价格是否公平最为标准的方法；另一个是交易量加权平均价格，用以衡量进行多笔交易时执行算法的质量。

1. 进取订单和被动订单

执行订单有两种，即进取订单和被动订单。

（1）进取订单一般无附加条件，在合理范围内，只要订单簿上存在买入或卖出订单，就可以和对应方交易。进取订单可以被拆分，也可以整体成交，交易价格为执行订单时最优惠的市场价格。

（2）被动订单是一种限价订单，允许交易者控制其意愿进行交易的最坏价格。但是交易者提交的被动订单可能根本不会被执行，或者只有一部分会被执行。

执行订单的方法需要结合策略模型确定，一般来说，动量策略模型会和进取型的执行模型配对使用，而均值回复策略模型倾向于更加被动的执行方法。同时，信号强度和模型关于信号的置信度也是影响订单执行策略的一个考虑因素。相对于较弱的、不太确定的信号，比较强烈的、具有更多确定性的信号更适合以积极的策略来执行。

2. 其他订单类型

其他订单类型包括收盘市价订单、停止限价订单、立即全部执行或撤销订单、全部成交或不交易订单、取消前有效订单和扫架订单等。

3. 大订单和小订单

从交易成本模型可知，相对于小订单，大订单的交易成本会以更高的比例上涨。因此，在交易大订单时常用的方法是拆分为多个小订单，然后在某个时间窗内分别进行交易。

拆分后的订单规模取决于根据交易成本模型估计出的所关注的金融产品各种规模订单的交易成本，每个订单规模的大小取决于对订单进取程度的判断。

4. 下单方式

在一些市场上，对同一种金融产品可能会有不同的流动性分池。在当前形势下最好选择哪个流动性分池去下单是智能下单方法的研究内容之一。

另外，交易平台也可以分为明交易平台和暗交易平台。明交易平台的市场参与者可以通过限价指令簿看到其他参与者订单的价格及规模等信息，而暗交易平台则不提供这些信息，从而为大订单的执行者提供了便利。

6.4.7 模型的检验与评价

1. 模型的检验

模型检验的基本流程是，先构建模型，并基于可行数据的某个子集（样本内数据）训练该模型，然后在数据集的另一个子集（样本外数据）检验其是否盈利。

（1）样本内测试。检验的第一步是基于样本内数据寻找最优参数训练模型，模型的参数是定义模型的某些特性并能影响其表现的变量。

在样本内测试的过程中需要考虑如何选择拟合模型样本的宽度和长度。对宽客而言，样本的宽度涉及使用的股票数量以及如何选择这些股票，而长度则代表着适用于拟合模型的数据时间窗口。

通过使用更多的数据，宽客构建的模型将适用于更广泛的情景和市场环境，这可以让模型更加稳健。但另一方面，模型使用的数据越多，当被调整时的风险就越大，因为此时宽客使用了过多的数据，建立了一个能够很好地解释过去，但是对未来解释性较差的模型，这也被称为"过拟合"。

（2）样本外检验。样本外检验的目的是判断已经训练好的模型及其参数是否能在新的样本外数据集中起到作用。

样本外检验有多种方法，包括使用去除样本内检验数据外的部分进行检验；使用滚动样本外数据的方法；使用随时间不断增长的数据窗口持续进行样本外检验。

在进行样本外检验之后，即使模型的检验效果不好，也不能在分析原因后重新对模型进行训练，因为这一做法实际上是把样本外数据集当成了样本内数据集来使用。因此，应该尽量避免在样本内数据集和样本外数据集之间来回切换。

2. 模型的评价

宽客会使用多种方法来衡量模型的好坏，常见的方法有累积盈利图、平均收益率、收益率随时间的变异性、最大回撤率、预测力、胜率或盈利时间占比、回报相对于风险的比率、时间延迟以及特定参数的敏感性等。

（1）累积盈利图。累积盈利图可以直观地呈现盈利的时间段、盈利的持续时间、盈利的大小和回报流的波动起伏等信息，是检验过程最有力的输出量。

（2）平均收益率。平均收益率表明策略在过去的实际运行情况如何，常用的指标如年化收益率，它使策略盈利能力在比较时有了一个大致等同的时间标准，在可比的平均收益率中，数值越大越好。

（3）收益率随时间的变异性。收益率随时间的变异性描述的是平均收益率的不确定性。通常，变异性越小，策略风险就越小。常用的指标如收益率的标准差。此外，块度，即显著高于平均收益的时间段内的收益占策略总收益的比例，也是一个备受关注的重要统计量。

（4）最大回撤率。最大回撤率是指在选定周期内任一历史时点往后推，产品净值走到最低点时的收益率回撤幅度的最大值，即波峰波谷间的最大降幅，此值越小越好。最大回撤率用来描述买入产品后可能出现的最糟糕的情况，因此是一个非常重要的风险指标，对于对冲基金和数量化策略交易，该指标比波动率更重要。

（5）预测力。预测力表示预测模型解释被预测量的变异程度，通常用符号 R^2 表示。如果该值为 1，则表示模型解释了被预测量 100%的变异信息。实际模型的预测力通常不会超过 0.1。在模型检验中，宽客通常按照分位数的方法对金融产品的潜在预测的收益率进行分组,通常具有可靠预测力的模型能够显示的最坏收益情况会出现在最左边的分组,同时,每一个分组的收益率都会高于前一个分组。

(6)胜率或盈利时间占比。胜率或盈利时间占比是指盈利次数在总交易次数中的占比,与之相近的还有日胜率。此外,利用盈利周期与总周期数的比值,也可以对盈利的一致性进行度量,该指标可以说明系统盈利是来自于小比例的偶然表现极其优秀的交易,还是来自于多次交易。

(7)回报相对于风险的比率。在回报相对于风险的比率中,典型的两个指标是夏普比率(Sharpe Ratio)和信息比率(Information Ratio)。夏普比率是某周期内高于无风险利率的平均收益率与收益率的波动率之间的比值,表示每承受一单位总风险,会产生多少的超额报酬,可以帮助投资者同时对策略的收益与风险进行综合考虑,夏普比率越高,策略越好。信息比率与之类似,不过在公式中去除了无风险利率,即衡量单位超额风险带来的超额收益,信息比率越大,说明该策略单位跟踪误差所获得的超额收益越高,因此,信息比率较大的策略的表现要优于信息比率较低的基准。合理的投资目标应该是在承担适度风险下,尽可能追求高信息比率。

(8)时间延迟。时间延迟涉及策略对接受信息及时性的敏感程度。但是,延迟信号的实施并不总是意味着会导致坏的结果。

(9)特定参数的敏感性。特定参数的敏感性是用来衡量某个参数在一定数值下的微小改变对模型结果的变化程度的。如果特定参数的敏感性高,则说明小幅度改变模型的某个参数,结果会发生很大变化,那么我们应该对该参数改变前后的两个结果都持怀疑态度,都不应该予以采用。

【思考题】

1. 试介绍量化投资的优势和劣势。
2. 描述一种量化投资模型的算法逻辑。

Chapter 7

智能投顾

7.1 智能投顾概述

7.1.1 智能投顾的定义

智能投顾，又称为机器人投顾、机器人理财，英文名为 Robo-advisor。美国金融业管理局对智能投顾的官方定义是：利用大数据分析、量化金融模型以及智能算法，根据投资者的风险承受水平、财务状况、预期收益目标以及投资风格偏好等要求，运用一系列智能算法以及投资组合优化等理论模型，为用户提供智能化和自动化的资产配置建议。

智能投顾最早于 2008 年兴起于美国，之后 Betterment 和 Wealthfront 等第一批智能投顾公司相继成立，Betterment 成立于 2008 年 8 月，至 2019 年 6 月 14 日已获得 6 轮累计 2.75 亿美元的融资额；Wealthfront 成立于 2011 年 12 月，至 2019 年 6 月 14 日已获得 6 轮累计 2.05 亿美元的融资额，管理资金高达 105 亿美元。2015 年，随着人工智能、大数据分析等技术的发展，智能投顾呈现爆发式增长态势，传统金融机构意识到其对传统投顾市场的威胁，亦纷纷成立智能投顾部门，或通过收购创业公司来涉足智能投顾领域。2015 年 5 月，嘉信理财上线智能投资组合服务后，不到 3 个月的时间便吸引了 24 亿美元的投资以及 3.3 万多名用户。2015 年 8 月，全球最大的资产管理公司 Blackrock 收购了机器人投顾初创公司——FutureAdvisor，次年 3 月，高盛收购线上退休账户理财平台——HonestDollar。

与美国相比，我国智能投顾起步较晚，尚处于早期阶段，创业公司、券商机构、银行机构和 BAT 等互联网巨头陆续入局，智能投顾市场热潮正在逐渐扩大。2014 年年底，智能投顾的概念开始引入我国，随后大量的科技创业企业开始出现。2015 年下半年以后，传统金融机构也大力布局智能投顾方向。此外，互联网理财平台和 BAT 等互联网巨头也逐步开展合作，推出智能理财功能，配合自身的互联网金融产品超市，加紧在智能投顾领域的布局。

7.1.2 智能投顾的优势

智能投顾的兴起是由于其与传统的投资管理机构服务相比有更多的优点，包括便利性、低门槛、费用低、效率高、有定制化服务以及可以避免代理风险。

1. 便利性

用户只要连接互联网，就可以随时随地使用智能投顾服务，无须前往金融机构办理各类手续。

2. 低门槛

智能投顾平台对用户的最低起投金额要求比传统理财平台低得多。我国传统的专业投资顾问服务的资金门槛为 100 万元人民币，私人银行理财服务的资金门槛更是高达 500 万~600

万元人民币,而投资者在智能投顾平台如 Wealthfront 注册账户所需的最低资金仅为 500 美元,理财魔方的最低起投金额为 2000 元人民币,最受欢迎的机器人顾问之一——Betterment 则根本没有账户最低限度。

3. 费用低

因为没有人力成本,所以智能投顾平台的总成本比传统机构低很多。大多数智能投顾平台每年收取的管理费用为用户总账户余额的 0.2%~0.5%,而传统理财平台则需要收取 1%~2%的服务费。相比之下,智能投顾平台的费用更低。

4. 效率高

在智能投顾平台出现之前,如果用户想要执行交易,则必须电话联系或亲自会见财务顾问,解释自己的需求,填写文件资料,而后等待结果。而如果通过智能投顾平台,所有这一切步骤都可以在线上完成。

5. 定制化服务

智能投顾平台能够根据每个用户自身的财务状况、投资风险偏好和目标投资收益,为用户制定个性化的投资策略和投资组合。

6. 避免代理风险

大部分理财经理不希望用户长期持有单一的理财产品,以免其佣金收入下降,因而会出于私利鼓励用户频繁交易,而智能投顾平台由于没有理财经理的参与,不会存在这种问题。

7.1.3 智能投顾平台的类型

智能投顾平台的类型主要包括以下几种:

1. 全智能型和半智能型

按照智能化程度的高低,可将智能投顾平台分为全智能型和半智能型。目前行业以半智能型投顾为主。全智能型投顾平台的资产配置建议完全由人工智能算法给出,人工只做必要的有限干预甚至完全不予干预,典型的全智能投顾公司有 Betterment、Wealthfront 和 SIGFIG 等,此类公司大多以新兴互联网平台投顾公司起家。半智能型投顾资产配置计划也由人工智能算法给出,但只将其作为一种参考,最终投资建议必须经过人工检视、处理后才能提供给用户使用,用户与传统投资顾问会有更多的互动,此类公司主要是由传统金融机构自主研发或是吸收兼并全智能型投顾公司产生,依托传统金融机构的平台资源和用户渠道,如先锋基金 PAS 和嘉信理财 SIP 等。

2. 独立建议型、混合推荐型和一键跟单型

根据平台服务模式的差别,可将智能投顾平台分为 3 类,即独立建议型、混合推荐型和一键跟单型。独立建议型提供诸如 A 股仓位、买卖点等建议或资产配置建议,并代销其他机构的金融产品,平台自身并不开发金融产品,这类平台主要包括 Wealthfront、Betterment、钱景和弥财等;混合推荐型推荐与用户风险相适应的基金或其他理财产品,在业务中融入了平台自身特有的金融产品，即向用户推荐的投资组合中，部分金融产品是平台参与开发的，如京东智投；一键跟单型帮助用户管理资金并进行投资，通过第三方平台存放资金以保证用户的资金安全，用户不直接参与具体的金融产品配置方案的制订，而由平台自动配置产品。

3. 2B型、2C型和2B2C型

按照服务对象的不同，可将智能投顾平台分为2B、2C和2B2C型。2B平台为传统金融机构提供智能投顾解决方案，例如Myvest和Nextcapital；2C平台专为个人用户提供投资建议和自动化投资服务；2B2C平台则提供涵盖以上两种类型的服务，部分2B2C平台以前是2C或2B平台，后来通过扩大业务范围，转型为2B2C平台，其中一个典型的例子就是Betterment。

7.1.4 智能投顾的业务流程

典型的智能投顾业务流程如图7-1所示。

图7-1 智能投顾的业务流程

7.2 智能投顾模型

智能投顾平台的"智能"体现在基于算法进行用户分析、资产配置以及交易执行和调仓，而这些功能的实现由4个模型支撑即用户画像模型、资产配置模型、交易模型和调仓模型。

7.2.1 用户画像模型

用户画像，即用户信息标签化，是企业通过收集与分析消费者的社会属性、生活习惯和行为特征等主要信息的数据之后，抽象出用户的商业全貌。智能投顾平台通过构建自己的用户画像模型，输入用户的基本信息以及外部数据来源（例如历史个人投资交易数据和社交数据等），给用户打上个性化的标签，从而为用户提供个性化的资产配置服务，同时也通过精准营销为用户推荐匹配的理财产品。

国内的智能投顾平台在为用户提供资产配置建议前，通常会利用调查问卷的方式，对用户的财务状况、风险偏好水平和目标收益率进行测试，根据用户输入的基本信息来提取用户特征点，为每一项特征点打分，从而确定用户的总体风险等级。由于监管的问题，我国智能投顾平台可获取的用户数据来源有限，只能依赖自身平台历史数据的积累，以及用户输入的信息，很难获得第三方交易数据或社交数据。用户风险等级问卷测评的问题包括年龄、家庭税后收入、可投资资产额、计划在智能组合投资资产占可投资资产的比例、计划投资期限、股票或基金投资经验和投资智能组合的目的等，同时会为用户安排情景式风险偏好测试。

图 7-2 为一个典型的用户画像模型框架。

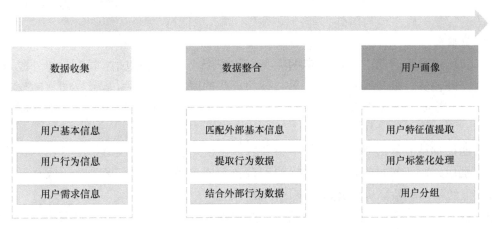

图 7-2 典型用户画像模型框架

7.2.2 资产配置模型

1. 现代资产组合理论

智能投顾大多利用美国经济学家哈利·马科维茨的现代资产组合理论来建立分散的投资组合，进行资产配置。该理论认为，投资组合能降低非系统性风险，最佳投资组合应当是具有风险厌恶特征的投资者的无差异曲线和资产的有效边界线的交点。

现代资产组合理论的核心是均值—方差模型，利用单个资产收益率的方差代表单个资产的风险，单个资产收益率的方差和与其他资产收益率的协方差代表资产组合的风险，资产组合的总收益率为各个资产预期收益的加权平均值。然后建立最小方差模型，以期望收益及其方差（E，σ^2）确定有效投资组合，图 7-3 中的曲线 abc 即为有效边界线。

资产组合总收益率的计算公式如下：

$$E(r_p) = \sum_{i=1}^{n} w_i r_i \tag{7-1}$$

最小方差公式如下：

$$\min \sigma^2(r_p) = \sum_{i=1}^{n} \sum_{j=1}^{n} w_i w_j \text{COV}(r_i, r_j) \tag{7-2}$$

式中，r_p 表示投资组合收益；r_i、r_j 分别表示第 i、j 种资产的收益率；w_i、w_j 分别表示第 i、j 种资产在组合中的权重；$\sigma^2(r_p)$ 代表组合收益的方差，也即投资组合的总体风险；$COV(r_i, r_j)$ 表示第 i、j 种资产之间的协方差。

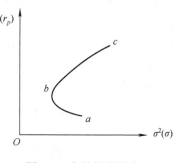

图 7-3　有效投资组合

2. 资产配置模型框架

（1）标的资产类型。智能投顾与母基金（Fund of Funds，FOF）十分类似。因其不直接投资单只股票、债券或期货，而是投资相应类别的基金，且限于政策及市场原因，我国的智能投顾平台与国外智能投顾模式不同，只能选择投资公募基金。

每个智能投顾平台都有自己选定的大类标的资产，通常包括国内股票、海外股票、国内债券、海外债券、期货和货币等，每类标的资产的底层资产均为基金，即智能投顾平台为用户推荐的投资组合实际是由股票基金、债券基金、货币基金和期货基金等构成的资产组合。

当智能投顾从有效边界上选定一个组合后，便使用基金来代表每一类资产，在确定标的资产类别后，对于每类资产，智能投顾平台会为用户挑选该类市场中最具收益潜力、费率相对较低的基金产品，从而努力提高用户资产配置方案的成本效益。

（2）标的资产比例。根据智能投顾资产配置理论框架，首先，智能投顾平台需要构建大类资产池，大类资产池中资产的筛选模型依赖于大类资产的整体表现以及资产之间强弱性变化的差异，然后应用历史数据法与经济分析决定资产在相关持有期间内的预期收益率。其次，应用机器学习算法确定资产组合的有效边界，求解得到大类资产配置方案最优解，即寻找在风险水平既定的情况下可实现预期收益最大化的资产组合，或在预期收益给定的情况下可将风险水平控制到最低的资产组合。最后，计算出在满足投资者所面临的各种投资限制的条件下，能满足投资者的投资目标的最佳的个性化资产组合。

7.2.3　交易模型

大多数智能投顾平台都是利用自有的券商或合作券商来提供顺畅的交易执行服务，依据计算出的个性化投资组合，系统生成资产买卖的交易指令。系统在用户授权的情况下直接对接外部交易系统下单，也可经用户确认后一键下单，下单过程中系统会应用各种算法进行智能优化。

7.2.4　调仓模型

随着市场的变化，指数对于特定类别资产的跟踪可能会产生偏移，导致各类资产之间的配置比例发生变化，此时基于算法的自动组合再平衡机制将会发生作用。例如，在投资者账户资金总额不变的前提下，自动卖出超配的资产，买入比例受削减的资产。

组合再平衡主要是指随着市值的变化，如果发现资产投资配置偏离目标资产配置过大，那么投资组合再平衡可以实施从动态资产配置向静态资产配置的重新调整。先锋基金研究部曾提出，智能投顾平台一般会使用阈值控制的再平衡策略来保证在不同风格的市场下，投资组合中的特定类别资产可以满足原定的最低比例要求，否则，被动化投资的长期效果将会受到影响。通常，当特定资产类别在组合占比达到预设的最小值（例如 2%）时，阈值控制策略便会被触发，进行资产比例调整。出于阈值控制策略的需要，在组合监控与再平衡方面，智能投顾的投资组合会采取每日监控来及时对组合的风险暴露进行跟踪。

7.3 智能投顾的风险

智能投顾从 2008 年出现以来，便吸引了大量的机构和个人投资者，其管理资产的规模快速增长，2015 年的人工智能浪潮更进一步推动了智能投顾行业的发展。然而，新技术和新商业模式的诞生也给各国的监管机构带来了挑战，虽然各国都在积极探索新的监管制度，但完备的监管体系还未被建立。其原因就在于负责给出投资建议的监管对象由"人"变成了"算法"，带来了大量潜在风险。

从法律的角度来看，智能投顾面临市场准入认定、账户全权委托、责任承担以及信义义务等问题。从智能投顾平台自身来看，其本质上与传统的理财顾问同属于投资咨询顾问，因而其天然地具有投资咨询业务所面临的金融市场风险，包括市场风险、流动性风险和合规风险等，除此之外，还存在网络黑客攻击、网络瘫痪、技术操作风险、越权操作风险、个人信息泄露以及电子格式合同不规范所导致的用户违约等风险。除此之外，由于目前智能投顾公司众多，且服务同质化程度高，智能投顾还面临着市场竞争过于激烈的风险。

本书为了突出智能投顾服务面临的新增风险，仅讨论智能投顾特有的风险因素，即由于给出投资建议的主体从"人"变成"算法"而导致的风险，主要包括法律合规风险、技术风险、市场风险和信息安全风险。

1. 法律合规风险

（1）经营许可。依照各国法律，从事证券投资咨询业务的机构均需备案，通过资质审核后才可获得经营牌照。智能投顾平台的出现，对旧的经营许可管理方法提出了新挑战。

在美国，对智能投顾公司的经营许可管理仍然沿用《1940 年投资顾问法》，开展智能投顾业务的公司，无论其管理资产规模大小，都必须成为美国证券交易委员会的注册投资顾问，例如美国的两大机器人投顾公司 Wealthfront 和 Betterment，二者都是注册投资顾问。中国对于证券投资咨询人员设定了严格的考试与注册制度，从业人员首先要通过中国证券业协会组织的全部 3 科考试，同时要满足一定的工作年限、获取证券从业资格且在中国证券业协会注册等多项条件。机器人及其背后的算法程序显然不可能去参加证券从业考试，因而目前相关法律仍属空白。因此，目前的智能投顾平台可能会面临无证经营的风险。

（2）账户委托。国内证券法规对投顾机构有着严格的界定，即投顾机构只能向投资者提供咨询建议，不能直接操作投资者账户，但以人工智能技术为核心的智能投顾，通过自动执行交易和自动调仓实现智能化资产配置以及控制风险，然而现有的禁止证券投资咨询的账户全权委托规则限制了智能投顾业务的全面展开。如若未来监管机构仍然严格限制智能投顾平台全权受托用户账户，那么智能投顾的效果将大打折扣。

2. 技术风险

（1）推荐不准确。2015年SEC和FINRA曾警示投资者，智能投顾平台要求其填写的问卷通常没有考虑用户的个人目标，并且可能是基于不准确的假设和不完全的信息等，因此其给出的资产配置建议可能并不是最适合投资者的选择。[①] Tertilt和Scholz通过对德国、英国和美国的智能投顾公司调研发现，智能投顾公司的调查问卷中平均只有60%的问题对风险分类有影响，而且智能投顾给出的资产配置建议与传统投顾给出的建议相似，说明智能投顾并不像其声称的那样，比传统投顾更有价值以及不偏不倚。就国内的智能投顾实际使用情况而言，往往会出现同一用户在不同的智能投顾平台上，回答类似的调查问卷，而所得出的资产配置结果却差异较大的现象。

（2）网络异常。智能投顾与传统投顾在服务模式上的一个重要区别是，智能投顾通过自动化交易与自动调仓为用户及时规避风险，然而这两项操作都必须依赖良好的网络环境，如果遇上网络瘫痪，导致交易延迟或者失败，那么将给用户带来巨大风险。

3. 市场风险

智能投顾在美国的应用对象主要是ETF基金（交易型开放式指数基金），但是我国的ETF基金远不如美国发达。截至2018年年底，美国ETF基金产品高达2057只[②]，总资产规模为3.37万亿美元，然而，同期我国ETF基金产品还不到200只，资产净值不到6000亿元人民币[③]。因此，国内智能投顾平台在仿照美国模式的时候，将因为ETF基金种类的匮乏而无法分散风险。事实上，我国主要智能投顾平台的投资标的均为股票型基金、债券型基金等公募基金，例如摩羯智投、京东智投、蓝海智投、嘉实基金金贝塔及广发贝塔牛等。

4. 信息安全风险

智能投顾平台在为用户设置个性化资产配置方案前，需了解用户的财务状况、投资目标和风险承受能力等，通常，平台会采取调查问卷的方式，要求用户输入自己的信息，以此来获取用户的基本信息和财务状况等数据。现在，智能投顾平台还在尝试接入外部数据，比如用户个人历史投资记录和信用记录等信息，可以说智能投顾平台掌握了用户的海量隐私数据。如果智能投顾平台的服务系统遭到病毒侵入或者黑客攻击，数据被不法分子攫取利用，那么将会给用户和平台自身带来巨大的损失。

[①] 2015年5月8日，SEC（Securities and Exchange Commission）和美国金融业监管局（The Financial Industry Regulatory Authority，FINRA）发布了《关于自动化投资工具给投资者的公告》（Investor Alert: Automated Investment Tools）。
[②] 数据来自美国投资公司协会（The Investment Company Institute，ICI）所发布的美国基金业年鉴（2019）。
[③] 数据来自新浪财经。

7.4　典型案例分析

为了更直观地呈现智能投顾在实际业务中的应用和商业模式,我们选取美国代表性智能投顾平台 Betterment 作为案例进行分析。

1. 公司简介

Betterment 是一家金融科技初创公司,它是全球首家智能投顾公司,也是全球规模最大的智能投顾公司之一。Betterment 成立于 2008 年,2010 年正式推出智能投顾产品,至今已获得 6 轮累计达 2.75 亿美元的融资额,截至 2017 年年底,其管理资金规模已经超过 134 亿美元,总用户数达 34.6 万人。

2. 商业模式

(1)服务流程。与大多数智能投顾平台相同,Betterment 首先要求用户输入基本信息,然后基于马科维茨的现代资产组合理论和其衍生模型的算法为用户提供分散风险的投资组合,后期持续追踪组合表现状况,根据市场行情自动调仓。特别的是,Betterment 为目标导向型,用户可以为自己生命周期中的每个目标设立独立的子账户,Betterment 会为用户的每个目标定制个性化的投资策略,不同投资目标的策略也不同,包括股票与债券的比例以及投资周期等。表 7-1 为 Betterment 的投资目标。

表 7-1　Betterment 的投资目标

投资目标	股票配置比例	债券配置比例	预期投资周期	提现设定
安全网计划	40%	60%	滚动升级	随时变现清算
养老金计划	56%~90%	10%~44%	50 年以下	在预定日期将账户余额转入退休收入账户
一般投资	55%~90%	10%~45%	无限制	无清算

注:数据来源:整理自《全球互联网金融商业模式》。

Betterment 支持从银行自动将资金定期转入投资账户,用户还可以通过 Betterment 将账户以电子账户的形式连接起来,这样一来,用户就可以快速地在不同账户之间转移资金。除了基本的资产配置建议服务,由于美国资本利得税高昂,Betterment 还提供了 Tax Loss Harvesting+服务,即通过将资本利得税纳入资产配置方案的考虑中,为用户争取最大程度的税收优惠,此项服务估计每年可以增加 0.77%的税后投资回报率。Betterment 给个人用户提供服务的流程可概括为图 7-4。

(2)产品类型。Betterment 自 2010 年起正式运营,它会基于个人用户的财务规划目标为其提供投资咨询服务,用户选择财务规划目标后, Betterment 会根据不同的财务目标为用户提供投资组合,同时,用户也可以基于自己的偏好与风险承受能力选择其他的投资组合。随后,Betterment 不断丰富自己的产品类型。2014 年,Betterment 在 Fidelity 的参与下推出了 Betterment Institutional 平台,开始为机构和企业用户提供理财方案;2015 年 4 月,Betterment Retire Guide 面市,帮助所有用户制定个性化退休储蓄和投资方案;2016 年 3

月，Betterment 针对美国的退休储蓄计划 401（k）发布了针对退休用户的平台产品 Betterment for Business（B4B），并推出了资产聚合工具，可以将用户在 Betterment 内外的资产集中到一处。

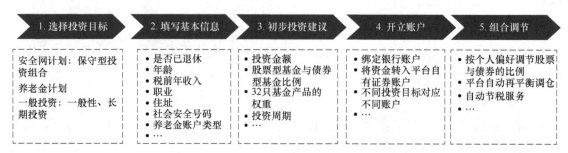

图 7-4　Betterment 服务流程图

3. 投资标的

Betterment 的投资标的包括两大类资产，即股票型基金与债券型基金，其底层资产为全球各国的 ETF 基金，为了尽可能地降低费率，标的又以美国的低费率 ETF 基金为主，其他国家的 ETF 基金为辅。

Betterment 根据用户的投资目标与输入的基本信息，给出资产配置建议，包括股票型基金与债券型基金的比例，以及每类资产下不同 ETF 基金的权重。用户可以直接按照 Betterment 的建议去配置资产，也可以自己调节不同基金的比例。

4. 收费模式

Betterment 为用户提供两种账户类型，分别为 Digital（普通会员）和 Premium（高级会员），普通会员便可享受全部的智能投顾服务，通过邮件收取 Betterment 不定期发送的投资建议，高级会员还可另外享受由 Betterment 理财专家提供的一对一电话咨询服务。Betterment 按照账户余额每年收取管理费，费率依用户选择的账户类型而异，普通会员和高级会员的年管理费率分别为 0.25%和 0.4%，无交易费用、手续费等其他杂费。

【思考题】

1. 试结合一种自己使用过的智能投顾平台分析其特点。
2. 详细分析智能投顾业务存在的风险。
3. 讨论用户画像与用户隐私保护之间的矛盾和平衡。

Chapter 8

智能风控

8.1 智能风控概述

8.1.1 智能风控的定义

智能风控作为一个新兴概念,学界对其还未形成统一的定义。中国银行业协会从智能风控的作用和特点等方面进行了定义,即智能风控是指借助人工智能、大数据、云计算和物联网等技术的相互融合,加速向全场景进行渗透,重塑金融机构前、中、后台的工作模式,解决银行信贷业务中的交易欺诈、网贷申请欺诈、信贷全生命周期风险管理、用户价值分析和逾期用户管理等场景的痛点及问题。智能风控实现了以改善用户体验、挖掘用户潜在价值为目的的新型业务模式的转变,其典型的特征表现为动态思维、实时风控、人机交互及个性化。

8.1.2 智能风控的优势

智能风控不是对传统风控的替代,其并没有改变风险控制的底层逻辑,只是对传统风控的一种补充。二者互补可以实现自动化的、智能的、高效的风险识别、判断和预警。Altman 于 1994 年首次对比了传统统计方法以及神经网络算法的破产预测结果,发现两者的组合方法显著提高了预测的准确性。智能风控整合了原本分散在贷前、贷中、贷后 3 个环节的传统风控模型,提供了贯穿贷前授信审批与风险定价、贷中反欺诈与用户识别认证以及贷后管理与逾期催收等业务全流程的风控模式。相比于传统风控方法,智能风控具有预测结果精准度更高、效率更高且能够提供精益风险管理等优点。

1. 更精准

由于大数据的引入,智能风控系统能够获取到更多维度的外部数据。传统风控主要使用结构化的用户基础信息,如人口属性、人口资质、资产信息和征信数据等,利用评分卡模型和规则引擎等"强特征"进行风险评分,接着由人工面审、电话审核等辅助做出最终判断。而智能风控则是在传统风控的基础之上,使用更为全面的结构化数据,同时加入用户行为、电商消费、社交信息和地理位置等非结构化数据,采用"弱特征"来进行风险评分,无须人工审核,由算法自动进行风险判断、规避与预警。虽然弱特征数据与用户违约没有本质上的必然关系,但有助于从更多层面丰富用户画像,提升违约风险预测的准确度。

2. 效率提升

一方面,智能风控系统突破了传统风控在数据处理方面的局限性,利用算法实现高效处理海量数据,若依靠传统风控模型辅以人工审核,则会相当耗时耗力;另一方面,智能风控通过自动化大大提高了审核的速度,由算法智能识别业务场景、判断风险类型、快速匹配和推送风控策略,极大缩短了风控流程所需的时间。

3. 精益风险管理

智能风控改变了过去以合规、满足监管检查为导向的风险管理模式,强调用金融科技手段来降低风险管理成本、提升用户体验并利用数据驱动风控能效,实质上代表了一种精益风险的管理思维。如果说巴塞尔新资本协议的全面风险管理是传统风控的体现,那么智能风控则是互联网和大数据时代风险管理实务的变革与创新。

8.2 智能风控的技术框架

以信贷风控场景为例,将智能风控的技术框架进行总结,如图 8-1 所示。与传统风控类似,智能风控通过直接或间接获取的用户数据来进行用户身份识别,从海量数据中提取特征值来建立模型,以打标签的方式刻画用户画像,在此基础上进行针对性的风险定价,决定是否授信以及授信额度和利率,最后根据结果迭代模型。

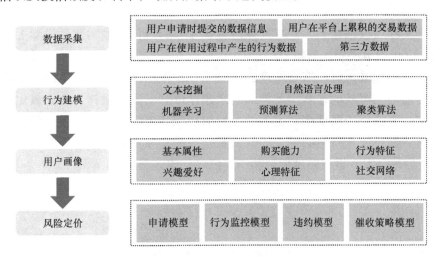

图 8-1 智能风控的技术框架

8.2.1 数据采集

智能风控模型使用的数据按照来源可以分为以下 4 类。

1. 用户申请时提交的数据信息

此类数据通常为用户的个人基本信息或身份信息,包括年龄、性别、籍贯、收入状况、受教育程度和家庭结构关系等,这些信息可以帮助金融机构了解用户的基本情况,以便验证用户的身份。

2. 用户在使用过程中产生的行为数据

用户在使用过程中产生的行为数据是指用户在使用平台或申请授信时使用的设备、设备定位、资料的更改和选填资料的顺序等行为数据。

3. 用户在平台上累积的交易数据

放贷机构在运营一段时间后，可以累积大量的用户借贷数据，这类历史数据可用于训练模型，以提高模型在判断信用风险方面的准确度。

4. 第三方数据

第三方数据包括来自政府、银行和征信机构的数据，以及用户在电商、社交网络和网络新闻等互联网应用上留存的数据。其中，来自商业银行和中央银行征信的数据是传统风控常用的数据，而用户的社交数据、交易数据以及移动端设备使用的数据等则是智能风控模型所特有的。这类第三方数据可以从多维度展示用户的特征，使得用户画像更为具体、清晰，利用这些数据进行建模分析，可以找出不同特征与信用风险之间的相关性。

8.2.2 行为建模

行为建模又称为数据建模，是指选择适宜该任务的最佳模型，运用模型去挖掘数据中隐藏的规则，以预测事件发生的概率。

仍以信贷风控场景为例，信贷风控的不同环节，根据执行任务的不同，适用的最佳模型也不同。贷前信用审核通常利用逻辑回归来建立评分卡或决策树，从而量化新申请人可能违约的概率，根据评分高低来制定不同的授信规则和催收策略。贷中反欺诈则常用社会关系网络模型，通过梳理每笔案件之间的关系，判断新案件为欺诈申请的可能性。贷后管理同样使用行为评分卡来进行额度调整和用户风险分池管理等。

8.2.3 用户画像

在完成行为建模后，需要利用整理收集到的数据来进行用户画像。在监督学习模型中，由数据分析人员识别与业务场景强相关的字段，随后对数据进行分类和标签化，每一个标签都代表了我们观察和描述用户的一个角度，所有标签的集合便是用户画像，最后由算法进行特征识别。在无监督学习模型中，字段识别任务也由算法完成。选择合适的特征值或者标签有利于刻画更贴切的用户画像，进而提升算法模型的准确度和收敛速度。

在信贷风控中构建用户画像是为了：①识别潜在风险因素；②理解用户行为特征并进行关联规则分析，从而预测违约概率；③对用户进行分类从而对不同类别的用户采用不同的风控规则。

表 8-1 列举了一些典型的用户特征标签。

表 8-1 用户特征标签

基础信息	性别	男性	欺诈风险信息	手机使用年限	1 年以内
		女性			1~3 年
	学历	本科以下			3 年以上
		本科		手机使用频率	低
		硕士			中
		博士			高
	户口类型	城镇	网购信息	月消费等级	5000 元以下
		农村			5000~10000 元
	年收入	10 万元以下			10000~50000 元
		10 万~20 万元			50000 元以上
		20 万~50 万元		消费偏好	食品类
		50 万~100 万元			护肤类
		100 万元以上			电子产品类
信贷信息	信贷状况	有贷款			图书音像类
		无贷款			服装类

8.2.4 风险定价

风险定价是指对发放给特定用户的特定贷款的潜在风险进行定价。由于不同用户的还款能力和还款意愿不同，放贷机构为了在控制风险的同时最大化利润，需要对不同的用户进行个性化的风险定价，为不同用户提供不同的贷款利率、贷款额度、还款期限和还款方式等。还款能力较强、信用记录良好的优质用户，愿意为其提供贷款的机构往往较多，为了防止客源流失，放贷机构会为其提供更低的利率、更高的额度、更宽松的还款期限以及更灵活的还款方式。而对于还款能力较弱、信用记录较差的次级用户，因为他们有着更高的逾期违约概率及更少的贷款提供方，因此他们往往会被加以更高的利率、更低的额度及更苛刻的还款方式来降低贷款人所面临的违约损失。

以某互联网金融上市公司为例，绘制了其风险定价模型各环节剔除比例。在该互联网金融公司的反欺诈环节中，有 80%的用户被拒，剩下的人中有 90%进入到定价环节，进而产生 A、B、C、D 4 个不同等级并被给予对应的授信额度，具体如图 8-2 所示。

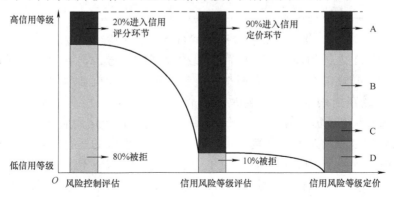

图 8-2 风险定价模型各环节剔除比例

不同信用等级的用户不仅授信额度不同，服务费率也不同，如表 8-2 所示。

表 8-2　某信贷机构的风险定价规则

信用等级	AA	A	B	C	D	E	HR
服务费率	0	1.00%	2.00%	2.50%	3.00%	4.00%	5.00%
月费率	0.55%	0.60%	0.65%	0.70%	0.75%	0.80%	0.88%

8.3　第三方征信平台

国内征信体系建设来源于信贷征信，个人征信体系制度伴随着信贷规模的增长开始逐步建立。目前，已形成以中国人民银行的公共信息征集系统为主，市场化征信机构为辅的多元化格局。截至 2019 年 6 月，央行征信系统共收录 9.9 亿自然人，2591 万家企业和其他组织信息。然而，仍有大量自然人和企业没有任何征信信息。征信信息的缺失正成为中国信贷发展的短板，信息风险也随之而来。以央行征信为代表，传统征信机构主要通过采集、加工和使用线下渠道数据进行信息共享，以便授信机构掌握贷款申请人的历史贷款申请、批准、使用和归还情况。随着大数据的发展，涌现了一批第三方征信大数据平台，它们提供的征信数据所包含的领域和来源更广，大量个人征信数据可被采集，与传统个人征信数据互补，有效提升了数据的多元性和可获性，满足了网络借贷的个人征信需求。

表 8-3 为传统征信与大数据征信的区别。

表 8-3　传统征信与大数据征信的区别

区别	传统个人征信	大数据征信
数据类型	基本信息（身份信息、居住地址、职业、收入等）、历史借贷信息（个人贷款、银行流水、信用卡等）、公共信息（行政处罚）	社交数据、司法数据、社会行为、搜索数据、电商数据、线下消费行为等
特点	覆盖有信用记录人群、客群有限	捕获传统征信没有覆盖到的人群，满足了没有进入征信范畴但有借贷需求的人群
	数据来源单一、采集频率低	数据维度广、有利于进行全面评估风险
	人工审核流程和周期较长	
	数据孤岛导致信息长期不对称	应用场景丰富、时效性高，可减少信息不对称

2015 年 1 月 5 日，中国人民银行发布了允许 8 家机构进行个人征信业务准备工作的通知，被视为是中国个人征信体系有望向商业机构开闸的信号，芝麻信用位列其中。芝麻信用是蚂蚁金服旗下独立的第三方征信机构，它通过云计算和机器学习等技术客观呈现个人的信用状况，已经在信用卡、消费金融、融资租赁、酒店、租房、出行、婚恋、分类信息、学生服务和公共事业服务等上百个场景为用户、商户提供信用服务。

本部分以蚂蚁金服的芝麻信用为例说明第三方征信平台的运行逻辑。芝麻信用参考了美国官方的信用评分体系"FICO"，综合考虑用户的身份特质、信用历史、履约能力、人脉关系以及行为偏好等五类信息，利用结构化数据和大量非结构化数据，构建机器学习模型，得出用户信用评分，分值越高则代表用户的信用水平越好。

8.3.1 数据来源

按照数据提供方划分,芝麻信用有 3 类数据来源,分别是阿里巴巴体系内部数据、外部数据和用户提交的数据。

1. 阿里巴巴体系内部数据

芝麻信用作为蚂蚁金服旗下业务板块,与阿里巴巴有着千丝万缕的关系,其主要的数据来源也是阿里体系内部数据。内部数据的两个主要来源是:①阿里巴巴电商数据,即淘宝及天猫购物数据,收货地址和电话稳定性等;②蚂蚁金服互联网金融数据,即包括花呗、借呗的还款数据,水电煤气缴费记录以及支付宝的好友状况等。

2. 外部数据

外部数据是指来自政府单位及合作伙伴机构的数据,具体包括个人公安部身份认证信息、学籍学历、工商信息、社保公积金及税收记录和法院裁决信息等。

3. 用户提交的数据

用户提交的数据是指用户在注册、申请时提交的资料信息,主要包括个人基本信息(姓名、年龄、性别、收入、所在地区和学历等)。

8.3.2 数据类型

芝麻信用从用户的身份特质、信用历史、履约能力、人脉关系和行为偏好 5 个维度出发,赋予每个维度不同的权重,其中身份特质占 15%、信用历史占 35%、履约能力占 20%、人脉关系占 5%、行为偏好占 25%,对各维度分数进行加权计算后得出芝麻信用分,最低分是 350 分,最高分是 950 分,分数越高则代表信用越好。芝麻信用的评分维度如图 8-3 所示,数据类型如表 8-4 所示。

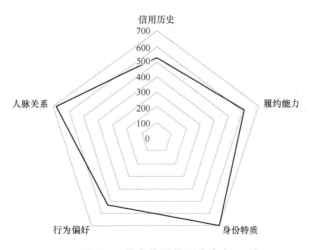

图 8-3 芝麻信用的评分维度

表 8-4 芝麻信用的数据类型

身份特质	包括姓名、年龄、职业和收入等基础信息以及工商、法院和学历学籍等公共部门的有效数据
信用历史	包括过往债务记录,尤指在支付宝上的信用账户历史、转账、还款记录,以及外部信用卡还款记录
履约能力	是指各种信用服务中的履约表现情况,例如通过关联平台租借的共享产品是否按时归还
人脉关系	是指社交网络中好友的身份特征、信用等级、互动频率、粉丝数量和影响力等
行为偏好	是指消费场景、消费等级等电商数据,以及浏览各类 App 的时间和频次等

8.3.3 应用场景

芝麻信用的应用场景分为两类：一类是金融场景，主要是线上小额贷款；另一类是生活场景，涵盖衣食住行各个方面，目前的主要应用仍围绕生活场景。芝麻信用首席数据科学家俞吴杰表示，芝麻信用将继续扩充生活场景，同时也将力推金融场景，与金融机构对接，坚持"两条腿"走路。

1. 金融场景

蚂蚁金服针对芝麻信用推出了 3 款互联网金融产品，分别是花呗、借呗和好期贷。

花呗是一款"赊账消费"工具，消费者在线上购物时可以预支花呗的额度进行付款，在确认收货后的下个月固定日期进行还款，免息期最长可达 41 天。除此之外，花呗还推出了分期功能，消费者可分 3、6、9 和 12 个月进行分期付款，对应的利率分别为 2.5%、4.5%、6.5% 和 8.8%。

借呗是一款信用借款产品，用户可随借随还，实施放款，最高额度 30 万。芝麻分在 600 分以上的用户会被邀请开通。用户首先需要授权借呗获得自己的芝麻分数据，借呗在 24 小时内审核后决定是否授信并确定授信额度。借呗最长借款期限为 12 个月，日利率为 0.045%。

好期贷是招联金融与蚂蚁金融合作推出的产品，需要人工审核。好期贷的额度最高为 20 万，贷款期限分为 3、6 和 12 个月，可随时还款，好期贷的年贷款利率为 17.8%。按月计息，还款当月按日计息，还款方式为等额本息。

此外，芝麻信用也在不断引入其他网络贷款平台的合作伙伴，为其提供芝麻信用分作为信贷审核依据，这不仅降低了金融机构的贷款风险，还可以简化贷款流程，加快放款速度。然而，由于 2018 年 P2P 网贷平台现金贷业务乱象丛生，爆雷事件频频发生，芝麻信用从 2018 年 3 月起开始排查非持牌信贷机构，对于不具有开展相应业务资质的企业，芝麻信用将停止与其的合作。

2. 生活场景

芝麻信用在生活场景的应用主要集中于共享租借、出行、租房和预订酒店等领域，它可为达到一定信用分数的用户提供免担保信用服务。

芝麻信用达到 600 分可享受神州租车提供的免押金租车服务，无须交押金还能先用车后付款；达到 650 分的用户无须交押金或刷预授权，就可以在全国 700 多家神州租车直营门店预订押金在 5000 元以下的短租自驾产品。随后，一嗨租车与芝麻信用建立合作，只要用户的芝麻信用分在 650 分及以上，同时无负面记录，即可申请租车免预授权服务。

2015 年 1 月，"阿里去啊"推出了基于芝麻信用的"信用住"酒店服务计划，600 分以上的用户预订酒店可以享受"零押金"入住等服务；小猪短租也联合芝麻信用推出了信用分 600 分以上的用户免押金入住的服务。

8.4 智能反欺诈

8.4.1 欺诈的定义

欺诈一般分为两类，即申请欺诈和交易欺诈。其中，交易欺诈多发生在支付、信用卡及类信用卡等产品中，而一般贷款类产品则主要会涉及申请欺诈。申请欺诈通常分为 4 类，但实际上它们之间的界限并不是非常清晰，甚至有可能是同时发生。依据反欺诈所使用的防控手段，可将申请欺诈分为 4 类，分别是：身份冒用、恶意骗贷、资料造假和用途篡改（部分类型的信贷是指明借款用途的，如果私自改变借款通途，那么就属于此类欺诈）。

互联网金融在蓬勃发展的同时，消费信贷领域因欺诈所致的坏账问题也日益凸显。公开数据显示，截至 2018 年，网络"黑产"导致的信息泄漏预估在几十亿条级别，涉事欺诈团伙超 3 万个。[注] 线上欺诈风险变化频繁，以往单一的个体欺诈已迅速演变成有组织、有规模的团体欺诈。消费信贷领域的骗贷已成为非法"黑产"中不容忽视的重灾区，甚至存在专业化的组织以团体形式"撸贷""撸口子"，这一现象更说明建立以反欺诈为核心的防火墙刻不容缓。

8.4.2 反欺诈模型

反欺诈模型可根据工作原理分为"基于规则的反欺诈模型"（Rule Based System）和"基于用户行为的反欺诈模型"（Behavior Based System）。

从核心架构来看，基于规则的反欺诈模型的核心是建立规则库，其规则内容包括用户基本属性和账户基本属性等。而基于用户行为的反欺诈模型则需要根据过往用户数据的收集建立起用户行为库，因此其劣势也显而易见——其对用户数据的规模和积累时间均有一定要求。

实务中，一些企业会将两类模型充分结合，通过设定规则库对可疑用户进行识别，再通过收集到的用户行为不断对规则库进行更新，同时融入专家经验对模型进行修正。目前，消费信贷领域就反欺诈模型构建所涉研究方法包括但不仅限于神经网络、决策树、机器学习和随机森林等。两类反欺诈模型对比如表 8-5 所示。

[注] 数据来源：2019 年 6 月，百融云创发布的《反欺诈行业调研白皮书》。

表 8-5　两类反欺诈模型对比

模型分类	基于规则的反欺诈模型	基于用户行为的反欺诈模型
核心架构	建立规则库	建立用户行为库
内容要素	用户基本属性、账户基本属性等	时间行为、地点行为、交易行为、频次行为等
风险计量方式	最低分、最高分、风险梯度、阈值	
优势	规模设置较为简便	判断具有针对性、较为客观
劣势	单一模型存在较高的误报率	对用户数据规模、积累时间要求高

以某赴美上市的金融科技企业为例，其已积累了千万级别的黑名单和数亿白名单库，运行系统内拥有超过两百个风控子模型，且其具备实时自动更新模型的能力，部分风险模型的迭代时间以周为频次。企业反欺诈模型综合来自社交网络、欺诈黑名单、押品及担保、设备数据、电信数据和电商数据的信息，可以从多维度判断用户的违约风险。相比人工审核，这一方式既大幅提升了效率和精准度，又显著降低了人工成本。具体的反欺诈模型如图 8-4 所示。

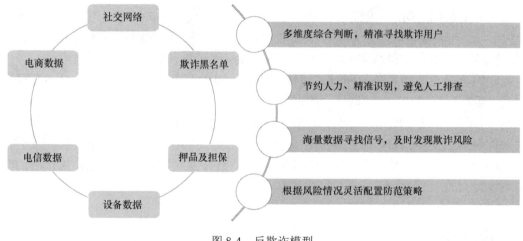

图 8-4　反欺诈模型

8.5　智能催收

8.5.1　智能催收的发展背景

近年来，受持续经济下行压力影响，商业银行的不良资产规模不断增长，逾期率和不良率双升。根据银保监会数据，2018 年我国商业银行不良贷款余额为 2 万亿元，逼近 2003 年的历史高位，不良率增至 1.89%，创下了 2009 年金融危机后的新高[⊖]。在不良资产持续上升的情况下，大部分金融机构的催收方式仍停留在人工催收阶段，催收成本、质量及效率

⊖ 来自 2019 年 1 月 11 日，银保监会召开的重点监管工作通报会上数据。

上面临着巨大的压力。同时，银行也面临着来自监管合规的压力。2017 年 12 月初印发的《关于规范整顿"现金贷"业务的通知》中指出，银行业金融机构与第三方机构合作开展贷款业务的，不得将授信审查和风险控制等核心业务外包。随着银行业务的线上化提速，传统依靠人力的催收模式变得捉襟见肘，很多银行都开始探索智能催收方式。同时，金融机构有丰富的历史数据沉淀，为构建智能催收模型提供了基础，通过机器迭代学习，不断提高模型的精准度，可以及时提醒用户进行还款并及早发现用户的逾期行为。

8.5.2 智能催收的优势

随着人工成本的提高以及不良贷款余额的上升，传统的人工催收方式越来越难以满足金融机构的需求。相比于传统催收方式，智能催收具有低成本、高效率、提升用户体验和降低信息泄露风险等优势。传统催收与智能催收的对比如表 8-6 所示。

表 8-6 传统催收与智能催收的对比

传统催收	成本高：人工培训、工资成本越来越高
	用户体验差：人工催收情绪波动大，容易出现话术违约，专业程度难以保证
	低效率：人工精力有限
	存在信息泄露风险：催收人员获得大量的用户信息，用户敏感信息存在泄露风险
智能催收	成本低：显著降低人力成本
	用户体验佳：机器人话术固定，在保证合规的同时可以改善用户体验
	高效率：机器可以无休工作
	降低信息泄露风险：只有极少技术人员可接触用户信息

8.5.3 智能催收模型

智能催收依靠智能催收模型体系实现，智能催收模型体系的构建方法与流程如图 8-5 所示。

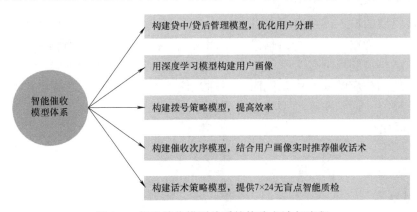

图 8-5 智能催收模型体系的构建方法与流程

1. 贷中/贷后管理模型

构建贷中/贷后管理模型的出发点是实现用户分群，针对不同还款意愿和能力的用户采取差异化的催收方式。利用 AI 和机器学习技术，我们可以构建贷中/贷后管理模型，通过分析用户的身份信息、交易与还款行为以及互联网行为等数据，输出用户的逾期/还款概率，从而对用户进行分群。当贷中管理模型预测用户逾期概率较高时，可以在贷中阶段尽早启动预催收工作，从而减少逾期的发生。基于设置，贷后管理模型能够分别对逾期 3 日内、7 日内和 31 日内的回款案件做出精细化分析，实时输出各个回款案件的用户还款概率，帮助回款工作人员优化分案流程并有效配置资源，针对不同情况采取不同的催收方式（如机器人或人工）和催收策略（如短信、语音通知、电话或上门拜访等）。

2. 催收用户画像

用户画像是通过分析用户信息，利用一些高度概括、容易理解的特征来描述用户，方便机器人处理用户数据，使得机器人可以根据用户的特征来预测其还款概率。

构建催收用户画像有 3 个关键的步骤：①构建贷中/贷后管理模型实现用户分群；②收集实际业务中的催收数据，并在此基础上做聚类分析；③构建催收用户画像。

催收用户画像在分析还款概率上比贷中/贷后管理模型上更进一步，找出了不同用户群体之间的相同特征，能够服务于催收作业的优化，增加用户的触达方式和修复触达方式。同时，这种特征的提取还能反馈到贷前，成为信贷审批和反欺诈的依据。由于具有充分的数据佐证，这种方式构建的催收用户画像能够通过统计分析来获得用户特点和比例的精确数据。

3. 拨号策略模型

回款作业中有时拨打用户本人的电话可能无法联系到用户，这时就需要回款工作人员拨打其他相关电话，与用户取得联系。回款工作人员工作效率的差异很大程度上来源于拨号策略的选择，拨号策略模型就是为此而生。拨号策略模型将根据拨打效率和回款率等相关维度对催收人员进行聚类分析，挑选通话效率高、回款率高的人员作为研究数据。通过训练，拨号策略模型最终能够根据目前的催收场景，给出号码拨通的概率预测，进而提升催收作业的效率。

4. 催收次序和话术策略模型

话术策略模型的输入需要有完善的催收次序模型作为基础，后者则需要众多的借款人行为、征信信息作为输入，如身份信息、信用信息、社交信息、消费信息和第三方数据信息等。话术策略模型的目标是为一线催收人员提供话术策略建议。通过建模，可以将需要推荐的话术匹配到相应的模型中。同时可以通过使用大量实际催收话术作为话术策略模型的训练数据。最终，话术策略模型将能够根据用户的触达历史，提供建议的应对话术，使优秀经验得到固化和推广。

【思考题】

1. 请以芝麻信用为例分析智能风控的特点和逻辑。
2. 比较智能催收和传统催收模式的异同。

Chapter 9

保险科技

9.1 保险科技概述

9.1.1 保险科技的概念界定

保险科技（InsurTech）一词最初源于美国，衍生自 FinTech，后来这一提法被创业者引入国内，于 2016 年下半年开始在国内广为流传，一度成为年度热词和最能代表互联网保险发展方向的新事物，也成了创新科技手段和方法在保险行业中的新运用。

关于保险科技的概念，目前国内外学者和保险业界尚未形成统一。通过参考国际、国内保险科技的发展现状和未来趋势，本书采用的保险科技的定义是：保险科技是以包括区块链、人工智能、大数据、云计算和物联网等科技为核心，围绕保险业务流程，通过改善产品、营销、企业管理、信息咨询、平台构建和新技术运用等方面升级保险生态系统，借助信息验证、风险评测、核保核赔和医疗健康等应用场景提升保险行业相关生态主体的价值，最终实现克服行业痛点、服务消费者以及服务供给侧改革的目标。

9.1.2 保险科技的特征

作为新生事物，保险科技在当前语境和业态下具有以下 4 个主要特征。

1. 保险科技属于但又不同于金融科技

保险科技属于金融科技范畴，但它又不同于金融科技。金融科技泛指金融业的技术变革和科技对金融行业的重塑，但是，这个冲击和重塑却是从银行业开始的。保险科技之所以没有成为金融科技最先发展的行业，并不在于保险业务本身，而是由于 2008 年金融危机以后，美国的银行业相对于保险业而言受到了更为严苛的监管，被迫回到银行主营业务，许多由原来大金融机构主导的金融科技手段不得不分离出来，这给创业者和科技企业提供了巨大的市场。在保险科技没有形成相当规模之前，其一直在金融科技的讨论范围之内。近年来，保险科技逐步发展，针对保险公司经营管理和保险业务创新的企业逐步增加，风险投资也相继进入，使得保险科技所获得的资金投入逐年递增，与银行科技所获得的资金差距正逐步缩小，才逐渐成为市场的宠儿，对该领域的社会关注也逐渐增多。

2. 保险科技不是科技保险

保险科技不同于科技保险。科技保险是指运用保险手段分散科技企业或研发机构在开发、生产、销售和售后以及其他经营管理活动中由于各类风险而导致科技企业或研发机构的财产利润损失或者对企业员工及其他相关第三者责任的赔偿责任，是由保险公司所开发的给予保险赔偿和给付保险金的保险保障形式。科技保险是一类保险产品，它与保险科技截然不同，保险科技的内涵和外延远不止于保险产品。

3. 保险科技涉及业务的方方面面

保险科技是创新科技手段和方法在保险行业的运用,所以它服务于保险业的方方面面,包括保险产品研发、市场营销、核保理赔、投保人关系维护、保险公司内部管理和保险资金运用等方方面面。因此,保险科技利用科技发展颠覆了传统的保险价值链,融合了互联网保险、区块链技术运用、大数据、情景化营销和共享经济等热门话题与发展趋势。保险科技是现有保险生态的改良和拓展,它将创造新的市场,并且改变人们对保险的需求和偏好。

4. 保险科技将深度介入生活,并影响消费者行为

保险科技不仅对保险公司而言具有巨大的市场前景,消费者也将因其受益良多,如提高生活品质、改善消费行为、增加消费价值及实现科技服务生活等。保险科技将更好地帮助消费者进行自身的风险管理,降低可能存在的各类风险,使消费者可以结合自身的风险状况打造综合并且个性化的风险管理方案。保险科技产品可以为消费者提供方便,还能根据其需要随时开启或者关闭保险项目,从而改变消费者的行为,尤其是提醒和改变消费者的不良风险行为,进而降低消费者的道德风险和逆向选择。保险公司与消费者的关系也将变得更加亲密和富有人情味,保单存续期内双方的交流互动将更为频繁,而不是当前简单粗暴的收取保费(缴纳保费)和负责理赔(索赔)的模式。保险科技的这个特征也决定了未来保险科技发展的巨大前景。

9.1.3 保险科技发展过程中不同主体的角色

保险科技生态圈主要包括传统保险公司、保险中介机构、保险消费者、初创公司、其他行业巨头、金融投资机构及保险监管机构 7 类主体。不同的主体既有其主攻区域,也互有交叉和涉猎。对于科技进步和数字化即将带来的挑战,现有保险业经营者普遍已经有了清醒认识。保险公司通过其内部的风险投资部门开始对筹资活动产生影响。但是保险科技的投资者大多来自保险业以外,因此对于保险科技是否为金融科技接下来发展方向的主导者和引领者这一主题还有待进一步观察。此外,保险公司与初创公司服务的特点不同,二者对于应用金融科技的模式会有较大区别,如表 9-1 所示。

表 9-1 保险公司和初创公司服务的不同

特点差异	保险公司	初创公司
市场活动首要目标	以产品为导向吸引客户。主要目标是比竞争对手提供更好的产品	以体验为导向吸引客户。主要目标是比竞争对手提供更好的客户体验
卖方和买方的服务之间交流的方式	间接接触	直接接触
提供服务的方法	更关注产品研发和产品销售	更关注客户体验和场景营销

传统保险公司是生态圈中的重要组成部分,不仅是市场上主要的产品和服务提供者,也是目前参与保险科技的重要力量。目前传统保险公司通过开发应用、成立部门、投资企业、寻求合作和成立公司等多种手段参与保险科技的布局。保险中介机构受保险科技影响

较大，为寻求在保险领域内的优势，已开始进行改革，主要通过加强线上线下服务联动的方式，强化保险中介的重要性，增强客户的黏性。保险消费者位于生态圈的需求端，供给端的改革和科技的发展将给予消费者更多物美价廉、公开透明的选择，也悄然地改变着消费者的消费行为，使认知风险、紧密沟通、有效交互和主动消费成为保险消费的"新常态"。初创公司不是原保险生态圈的主体，但却是保险科技生态圈不可或缺的一部分。初创企业拓展了保险服务的外延，在寿险、财险和健康险等方面都扮演着"以技术促服务"的角色，通过改变信息采集、分析和使用方式，使服务更准确、更安全、更高效、更直观，如无人机信息搜集、可穿戴设备和医疗服务的结合等。其他行业巨头主要包括和保险产品相关的上下游企业，是保险科技的主要呈现者，如汽车厂商和车联网技术的结合，互联网企业、医疗机构和保险行业的合作等。金融投资机构是保险科技生态圈的推动者，它既是保险科技的风向标，表明了领域内能够引起资本关注的热点，也是保险科技企业起步的助推器，能够通过充沛的资金和优秀的管理经验来帮助保险科技企业快速起航，步入正轨。保险监管机构是保险科技生态链条的守夜人，同时承担着鼓励、引导和监管的职责，这在很大程度上决定了保险科技行业的生态环境和健康持续发展的方向。

9.1.4 保险科技的发展现状

1. 各方行业主体积极参与

各方行业主体积极参与主要表现在以下方面。一是传统保险公司通过保险科技进行升级转型。人保、国寿、平安和泰康等大型保险公司通过整合原有的信息技术部门，组建数据中心或科技平台，将其功能由后台技术支撑更多向核心业务流程驱动转变。此外，中小保险公司也结合自身实际，在细分领域开展数字化运营。二是专业互联网保险公司发展迅速。如众安保险、易安保险等专业互联网保险公司采用扁平化的组织结构，依托大数据和云计算建立具备数据挖掘、处理和存储能力的核心系统，提高自身运营效率和服务针对性，实现了较快的发展速度。三是互联网巨头开始进场。阿里巴巴、百度、腾讯和京东等互联网巨头结合自身的用户流量数据优势，通过与保险公司合作、发起设立保险公司等方式布局保险业。四是科技公司积极参与。大量的科技公司依靠保险科技优势，通过关注长尾需求开发保险产品、根据渠道特点设计定制化产品、提供保险服务保障等方式，共同打造保险生态圈的多元环境。

2. 业务流程改善升级

业务流程改善升级主要表现在以下方面。一是销售渠道的拓展。保险科技进入保险业，首先是从销售领域开始的。截至 2017 年年底，约有 79%的保险公司利用开发移动 App、官方网站或与第三方服务平台合作等方式来进行产品展示、比价销售、精准营销和 O2O 模式（线上线下结合）等。2012～2016 年，互联网保险保费收入从 106 亿元增长到 2299 亿元，增长了 20.7 倍，占总保费比重增长的 7.43%。二是新产品研发。保险公司以传统保险市场为基础运用保险科技创造更加个性化、定制化的保险产品。如依托大数据、云计算等科技，推出保费低、保障高的重疾险和防癌险等个性化险种。此外，保险公司还针对网络经济对风险保障的新需求，开发出一批场景化、碎片化的互联网保险产品。如退货运费险、账户安全险、航班延误险等产品，服务了网络经济的发展。三是在服务领域提供新体验。保险业是金融服务业，服务是行业的核心价值。近年来保险科技的大量应用，对提升行业服务水平和质量发挥了重要作用，自助投保、手机投保、一键式投保等已经相当普遍。此外，针对理赔难这个行业痛点，保险公司通过加强保险科技应用，实现了自助理赔、快赔和闪赔等服务的基本普及。

3. 催生保险生态新模式

传统保险业通过保险科技的应用打造了新的产业生态链基石。一是以特定保险服务为核心打造涵盖客户生活场景的生态圈。如当客户购买车险后，保险公司可以为客户提供与汽车相关的汽车维修、违章查询、自驾旅游和车友俱乐部等一系列信息。二是围绕特定险种整合上下游产业链。如保险公司围绕健康险和养老险逐步形成的集健康、药品、养老和投资等于一体的大健康产业，实现了相关产业的有效整合和服务增值，最终打造成为保险产业生态圈。

4. 支撑监管科技的发展

在保险科技快速发展和广泛应用的形势下，监管部门也在积极探索保险科技在监管上的应用。一是加强数据建设，推进现有监管信息系统的整合与数据互联互通，打造保险监管大数据平台，同时积极推进跨行业金融监管平台技术并积极应用新技术提升监管效能。二是改进监管方式，充分借鉴金融科技的发展成果，加强对互联网保险业务的实时流程监控，构建现代化的风险监测预警体系。同时主动采集、实时抓取相关风险点，加强行业风险监测的时效性，逐步实施动态监管。

9.1.5 我国保险科技的发展趋势

1. 生态化和跨界融合已成趋势

社会对数字技术的日益依赖不仅重塑了消费者的期望，也重新定义了各个行业之间的界限。随着传统行业边界的消失，保险公司受到平台和生态系统的影响将越来越大。保险公司须认真审视自己的角色和业务模式，并评估与其他行业参与者合作的机会。保险公司要了解生态系统将如何改变价值池和风险的性质，通过跨行业的深度融合，建立保险行业生态系统。保险公司在有潜力重新整合系统内的各种机遇下，将迎来"行业无边界"的新时代。

2. 传统保险企业将成为保险科技领域的重要参与者

保险科技创新企业具备提升传统保险公司科技基础设施的潜力，在升级客户体验、数字驱动辅助决策和消费者反映型产品研发等方面发挥了重要作用。随着监管与行业的发展，科技公司也逐渐意识到，提升规模的最佳途径在于与传统保险公司合作，并通过其卓越的技术能力解决保险产业链中的痛点。

传统保险公司意识到了保险科技蕴藏的潜力，也逐渐开始与新兴保险科技创新企业达成合作，成为保险科技领域越来越重要的参与者。

3. API[①]或微服务体系结构将成为保险行业数字化转型的主要趋势

第四次科技浪潮的推进，使全球经济步入了从工业经济向数字经济转型升级的发展阶段，各行各业的发展驱动力将会出现较大的改变，数字科技技术不仅是构建保险业的基础设施，也将成为拉动行业增长的必要要素。

保险科技的发展将聚焦于价值链创新，以降低成本并提高效率，从而形成支持未来保险科技发展的生态系统。在保险公司数字化转型过程中，API或微服务体系结构将是主要的趋势。为提供更好的客户交互和数据收集，机器人过程自动化将成为主要手段。

4. 保险科技与其他金融科技的交叉逐渐增多

保险科技从金融科技中演变而来，是由底层技术的研发和信息技术的应用共同组成，特别是"互联网+"的应用带来了新的保险产品和服务创新，促进保险公司改变经营模式，进而调整优化管理方式来实现转型升级。

金融科技领域内的消费金融等基于业务场景和客户资源可以为保险科技做更好的补充。同时，消费信贷和智能风控等已有场景也为保险服务的触达提供了有效路径。个人保险正成为金融科技公司拓展客户群体的重要场景。

5. 保险流程自动化、智能化发展趋势逐步显现

保险科技并非简单的"保险+科技"，而是以互联网、大数据、人工智能、云计算和区块链为代表的科技应用于保险行业，推动保险产业链的重塑再造，为保险业打开了新的增长空间。科技赋能保险，已经成为整个保险业加快商业模式变革的共识。

目前，人工智能等技术已介入保险核心业务流程，技术的不断完善与成熟奠定了保险部分流程实现自动化、智能化的基础，大幅提升了保险业务流程的效率，实现了更为精准的智能核保。未来，保险业务自动化、智能化等创新方式必将成为保险行业的竞争焦点。

6. 人工智能打通"数据孤岛"，推动行业以开放的心态进行交流

在保险科技的发展浪潮中，人工智能技术正快速重塑保险行业全产业链，不断拓展保险行业科技创新的边界。数据是保险创新的核心，对风险的有效识别和分散是保险业的重要基石，风险识别的基础已经从对历史风险的统计分析发展成为通过大数据建模来实现对风险的高精度、宽维度及时识别。

人工智能技术的广泛应用解决了传统保险行业长期以来存在的许多难点问题，其使用海量数据对算法模型进行训练，能够充分使用数据特征来描绘客户画像，帮助保险公司智能决策。同时，若保险行业要寻求更有深度的发展，需以更加开放的态度进行合作，打通"数据孤岛"，共同推进行业的进步。

7. 保险行业成为区块链应用探索的关键领域

区块链具有开放透明、不可篡改、对等互联和易于追溯等特性，可解决保险行业数字化转型的难点。区块链利用共识算法来验证数据、利用分布式账本技术来存储数据、利用

[①] API：Application Programming Interface，应用程序接口。

密码学的方式保证数据传输和访问的安全、利用智能合约来自动执行业务流程等，因而成为众多应用场景中的重点探索领域，并有可能成为较早实现突破的行业之一。在我国保险行业中，区块链应用集中于以智能合约系统减少文书工作、以区块链架构个人授权的健康数据查证等。

8. 保险科技"强监管"迈入常态化，监管科技等新型监管模式将成主流

对于保险行业而言，中国银行保险监督管理委员会的重组有利于补齐监管空白，对于防范系统性金融风险，治理脱离实体经济的保险"伪创新"、险资乱用和误导销售等乱象形成了强有力的诊治力度，提高了整体的监管效果，帮助行业有序进行"守正创新"，促进行业可持续健康发展。

监管科技作为新型监管方式，在我国服务业对外开放和保险科技不断发展的背景下，有了更大的发挥空间和发挥余地。在未来几年的发展过程中，监管科技将会伴随着人工智能和大数据等新技术的高速发展迅速迭代，并迅速成为监管的主流模式。

9.2 保险科技的核心技术与应用

9.2.1 大数据

大数据技术研究大量具有低价值密度、高速动态、形式多样、具有关联性的数据，通过点、线、面的深度挖掘，发现其中的规律，用以帮助企业和政府进行决策。保险作为高度数据集中的产业，十分适合运用大数据技术。大数据技术可以帮助保险公司改善营销、承保、运营和风控环节，创造经济价值：

（1）营销。保险科技可以帮助保险公司对客户价值进行量化分析，从而将客户分级并标签记录，进而根据分析结果为各类客户提供差异化、个性化的服务，最终提升客户黏性，实现精准营销。

（2）承保。保险公司可以通过运用大数据技术分析行业数据，发现新的市场需求和潜在客户。此外，大数据技术还有助于精准定价保险产品，实现费率的个性化。

（3）运营。大数据可以帮助保险公司在理赔环节通过数据挖掘技术对比历史类似案例，从而根据历史数据分析建模，进而对各个案例进行损失类型细分和评分，制定个性化的理赔方案，最终实现半自动化的处理流程。

（4）风控。通过大数据分析可以精确识别理赔中可能存在的欺诈模式、欺诈行为和高风险人群，从而提高保险公司的反欺诈绩效，降低理赔风险。

9.2.2 人工智能

依据不同的层次，人工智能可分为计算智能、感知智能和认知智能3类。计算智能是指计算机可以通过分析大量数据自动进行学习和积累；感知智能是计算机可以与人类进行一定层次上的互动；而当计算机达到认知智能阶段时，就可以模仿人类的思维模式进行推理和预测，做一些创造性的工作。虽然目前人工智能仅能做到简单的推理，但仍然可以在承保和理赔等方面帮助保险公司提升效率：

（1）承保和报价。保险公司可以借助人工智能与客户进行简单的交流，由计算机按照客户需求给出保险方案，帮助客户实现自动投保。

（2）理赔。保险公司可以使用人工智能系统收集和分析客户理赔所需信息，核对客户保险合同，从而预防赔付疏漏，提高操作效率。

9.2.3 区块链

区块链技术涵盖 6 大工作步骤，即建立电子信息、加密设置、交易确认、实时广播、区块添加及网络复制记录，借助这 6 大步骤，区块链所传递和存储的信息具有去中心化、公开化、透明化、自治化、匿名化和数据不可篡改化 6 项基本特征。

1. 行业信息共享

利用区块链公开透明的特点，以各个保险公司为主要节点来构建区块链联盟，由此来降低信息集成与传递成本，实现最大程度上的信息共享，提高组织运行效率。诸多企业成为区块联盟组织成员的目的是为了借助共享账簿来降低甚至是消除相关成本，同时有效规避系统性风险。

2. 敏感信息校对

在传统作业过程中，通常需要对客户的敏感信息进行校对，而从国家法律规定到企业自身均对敏感信息有着各自明确而严苛的规定，因此难以在反欺诈和反洗钱上形成有效协同。如果借助区块链技术，则能够详细记录和跟进客户信息及验证情况，通过采用客户自身的私钥加密，由此可以消除信息被复制或者盗取等不安全状况；在具体的理赔信息核准过程中，向信息需求方传递的则是公钥，而并非原始信息，由此便可以在最短时间内响应对方查找或校对信息的需求，大大提升工作效率。

3. 智能合约保险

智能合约保险是在定义代码后自动强制性制定的产品，一旦符合特定出险条件，则可以实现快速理赔。例如，利用区块链技术能够构建存储航班延误信息的智能化合约，并依据航班延误的历史信息实现自动定价，同时借助编程接口获取实时航班状态，一旦满足上述合约被触发的条件，系统将自动索赔并支付相应的赔偿金。与传统保险相比，此项技术更能切实保障消费者的合法权益，实现更高的客户满意度。

9.2.4 生物科技

生物科技（Biotechnology）的概念可简单概括为基于现代生命科学理论，采用先进的科技手段，研究生命活动的规律或直接提供产品为社会服务。21 世纪以来，随着生物科技的迅猛发展，现代医学对生命现象和疾病本质的认识由表征逐渐向分子水平深入，催生着保险产品形态和风险管理模式的改变。

在承保前的风险筛选环节，生物科技能够提高风险管理水平。例如，早期发现是提高癌症治疗率的关键。通过生物标志物检测等癌症早期筛查技术，能够更及时、更精准地发现癌症，从而利于开展癌症的早诊断、早治疗，大幅降低癌症死亡率。随着技术的进一步成熟，未来保险产品与癌症早筛等技术的结合将会更加紧密。基因检测技术的发展，使得人类有能力预知未来疾病的发生概率，极大提高了遗传病的筛查效率，将会带来保险业态的深刻变化。此外，基因治疗、合成器官等新型治疗方式的推出和完善，也将丰富和拓展未来保险产品类型。结合新兴技术的保险将生物技术和健康管理充分连接，可以更好地降低成本，丰富保险产品的形态。

9.3 互联网保险概述

9.3.1 互联网保险的经营模式

互联网保险，是指实现保险信息咨询、保险计划书设计、投保、交费、核保、承保、保单信息查询、保全变更、续期交费、理赔和给付等保险全过程的网络化。近年来，随着互联网市场的快速发展和日渐成熟，网民对互联网产品的接受度也在不断提高，这为互联网保险的经营提供了更为广阔的发展空间。互联网保险作为一种新经营理念的商业模式，具有传统保险无可比拟的优势。

1. 官方网站经营

这种营销模式主要是指，一些具有实力的大中型保险公司或者与保险相关的中介机构，为了在众多的互联网金融产品交易平台中，更好地展现自身品牌、服务客户和销售保险产品而设立的自主经营的信息门户网站。通过该网站保险公司可以完成从宣传保险产品到投保成功，以及后续的理赔等一整套的保险业务流程。通过该类官网直销门户，保险公司不仅能够掌握自己产品的宣传方式和宣传节奏，还能拉近和客户的距离，使客户从传统营销过程中的被动地位转化为主动地位，使买卖双方的交流更加直接、便捷，有利于节约成本，提高效率。平安 PA18、泰康在线、华泰官网和新华人寿的官网等，就是这一模式的典型。

2. 综合电商经营

综合电商经营模式属于第三方电子商务平台，是由保险公司、保险经纪人或代理人之外的机构建设运营的互联网经营平台，为保险公司和客户提供交易场所及其基础设施，并从中收取服务费。它具有相对独立、电商经验丰富、互联网技术实力雄厚、客户基数大和互联网渠道强势等特征。以淘宝网、苏宁易购和京东商城为代表的综合类电子商务平台，凭借其丰富的网站内容、完整的产品体系和优质便捷的服务，吸引了海量的流量和客户，使其在经营保险产品等虚拟化的金融产品时，具有得天独厚的优势。早在 2012 年，成立不久的国华人寿，就因借助淘宝网而创下了"3 天一个亿"的产品销售额，迅速走红保险圈。然而，从金融监管的角度看，第三方电子商务平台模式，在金融行业销售制度、金融经营资质牌照和资金流转安全等方面，仍然存在一些突出的问题，给消费者带来了一定的购买和消费风险。

3. 网上保险超市

网上保险超市属于专业网络保险中介的范畴，是第三方的保险商务平台，也是各类保险产品荟萃的交易场所，兼容了不同产品和服务的优良品质。它通常提供众多保险公司的产品，明确展示其价格信息和相应条款，消费者可以上网轻松地进行搜索和比较，并根据个人需求，自主选择适合自身的保险产品及服务。在国外，客户甚至可以根据自己的特殊要求，让超市为自己量身定制保险产品。但在该模式快速发展的背后，也暴露出产品单一和同质化严重等问题。

4. 网络保险垂直搜索平台

垂直电商平台是相对于综合电商平台而言的一个概念，它是指在某一个行业或者细分市场通过提供全部深度信息和相关服务，进行深度运营的电子商务平台。网络保险垂直搜索平台是以某些特定种类的保险产品和服务为基础，然后围绕客户进行深度运营，为客户提供一体化和一站式的专业化服务和美好体验的一种电商平台。如"慧择网"，它就是一家网络保险垂直搜索平台。垂直搜索营销模式具有搜索方便快捷、目标客户群体明确和便于产品比较这 3 大优势。

5. 专业互联网保险公司

2000 年 7 月，泰康在线网站正式上线，标志着专业互联网保险公司模式在我国的保险行业中落地生根。从此开始，包括中国人寿、中国平安保险、太平洋保险、新华人寿等传统保险业巨子，也纷纷积极加入单独成立保险电子商务公司的风潮中来。2013 年，由阿里巴巴、中国平安和腾讯这 3 家来自不同行业的巨头公司牵头，在上海成立了第一家纯互联网概念的保险公司——"众安在线"。自此，互联网保险公司正式掀开了我国保险业发展史的新篇章。依据保险公司业务经营主体的不同，专业互联网保险公司大致可分为以下 3 种类型：①"产寿结合"的综合性互联网保险运营平台；②专注于寿险或财险的互联网保险运营平台；③纯互联网概念的保险公司。

6. 互联网兼业代理

在互联网时代衍生出的互联网兼业代理模式，凭借其门槛低、办理简单和对营业主体规模要求不高等特点，受到各类兼业机构的普遍欢迎并取得了快速发展。保险互联网兼业代理模式通常依托于其网站主营业务的背景，对与其主营业务和上下游业务有关联的保险产品进行定向营销。这不仅可以促进价值沿着产业链进行延伸，还满足了客户需求，增加了客户黏性。互联网兼业代理模式的主要机构类型有：航空类、旅游预定类、银行类、汽车类和医疗类等机构。但互联网兼业代理机构特殊的"兼业"身份，容易使其保险代理业务活动脱离保险行业自律组织的约束，存在一定的发展隐患。

7. 社交网络经营

社交媒体具有庞大的客户群和丰富的场景功能，可作为与优质客户进行接触的服务媒介，可以助力保险公司在移动端进行互联网保险的营销。目前，社交网站主要通过细分目标、完善体验感受和"让大家告诉大家"的病毒式扩散等方式进行社交营销。保险公司通过社交媒体可以有效制造品牌媒体效应，提升品牌价值，增加客户信任，并可在此基础上向潜在客户进行精准营销。腾讯公司的"微信"就是这样一款社交媒体软件。保险公司利用"微信公众平台"，不仅可以展示其保险产品，还可以通过实际保险理赔案例的剖析展示，对潜在客户进行宣讲。此种方式可以提高品牌亲和力，增加客户满意度，并以较低的成本促成客户转化率。

9.3.2 大数据在互联网保险中的应用

大数据对于互联网保险的发展有着重要意义，在互联网保险的客户画像、营销创新、服务创新、产品创新和提升风控能力等方面都有应用。

1. 客户画像

保险公司可以依据商业分析将客户的个人属性和金融信息，包括业务订单数据、客户属性数据、客户收入数据、客户查询数据、理财产品交易数据和客户行为等数据，将客户多账号（身份证号、手机号、邮箱、QQ 号）打通，建立客户标签，从而构成覆盖客户衣食住行的丰满客户画像，进而帮助保险公司更快速、更深入地了解客户的真实、具体需求。

2. 营销创新

在精准获取新客户方面，保险公司可以通过对内部和外部数据的综合利用，收集客户个人属性、客户线上浏览行为偏好、客户线下活动轨迹和客户交易行为等方面的信息，对客户进行多维度、立体化的分析；也可以根据客户的消费习惯及各渠道的特点配置相应的销售渠道，精准地选择营销渠道来触及这些客户。

在持续转化准客户方面，保险公司可以基于外部数据建立预测模型，推出个性化营销手段，把让客户"最可能动心"的产品展现在客户面前；根据客户健康、财务和信用等状况做出更合理的分析，从而提升营销效率和效益。

在精准营销存量客户方面，保险公司可以利用大数据对客户的长期和短期消费行为进行分析，向存量客户推荐适合的险种。在预防客户流失方面，保险公司可以根据保单、险种信息、销售人员信息、经济能力和健康状况等各种类型数据对续保率等关键信息进行建模，筛选出影响客户退保的关键因素；利用回归算法建立续收风险预测模型，或者通过舆情监控，将存量客户按照其潜在退保率进行分类，将可能流失的客户定位出来，寻找客户不满意的原因，加以改进，从而挽回即将流失的客户。

3. 服务创新

保险公司可以利用大数据分析客户的特征、习惯以及偏好，分析和预测客户需求，为向客户提供精准服务奠定基础，提升服务质量。保险公司通过与多种社会平台合作来获取客户信息，提供有针对性的保险产品和报价，简化承保服务流程，同时利用相关数据建立网络智能核赔平台，并加强与移动互联网终端应用的联系，实现互联网保险业务流程自动化，便捷保险理赔服务。保险公司充分利用大数据对客户个性化进行描述，根据客户的购买习惯、服务偏好等信息进行客户细分，以便更好地开展客户个性服务。

4. 产品创新

保险公司通过个人的公共数据情况、信息体系、社交网络、健康数据和性格等信息，进行定制化的产品开发，做到真正以客户为中心。根据模型找出满足客户保险需求的最佳险种组合，或预测出在客户生命周期中所需的保险产品，对客户进行捆绑销售，也可以通过与其他平台合作，整合供应链，建立基于核心保险业务的生态系统，使得保险公司真正成为一揽子风险管理服务方案的供应商，拓展保险公司风险管理的内涵和外延。在寿险和健康险的定价中，保险公司利用可穿戴设备实时监控人体健康情况（如运动量、睡眠和心跳数据等），弥补了生命表对于洞察细分群体的人体健康及生死概率能力的不足，通过分析这些数据，对投保者按照生活习惯进行分类，并进行区别定价与动态定价。

5. 提升风控能力

将保险公司、银行、公安和医院等部门或机构的信息对接，建立诸如"高风险客户""高风险从业人员""特殊名单"等数据库，可以及时发现和识别高风险，提高信息的传递效率，形成信息共享平台。利用大数据技术，保险公司可以通过对客户行为的"追踪"来加强客户行为管理，减少被保险人出现事故的概率，从而降低保险公司的风险，进行潜在风险控制。结合保险公司内外部的数据信息，可以对客户进行早期异常值检验，建立预测模型，通过及时发现问题并采取措施来降低索赔率。

9.4 保险科技典型案例

中国的保险科技仍处于发展的起步阶段，但发展迅速，其触手已延伸到行业发展的各个方面，并有融合和打通相关上下游产业链的动向和趋势。目前，传统保险公司、互联网公司和新兴科技公司正在各行业积极布局保险科技和寻找潜在的发力点。近年来，相关保险科技公司在政府和资本市场的支持与引导下，纷纷获得了多轮融资，为其打入保险大市场和发展创新业务提供了有力的资金支持。保险科技的发展，克服了行业固有的痛点，创造了一种全新的发展模式，并反过来促进了科技的再创新，从而实现保险与科技的双向联动发展。

9.4.1 传统保险公司

1. 中国平安

随着保险科技的逐步发展，各大传统保险公司纷纷将其纳入自身的建设体系当中。中国平安旗下的金融科技公司"金融壹账通"于 2017 年 9 月在北京发布智能保险云,首次推出"智能认证"和"智能闪赔"两大产品,并首次面向全行业开放其保险经营的核心技术。智能保险云融合了人脸识别、语音语义识别、声纹识别和微表情等 17 项核心技术,解决了保险行业在投保、理赔和运营 3 个环节中存在的诸多痛点。中国平安公布的数据显示,平安智能认证投入使用后,新契约投保退保率降至 1.4%,远低于行业平均的 4%;投保时间可缩短 30 倍,双录时间缩短 3/4,质检成功率提升 65%。通过实人认证技术结合线上智能化,理赔处理时效由 3 天提速至 30 分钟,由此带来的客户满意度提升使保单加保率提高了 1 倍。同时,智能认证技术可覆盖保险公司 90%以上的客服环节。

基于"智能闪赔"技术,2017 上半年平安产险处理车险理赔案件超 499 万件,客户净推荐值高达 82%,智能拦截风险渗漏达 30 亿元。该技术以线上线下的交互为特色,为保险公司提供一系列的智能化服务和极致化体验,全面提升了保险行业科技运用水平,推动了保险全行业在效率、风控、成本和客户体验等方面的提升,将保险与人工智能紧密结合,为客户提供便捷的服务体验。另外,"金融壹账通"区块链平台还采用了独有的数据加密授权技术,运用高性能 MAX 底层框架,保障了其在运行过程中的安全性。中国平安发布的 2017 上半年年报中显示,截至 2017 年 6 月 30 日,中国平安的专利申请数高达 1458 项;人脸识别技术精准度,达 99.8%世界领先;中国平安在业界首创图像定损概念,利用图像和深度学习技术完成极速理赔,将定损速度提升了 4000 倍;平安科技还与重庆疾控中心联合研发了全球首个"人工智能+大数据"流感预测模型。

2. 中国人寿

中国人寿聚焦于新一代的综合业务处理系统建设,加强大数据应用,持续开展客户群体和客户特征分析,提升销售服务的智能化水平,升级并推广了"国寿 e 宝"和"国寿 e 店"两个移动互联网平台,分别面向客户和营销人员,并推出了百余项应用产品。中国人寿的全流程无纸化投保已投入应用,进行多渠道服务布局,不断改善客户体验。中国人寿公布的数据显示,中国人寿回访量占新单总量的 47%,实现了移动理赔全覆盖,并且保单借款、转账授权和联系方式变更等主要保全项目中线上办理业务在 50%以上。

另外,中国人寿聚焦衣食住行等场景推出了"国寿 i 系列"移动互联应用群,其中的"国寿 i 购"为企业提供了标准化、自助式的集中采购,同时还将保险产品嵌入相应的消费场景,完善了商品交易、金融服务和保险保障等整个综合金融供应链服务。"国寿 i 车"是一款提供汽车保险综合服务的汽车服务类 App,服务内容包括加油卡充值、O2O 保养和车品销售等,该应用将汽车交易与汽车金融保险领域融合,覆盖各流程场景的车主服务,逐步构建了汽车垂直领域的消费金融保险生态。"国寿 i 动"是以计步、跑步等运动管理为核心功能的运动健康类 App,客户一方面可以通过活动和赛事等功能,实现线上线下的活动组织与管理;另一方面还可享受娱乐化、运动化的轻量级健康服务,通过分析客户的健康状况,提供具有针对性的风险保障产品,逐步实现与风险保障类金融产品的对接。

随着保险科技发展的不断深入,其应用正由支持工具向综合平台、由销售产品向经营客户、由单一行业向复合生态转变,打造大平台、搭建富生态已成为普遍共识,行业发展关注点也从一味扩大保费规模和市场份额,向客户消费体验与各类场景服务管理转变。

9.4.2 互联网公司

1. 众安保险

众安保险于 2016 年 11 月成立全资子公司——众安科技，在江苏靖江建成了国内首个基于区块链科技的扶贫养殖基地，从鸡苗到成鸡整个过程都可溯源，利用现代技术手段开展精准扶贫。发展保险科技，就是要通过对数据和技术的开发，更好地服务于实体经济，构建一张以保险相互连接的价值网，使客户更容易获得高效、便捷的保障。众安保险针对存量手机推出的提供旧屏损坏补偿的保险"赔你碎"，解决了目前大多数碎屏险只与新机捆绑销售、消费者已购手机碎屏没有保障的痛点。众安通过自主研发的、基于人工智能的碎屏识别和身份识别技术，使存量机的全自动投保和验机成为可能。同时，"赔你碎"还整合了线下维修门店和线上手机维修 O2O 企业资源，投保客户可一键呼叫后端维修，系统根据客户定位安排人员免费上门维修或提供寄修中心地址。从产品设计、定价，到核保、理赔，碎屏险利用科技促成了手机销售和维修等资源的整合，提升了服务效率和客户体验，为客户提供了个性化的风险管理服务。

另外，众安科技率先研制的客服机器人已众安保险系统中运行，由其替代人工，完成了大量的售前和售后咨询工作。众安科技打造的"医疗+健康险"解决方案，可以通过区块链分布式的账本技术实现医疗平台全网互联和医疗数据共享。在患者授权的情况下，医疗机构可以快速获取和核实相关医疗数据，并通过智能合约进行快速赔付，既方便了患者，又保护了他们的医疗隐私，同时还能有效管控医疗健康险的骗保现象，解决了多年以来健康保险业务难以突破的道德风险瓶颈，为医疗资金风险管理提供了技术保障。众安保险于 2014 年 6 月获得了来自阿里、腾讯、平安和携程的天使轮融资；2015 年 6 月，众安保险获得来自摩根士丹利、中金公司、鼎晖投资、Keywise ZA Investment 和 Equine Forces Limited Partnership 共 57.75 亿元的 A 轮融资。此外，众安保险于 2017 年 6 月 30 日向港交所递交了 IPO 招股书，并于 9 月 17 日公布了其上市详情，拟全球发售约 2 亿股，发售股份将占已发行股本的约 13.84%。

2. 互联网巨头

基于对客户行为的数据分析，京东推出的新保险产品可以精准地判断客户需求，实现精确营销，并将保险信息、投保和核保等服务全程网络化，为客户提供量身定制的服务。借助其整体数据以及在此基础上的客户画像，京东能够为已有的寿险、健康险、车险甚至意外险等产品的设计和精算提供数据参考，设计出更符合某些特定人群的定制化产品。此外，通过京东数据，保险公司也将更好地实现对客户的全生命周期管理。

与此同时，腾讯也开始涉足保险科技领域，推出了智慧车险并开发了移动展业功能，可以借助微信生态圈，帮助保险代理人和分销渠道实现异业联盟，进而降低展业成本。智慧车险的功能包括在线投保出单、微信场景支付和在线理赔等；同时，还可以通过社交场景，鼓励客户将投保页面分享给好友，好友投保客户可获得奖励，通过社交车险来提升交易额。腾讯借助微信强大的联结能力，不仅大幅提升了车主投保和理赔体验，也能提升保险公司的营运效率并增加销售额，助力保险行业实现"互联网+"的转型。

蚂蚁金服的"定损宝"和"车险分"也成为点亮保险科技领域的一部分。"定损宝"可以通过客户上传的理赔照片判断事故的严重性，根据保险公司的要求处理索赔；同时，它还可以估算对次年保费的影响，帮助客户判断是否需要索赔。而"车险分"则采用客户的职业特征、身份特征、信用历史、消费习惯、驾驶习惯和稳定水平 6 大标签，通过深度学习的方法，寻找众多变量之间的关系，实现传统车险定价"从车"到"从人"的转变，对客户进行精准画像和风险分析，量化为车险标准分输出给保险公司使用，并通过特定的技术充分保障客户数据的隐私安全。

9.4.3　新兴科技公司

1. OK 车险

OK 车险于 2015 年 6 月 10 日推出了"我的行程管理"，该项服务是基于智能手机中的陀螺仪和 GPS，利用手机自带的重力传感器和加速传感器来检测车辆在一个驾驶周期中的加速、刹车和转弯等驾驶数据，对车主进行安全评级，并给予优质车主更多优惠服务，实现和满足客户的个性化定价和需求。OK 车险基于手机车联网的数据积累和分析，拥有诸多优势。首先，使用更便捷，客户只需安装手机 App，授权定位即可完成；其次，成本低廉，客户无须购买任何设备，更为重要的是其升级更新的成本极低；最后，手机车联网可以获取更多维度的数据，可以对车主的安全驾驶行为进行更精确的画像。

2. 大象保险

大象保险是世纪保众（北京）网络科技有限公司打造的 C2B（用户导向）的互联网保险综合服务平台，聚焦个人定制配置化、垂直领域细分化和专业服务效率化，面向普通 C 端客户提供保险服务，其定位是大数据与人工智能科技驱动的智能保险顾问平台。大象保险上游对接保险公司，并实时记录客户的数据，结合第三方的一些数据，通过精准刻画客户习惯和偏好，搭建客户分层分级体系，从而降低骗保的风险。随着更多保险产品的迭代和数据准确度的提升，大象保险会基于客户画像来做产品的智能匹配，可以利用智能机器人为客户提供保险知识普及、产品导购和后端理赔的自动化及全流程服务，最终发展成以高净值家庭资产数据为基础的大数据服务平台。

3. 大特 e 保

大特 e 保以健康险为核心，为用户提供保险、医疗服务和健康管理为一体的综合健康服务。在上游，大特 e 保优选定制保险公司高性价比的健康险产品；在下游，大特 e 保打通了医院和健康服务机构，为用户提供医疗服务和健康管理、疾病监测与预防、健康管理跟踪和风险保障等健康管理服务，同时还参与和推动医疗控费，通过保险干预个体行为，参与疾病早期预防。大特保、和金在线和最惠保 3 家公司已经先后完成了 4 轮融资，融资金额均达数亿元；慧择网、小雨伞、豆包网、保准牛、大家保和保险极客等也已完成 3 轮融资或登陆新三板；还有 20 家同类公司已完成两轮融资，27 家同类公司完成了 1 轮融资。

【思考题】

1. 请论述保险科技的基本定义和特征。
2. 请举例典型的保险科技产品。

Chapter 10

区块链技术

10.1 区块链概述

区块链技术起源于 2008 年，出现于由化名为"中本聪"的学者发表的奠基性论文——《比特币：一种点对点的电子现金系统》。在该论文中，他提出了一种称为"比特币"的数字货币，在没有任何权威中介机构统筹的情况下，互不信任的人可以直接用比特币进行支付。区块链是一种去中心化、不可篡改、可追溯且由多方共同维护的分布式数据库，能够将传统单方维护的仅涉及自己业务的多个孤立数据库整合在一起，分布式地存储在多方共同维护的多个节点上，任何一方都无法完全控制这些数据，只能按照严格的规则和共识进行更新，从而实现了可信的、多方的信息共享和监督，避免了烦琐的人工对账，提高了业务的处理效率，而且还降低了交易成本。

区块链具有去中心化、去信任化和去风险化的基本特征。

（1）去中心化。传统的数据库管理模式均是中心化记录和中心化存储，而区块链数据的验证、记账、存储、维护和传输等过程均是基于分布式结构，采用算法而不是中心机构来建立分布式节点间的信任关系，从而形成去中心化的、可信任的分布式系统。同时，不同于传统数据库采取特定机构单独维护和专业技术人员进行专项处理的方式，区块链上的参与者会自动集体维护数据记录。

（2）去信任化。在传统的互联网模式中，是通过可信任的中央节点或第三方通道进行信息的匹配验证和信任积累，而区块链则依靠非对称的加密和可靠数据库完成了信用背书，所有的规则都事先以算法程序的形式表述出来，参与方不知道也不需要知道交易对手是谁，更不需要借助第三方机构来进行交易背书或者担保验证，而只需要信任共同的算法就可以建立互信，通过算法为参与者创造信用、产生信任和达成共识。这样，尽管区块链的参与方彼此之间的身份并不知晓，但并不影响双方或多方之间的信任。

（3）去风险化。在当今的互联网条件下，一旦某些数据中心被袭，那么可能会面临全网瘫痪的风险。但是因为区块链采取分布式记账，而且每一个节点都有交易信息的自动备份，同时任何一个节点都不能单独篡改数据，所以无法进行伪装和欺诈活动。即使攻破了某几个节点，也不能控制整个网络，除非黑客可以控制 51%以上的节点。但黑客为掌握 51%的节点所需投入的成本必然远远大于成功攻击设施之后获得的收益，因此这样的控制毫无意义。正因如此，才保证了区块链系统的安全性和可靠性，而且参与者越多，区块链的安全度也就越高。

10.2 区块链的技术框架

一般来说，区块链系统由数据层、网络层、共识层、激励层和合约层等组成。

10.2.1 数据层

数据层包括底层数据区块以及相关的数据加密和时间戳等技术。狭义的区块链即是指去中心化系统各节点共享的数据账本。每个分布式节点都可以通过特定的哈希算法和 Merkle 树数据结构，将一段时间内接收到的交易数据和代码封装到一个带有时间戳的数据区块中去，并链接到当前最长的一条主区块链上，形成最新的区块。该过程涉及区块、链式结构、哈希算法、默克尔树（Merkle Tree）和时间戳等技术要素。

1. 数据区块

每一个数据区块一般包括区块头和区块体两部分，如图 10-1 所示。区块头封装了当前版本号、前一区块地址、当前区块的目标哈希值、当前区块 PoW（Proof of Work）共识过程的解随机数、Merkle 根以及时间戳等信息。比特币网络可以动态调整 PoW 共识过程的难度值，最先找到正确的解随机数，并且经过全体矿工验证的矿工将会获得当前区块的记账权。区块体则包括当前区块的交易数量以及经过验证的、区块创建过程中生成的所有交易记录。这些记录通过 Merkle 树的哈希过程生成唯一的 Merkle 根并记入区块头。

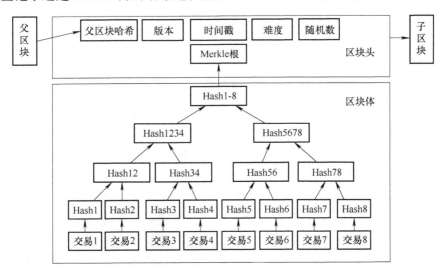

图 10-1 区块结构

2. 链式结构

取得记账权的矿工会将当前区块链接到前一区块，形成最新的区块主链。各个区块以此环环相接，形成从创世区块到当前区块的一条最长主链，从而记录区块链数据的完整历史，任意数据都可以通过此链式结构顺藤摸瓜、追本溯源。需要说明的是，如果短时间内有两个矿工同时"挖出"两个新的区块加以链接的话，那么区块链可能会出现暂时的"分叉"现象，其解决办法就是约定矿工总是选择延长累计工作量证明最大的区块链。因此，当主链分叉后，后续区块的矿工将通过计算和比较，将其区块链接到当前累计工作量证明最大化的备选链上，形成更长的新主链，从而解决分叉问题。

3. 时间戳

区块链技术要求获得记账权的节点必须在当前数据区块头加盖时间戳，表明区块数据的写入时间。因此，主链上各区块是按照时间顺序依次排列的。时间戳技术本身并不复杂，但其在区块链技术中的应用具有重要意义。时间戳可以作为区块数据的存在性证明，有助于形成不可篡改和不可伪造的区块链数据库，从而为区块链应用于公证、知识产权注册等时间敏感的领域奠定了基础。更为重要的是，时间戳为未来基于区块链的互联网和大数据增加了时间维度，使得通过区块数据和时间戳来重现历史成为可能。

4. 哈希函数

区块链通常并不直接保存原始数据或交易记录，而是保存其哈希函数值，即将原始数据编码为特定长度的数字和字母组成的字符串后记入区块链。哈希函数（也称为散列函数）具有诸多优良特点，因而特别适用于存储区块链数据。例如，通过哈希输出几乎不可能反推输入值（单向性）、不同长度输入的哈希过程消耗大约相同的时间（定时性）且会产生固定长度的输出（定长性）以及即使输入仅相差一个字节也会产生显著不同的输出值（随机性）等。比特币区块链通常采用双 SHA256 哈希函数，即将任意长度的原始数据经过两次 SHA256 哈希运算后转换为长度为 256 位（32 字节）的二进制数字来统一存储和识别。除了上述特点外，SHA256 算法还具有巨大的散列空间和抗碰撞等特性，因而可满足比特币的任何指标需要而不会出现冲突。

5. 默克尔树

默克尔树（Merkle Tree）是区块链的重要数据结构，其作用是快速归纳和校验区块数据的存在性和完整性。图 10-1 中，默克尔树通常包含区块体的底层（交易）数据库，区块头的根哈希值（即默克尔根）以及所有沿底层区块数据到根哈希的分支。默克尔树运算过程一般是将区块体的数据进行分组哈希，并将生成的新哈希值插入到默克尔树中，如此递归直到只剩最后一个根哈希值并记为区块头的默克尔根。最常见的默克尔树是比特币采用的二叉默克尔树，其每个哈希节点总是包含两个相邻的数据块或其哈希值，其他变种则包括以太坊的"Merkle Partrcia Tree"等。默克尔树有诸多优点：首先是极大地提高了区块链的运行效率和可扩展性，使得区块头只需包含根哈希值而不必封装所有底层数据，这使得哈希运算可以高效地运行在智能手机甚至物联网设备上；其次是默克尔树可支持"简约支付验证"协议，即在不运行完整区块链网络节点的情况下，也能够对（交易）数据进行检验。这将极大地降低区块链运行所需的带宽和验证时间，并使得仅保存部分相关区块链数据的轻量级客户端成为可能。

6. 非对称加密

非对称加密是为了满足安全性需求和所有权验证需求而集成到区块链中的加密技术，常见的算法包括 RSA、Elgamal、Rabin、D-H 和 ECC 等。非对称加密通常在加密和解密过程中使用两个非对称的密码，分别称为公钥和私钥。非对称加密具有两个特点：一是用其中一个密钥加密信息后，只有另一个对应的密钥才能解开；二是公钥可向其他人公开，私钥则保密。其他人无法通过该公钥推算出相应的私钥。非对称加密技术在区块链的应用场景主要包括信息加密、数字签名和登录认证等，其中信息加密场景主要是由信息发送者（A）使用信息接受者（B）的公钥对信息加密后再发送给 B，B 利用自己的私钥对信息解密。比特币交易的加密即属于此场景。数字签名场景则是由发送者 A 采用自己的私钥加密信息后发送给 B，B 使用 A 的公钥对信息解密，从而可确保信息是由 A 发送的。登录认证场景则是由客户端使用私钥加密登录后发送给服务器，后者接收后采用该客户端的公钥解密并认证登录信息。

10.2.2 网络层

网络层封装了区块链系统的组网方式、数据传播协议和数据验证机制等要素。结合实际应用需求，通过设计特定的传播协议和数据验证机制，可使区块链系统中的每一个节点都能参与到区块数据的校验和记账过程中，仅当区块数据通过全网大部分节点验证后，才能记入区块链。

1. 组网方式

区块链系统的节点一般具有分布式、自治性、开放可自由进出等特性，因而一般采用对等式网络来组织散布全球的参与数据验证和记账的节点。P2P 网络中的每个节点均地位对等且以扁平拓扑结构相互连通和交互，不存在任何中心化的特殊节点和层级结构，每个节点均会承担网络路由、验证区块数据、传播区块数据和发现新节点等功能。按照节点存储数据量的不同，可以将节点分为全节点和轻量级节点。前者保存有从创世区块到当前最新区块为止的完整区块链数据，并通过实时参与区块数据的校验和记账来动态更新主链。全节点的优势在于，它不依赖任何其他节点而能够独立地实现任意区块数据的校验、查询和更新，劣势则是维护全节点的空间成本较高。与之相比，轻量级节点则仅保存一部分的区块链数据，并通过简易支付验证方式向其相邻节点请求所需的数据，从而完成数据校验。

2. 数据传播协议

任一区块数据生成后，将由生成该数据的节点广播到全网其他所有节点来加以验证。现有区块链系统一般根据实际应用需求设计比特币传播协议的变种。根据中本聪的设计，比特币系统的交易数据传播协议包括以下步骤：

（1）比特币交易节点将新生成的交易数据向全网所有节点进行广播。

（2）每个节点都将收集到的交易数据存储到一个区块中。

（3）每个节点基于自身算力在区块中找到一个具有足够难度的工作量证明。

（4）当节点找到区块的工作量证明后，就会向全网所有节点广播此区块。

（5）仅当包含在区块中的所有交易都是有效的且之前未存在过的，其他节点才认同该区块的有效性。

（6）其他节点接受该数据区块，并在该区块的末尾制造新的区块以延长该链条，而将被接受区块的随机哈希值视为先于新区块的随机哈希值。

如果交易节点与其他节点无连接的新节点，那么比特币系统通常会将一组长期稳定运行的"种子节点"推荐给新节点建立连接，或者推荐至少一个节点连接到新节点。此外，交易数据广播时，并不需要全部节点都接收到，而是只要足够读懂二节点做出响应即可整合进入区块账本中，未接收到的特定交易数据的节点则可向邻近节点请求下载该缺失的交易数据。

3. 数据验证机制

P2P 网络中的每个节点都时刻监听比特币网络中广播的数据与新区块。节点接收到邻近节点发来的数据后，将首先验证该数据的有效性。如果数据有效，则按照接收顺序为新数据建立存储池以暂存尚未记入区块的有效数据，同时继续向邻近节点转发；如果数据无效，则立即废弃该数据，从而保证无效数据不会在区块链网络中继续传播。

由网络层设计机理可见，区块链是典型的分布式数据库。全网数据同时存储于去中心化系统的所有节点上，即使部分节点失效，只要仍存在一个正常运行的节点，区块链主链数据就可完全恢复而不会影响后续区块数据的记录与更新。这种高度分散化的区块存储模式与云存储模式的区别在于，后者是基于中心化结构基础上的多重存储和多重数据备份模式，即"多中心化"模式；而前者则是完全"去中心化"的存储模式，具有更高的数据安全性。

10.2.3　共识层

区块链技术的核心优势之一就是能够在决策权高度分散的去中心化系统中使得各个节点高效地针对区块数据的有效性达成共识。

早期的比特币区块链采用高度依赖节点算力的工作量证明共识机制来保证比特币网络分布式记账的一致性。随着区块链技术的发展，研究者提出了多种不依赖算力而能够达成共识的机制，下面介绍 4 种主流共识机制。

（1）PoW 共识机制。中本聪在其比特币奠基性论文中设计了工作量证明（Proof of Work，PoW）共识机制，其核心思想是通过引入分布式节点的算力竞争来保证数据异质性和共识的安全性。在比特币系统中，各节点基于各自的算力相互竞争来共同解决一个求解复杂但验证容易的 SHA256 数学难题，最快解决该难题的节点将获得区块记账权和系统自动生成的比特币奖励。该数学难题可以表述为：根据当前难度值，通过搜索求解一个合适的随机数使得区块头各元数据的双 SHA256 哈希值小于等于目标哈希值。比特币系统通过灵活调整随机数搜索的难度值来控制区块的平均生成时间约为 10 分钟。

PoW 共识机制是具有重要意义的创新，其近乎完美地整合了比特币系统的货币发行、交易支付和验证等功能，并通过算力竞争保障了系统的安全性和去中心性。但 PoW 共识机制同时存在显著的缺陷，其强大算力造成的资源浪费历来为研究者所诟病，并且长达 10 分钟的交易确认时间相对不适合小额交易的商业应用。

（2）PoS 共识机制。PoS（Proof of Stake）共识是为了解决 PoW 共识机制的资源浪费和安全性缺陷而提出的替代方案。PoS 共识本质上是采用权益证明来代替 PoW 中的基于哈希算力的工作量的证明，是由系统中具有最高权益而非最高算力的节点来获得区块记账权。

权益体现为节点对特定数量货币的所有权，称为币龄或币天数。币是特定数量的币与其最后一次交易的时间长度的乘积，每次交易都将会消耗掉特定数量的币龄。采用 PoS 共识机制的系统在特定时间点上的币龄总数是有限的，长期持币者更倾向于拥有更多币龄，因此币龄可视为其在 PoS 系统中的权益。PoS 共识过程仅依靠内部币龄和权益而不需要消耗外部算力和资源，从根本上解决了 PoW 共识机制算力浪费的问题，并且能够在一定程度上缩短达成共识的时间，因而在比特币之后的许多竞争币都采用了 PoS 共识机制。

（3）DPoS 共识机制。DPoS（Delegated Proof of Stake）共识机制的基本思路类似于"董事会决策"，即系统中每个股东节点可以将其持有的股份权益作为选票授予一个代表，获得票数最多且愿意称为代表的前 101 个节点将进入"董事会"，按照既定的时间表轮流对交易进行打包结算并且签署（即生产）一个新区块。在每个区块被签署之前，必须先验证前一个区块已经被受信任的代表节点所签署。"董事会"的授权代表节点可以从每笔交易的手续费中获得收入，同时要成为授权代表节点必须缴纳一定的保证金。在 DPoS 共识机制中，每个节点都能够自主决定其信任的授权节点且由这些节点轮流记账生成新区块，因而大幅减少了参与验证和记账的节点数量，从而实现快速共识验证。

（4）PBFT 共识机制。PBFT 是 Practical Byzantine Fault Tolerance 的缩写，意为实用拜占庭容错算法。该算法由 Miguel Castro 和 Barbara Liskov 于 1999 年提出，解决了原始拜占庭容错算法效率不高的问题，将算法复杂度由指数级降低到多项式级，使得拜占庭容错算法在实际系统应用中变得可行。PBFT 在保证可用性和安全性的前提下，提供了 $(n-1)/3$ 的容错性，意思是如果系统内有 n 台机子，那么系统最多能容忍的故障节点为 $(n-1)/3$ 个。

10.2.4 激励层

区块链共识过程通过汇聚大规模共识节点的算力资源来实现共享区块链账本的数据验证和记账工作，因而其本质是一种共识节点的任务众包过程。去中心化系统中的共识节点本是自利的，最大化自身收益是其参与数据验证和记账的根本目标。因此，必须设立激励相容的合理众包机制，使得共识节点最大化自身收益的个体理性行为与保障去中心化区块链系统的安全和有效性的整体目标相吻合。区块链系统通过设计适度的经济激励机制并与共识过程相集成，汇聚大规模的节点参与并形成了对区块链历史的稳定共识。下面以比特币为例介绍区块链激励层的内容。

1. 发行机制

比特币系统中每个区块发行比特币的数量是随着时间阶梯性递减的。创世区块的每个区块将发行 50 个比特币奖励给该区块的记账者，此后每隔约 4 年（21 万个区块）每区块发行比特币的数量降低一半，以此类推，一直到比特币的数量稳定在 2100 万为止。比特币的交易过程中会产生手续费，目前默认手续费是万分之一个比特币，这部分费用也会记入区块并奖励给记账者。这两部分费用将会封装在每个区块的第一个交易中。虽然现在每个区块的总手续费相比于新发行比特币来说规模很小，但随着未来比特币发行数量的逐步减少甚至停止发行，手续费将成为驱动节点共识和记账的主要动力。同时，手续费还可以防止大量微额交易对比特币网络发起的"粉尘"攻击，起到保障安全的作用。

2. 分配机制

在比特币系统中，大量的小算力节点通常会选择加入矿池，通过相互合作汇集算力来提高"挖"到新区块的概率，并共享该区块的比特币和手续费奖励。据统计，目前已经存在 13 种不同的分配机制。主流矿池通常采用 PPLNS、PPS 和 PROP 等机制。矿池将各节点贡献的算力按比例划分成不同的股份，其中 PPLNS 机制是指发现区块后，各合作节点根据其在最后 N 个股份内贡献的实际股份比例来分配区块中的比特币；PPS 则直接根据股份比例为各节点估算和支付一个固定的理论收益，采用此方式的矿池将会适度收取手续费来弥补其为各节点承担的收益不确定性风险；而 PROP 机制则根据节点贡献的股份按比例地分配比特币。矿池的出现是对比特币和区块链去中心化趋势的潜在威胁，如何设计合理的分配机制引导各节点合理地运作，避免出现因算力过度集中而导致的安全性问题是目前亟待解决的研究问题。

10.2.5 合约层

合约层封装区块链系统的各类脚本代码、算法以及由此生成的更为复杂的智能合约。下面将以比特币脚本为例，从技术角度简述合约层的基本技术和方法。

比特币采用一种简单的、基于堆栈的、从左到右处理的脚本语言，而一个脚本本质上是附着在比特币交易上的一组指令的列表。比特币交易依赖于两类脚本来加以验证，即锁定脚本和解锁脚本，二者的不同组合可在比特币交易中衍生出无限数量的控制条件。其中，锁定脚本是附着在交易输出值上的"障碍"，规定以后花费这笔交易输出的条件；而解锁脚本则是满足被锁定脚本在一个输出上设定的花费条件的脚本，同时它将允许输出被消费。

比特币脚本系统可以实现灵活的交易控制。如通过规定某个时间段作为解锁条件，可以实现延时支付；通过规定接受者和担保人必须共同私钥签名才能支配一笔比特币，可以实现担保交易等。比特币脚本是智能合约的雏形，催生了人类历史上第一种可编程的全球性货币。

10.3 数字货币

10.3.1 数字货币概述

1. 数字货币的概念

数字货币属于非实物货币。非实物货币是区分于实物货币的一个概念，是指不存在于现实世界,不以物理介质为载体的货币形式,数字货币是虚拟货币的一种,其基于节点网络并采用了数字加密算法,具有去中心化、总量稳定和价格剧烈波动的特征。由于来自于开放的算法,数字货币没有发行主体。另外,由于算法解的数量确定,数字货币的总量固定。数字货币价格波动剧烈,难以作为交易媒介,如比特币价格涨跌幅可以在 22 天内达到 60%。

2. 数字货币的发展概况

目前,绝大多数数字货币的体量都很小,数字货币市场仍然以比特币为主,其交易数据等信息也比较容易获取,而体量较小的数字货币则很难获得相关交易数据。市场上各类数字货币的发展呈现出以下特征:①数字货币种类间的市值差异非常大,比特币占据绝对的比重;②市值排名变化剧烈,这与各类数字货币的发展情况相关;③价格波动大,这也是数字货币本身所固有的特征。

现阶段的数字货币更像是一种投资产品,但因为目前缺乏强有力的担保机构维护其价格的稳定,所以其作为价值尺度的作用还未显现,无法履行支付手段的职能。数字货币的发展离不开交易平台、运营公司和投资者。目前,数字货币的运行模式有以下两方面的特点:①在支付结算模式发明方面,它不依赖于第三方的中介机构。以比特币为例,其本质是一个公开可查的、由整个分布式网络维护的数字总账,这个总账称为"区块链",在这个区块链里,记录了交易日期、交易时间等所有信息,网络中的每个节点都拥有区块链的完整副本,无法伪造或双重支付。同时,比特币利用信息技术构建了分布式传导网络,提升了价值传输的效率。②在发行或生产方面,比特币的生产又被称为"挖矿",根据比特币的设计框架,其总量是一定的,对矿机计算能力的要求越来越高,"挖矿"的难度也越来越大,这意味着比特币的供给量增速将不断降低。

10.3.2 数字货币的争议

1. 可信任性

作为一种虚拟货币,数字货币价格的大幅涨跌现象引发了对于数字货币可信任性的探讨。数字货币每次的巨额涨幅都吸引了大量投资者的涌入,但是价格的突然下跌可能又会使很多人认为数字货币不过是一场经济泡沫。在这一点上,即使是支持数字货币发展的学者也认为这是影响其健康发展的一大诟病。关于数字货币是否值得信任,以及如何正确对待其投资风险的问题,大多数学者的态度是不乐观的。

随着数字货币创新性应用的推广,其信用将随着全球使用人数、范围以及影响力的增加而逐步提升。至于数字货币的价值短期内是否存在溢价以及长期中的走势等问题,谁都不能精准预测。但是可以预见的是,国际上对数字货币治理能力的增强将使数字货币的可信任度有所增强。

2. 安全性

从消费者的角度来看,数字货币的安全性是决定其能否被接受的重要影响因素。一方面，由于数字货币是一种基于网络节点的安全算法，可以认为它的交易过程是足够安全的；但另一方面，由于网络本身的缺陷，数字货币的安全性仍然是一个很大的问题，这种安全风险可能来自于技术和管理两方面。从政府的金融体系角度出发，一个重要的问题就是对当前金融体系的冲击，许多学者认为数字货币交易的匿名性和相对现有金融体系的独立性非常容易被用于从事非法交易。

任何技术的安全性都是相对的。虽然数字货币存在一定的安全隐患，但是从其自身交易机制不难看出其本身的安全级别高于其他虚拟货币。虽然数字货币对金融体系的冲击需要提前防范，但如果从创新和发展的角度考虑，可以将其看作是促进传统金融体系做出相应调整和改革的激励，转而成为金融体系提升和改进的机遇。

3. 能否成为真正的货币

如果仅就货币的基本职能来考虑，那么数字货币是可以实现货币的所有基本职能的，尤其是作为储藏手段和世界货币的优势更加突出。就实际情况来看，数字货币能否发展成为真正的货币仍然存在很多争议。有人认为，数字货币不是由货币当局发行，所以不具有法制性与强制性；另外，数字货币缺乏必要的信任基础，不能反映特定的社会生产关系，缺乏货币资产所需的安全保障，因此数字货币不能成为真正的货币。

在市场上，已经有少数商家或者机构接受通过数字货币来进行支付，不过目前为止，还没有任何国家和政府承认数字货币的合法性，最多就是将其作为一种支付手段或者是一种可自由交换的虚拟商品。

4. 数字货币的展望

2015 年英格兰银行发布的一份研究报告认为，金融业正在被技术改变。作为金融科技的重要组成部分，数字货币的出现是技术进步推动下的产物。数字货币的发展使得：①支付结算体系更为快捷、经济和安全；②抵押品物权数字化，使得抵押贷款申请流程实现自动化；③票据金融和供应链金融的数字化减少了人工成本，提高了安全度且使得程序更加透明化等。

除了这些积极影响，数字货币的发展也存在许多负面影响：①在理论和实践上都对传统货币体系造成了冲击，不仅影响中央银行的宏观调控能力，而且还影响政府的财政收入；②数字货币可能会威胁金融稳定，数字货币衍生的金融工具缺乏监管，也可能会进一步放大风险；③数字货币因其匿名性和不受地域限制的特点还可能被用于恐怖融资和洗钱活动；④数字货币的安全性还有待进一步完善，因数字货币的使用者一般将其储存在移动设备、计算机或在线钱包中，所以一旦其设备丢失或损坏，用户就会面临丢失财产的风险。

10.3.3 数字货币的监管

发行数字货币是一把"双刃剑"，如果没有对数字货币系统的管理风险和技术风险进行全面排查和通盘考虑，那么一旦数字货币系统出现管理缺陷或安全漏洞，将危及整个国家货币金融体系的安全,因此对数字货币进行审慎监管非常必要。

10.4 分布式账本

分布式账本技术是基于区块链去中心化共识机制运作的点对点资产数据库,具有去信用、不可篡改、安全性强和可追溯等特点。

10.4.1 技术概述

1. 内涵

账本是商业运行的核心要素,用以记录商品的种类、数量和价格等相关信息,同时也是经营者做出经济决策和监管者实行监管职能的重要依据。这些数据记录的介质在人类科技发展和时代需求的推动下不断进化。长久以来,数据的电子化是在这个领域的唯一显著的创新发明,将纸质数据变成电子数据并通过程序简单记录在存储介质中。区块链的出现标志着以计算机算法进行自维护的数字化智能账本问世。区块链技术下的分布式账本无论是在安全性还是在易用性上都远超传统账本结构。

分布式账本是一个允许用户在多个接入点,地理位置组成的区块链网络中进行点对点交易的资产数据库。该网络的参与者可以获得一个由共识协议生成的一个真实账本的副本并且具有唯一性。账本中的任何一个改动都需要经全体接入网络的用户进行多数确认后才会被记录,而账本中的记录变化会体现在任何一个对应的副本中,一般情况下完成这一过程需要数秒,至多也就几分钟。任何实体资产、虚拟资产和其他在金融和法律上加以定义的资产都可以通过使用分布式账本来进行存储。账本使用公钥、私钥和签名来控制对账本资产信息的访问,从而保证了账本记录的安全性和准确性,从密码学的角度为账本加上了保险。通过对网络基本构成元素智能合约的修改和定义共识机制,可赋予指定人、团体或集团对资产进行修改的权限。

2. 基本特征

分布式账本技术是一种安全的共享型数据库,其基本特征包括去中介、安全性和可追溯性。

(1) 去中介。当前的跨境支付时间长、费用高,又必须通过多重中间环节,收款人与付款人之间拥有一个可信任的中介角色在现金的跨境交易中显得极其重要,但由于每个国家的清算程序不同,作为中介的银行等机构限制了直通式的交易进程,导致每笔汇款到账速度慢,存在运营风险且持续导致市场环境分布不均。此外,每一笔汇款所需的中间环节还需要支付大量的手续费,这些都成为跨境支付的瓶颈。引入分布式账本技术意味着各金融机构将协作、维护以及共享同一账本,可削弱现有中介的控制作用,且不需要任何中央银行数据管理系统的介入,这将形成点对点直通式的、成本低廉的跨境支付过程,实现"交易即结算",加快结算与清算速度,大大提高交易效率以及资金的利用效率。

(2)安全性。分布式账本技术的安全性可归纳为两个部分。①共识协议的安全性。分布式账本的形成是依靠网络内各节点就交易数据或拟定交易的价值达成一致,并就此对账本进行更新的过程,其共识协议的安全性、可靠性也至关重要。②不可篡改性。分布式账本技术基于计算机算法,当某一部分被修改时,网络中的节点可以通过数学算法迅速甄别,如果系统中发现两个账本的信息对不上,那么它就认为拥有相同账本数量较多节点的版本才是真实的版本,系统会自动舍弃那些少部分不一致的节点账本。这也就意味着如果要篡改分布式账本中的数据内容,除非能够控制整个系统中的大部分节点,否则根本无法篡改。因此,分布式账本实际上是很难被攻击的,因为它不利用单一的数据库存储数据信息,而是每个节点都具有相同的账本副本,"黑客"的攻击必须同时针对所有副本才能生效。

(3)可追溯性。数据的可追溯性问题在过去和当下都是由中介机构解决的,它自身不掌握任何数据,因而无法确保提供信息的真实性,而基于分布式账本技术的分布式共享数据库,其点对点价值转移的去中心化特性,使所有信息被公开地记录在这个"公共账本"上。由于数据不能被篡改,因而从根本上避免了数据真实性的问题,从而多被使用于交易溯源及供应链溯源等应用场景。

10.4.2 分布式账本的展望

1. 发展现状

从科技发展的一般规律而言,分布式账本技术仍处于发展早期,人们接受它还需要一个过程。但是等到技术真正成熟的时候,机遇可能就已经过去了,因此许多商业应用已加速落地。目前,仅就金融领域而言,花旗、德意志、巴克莱等全球领先银行和投行不仅纷纷在分布式账本领域布局,同时还通过组建联盟试图抢占先机,特别是规则制定。

互联网在其发展的过程中,先后经历了试验网络、基础架构和协议、商业应用和大规模普及4个时期,每个时期都花费了10年左右的时间。作为前所未有的大规模协作网络,分布式账本网络的发展可能也要经历这4个阶段。客观来看,虽然超级账本、以太坊等开源项目在基础协议和框架方面已经进行了诸多探索,并取得了重要成果,但在可扩展性、多账本系统互联和与已有业务平台的相互操作性等方面还存在不足。同时,商业应用的广度和深度仍需经历实践的考验。但毫无疑问,分布式账本技术将会为金融行业创造新的发展机遇。

2. 监管

基于区块链运行的分布式账本技术为金融活动降低了不确定性,同时也确保了该系统的高度安全。该技术在金融领域的应用必然会带来全行业运行效率的提升和运营成本的降低。但在分布式账本技术带来益处的同时,在监管不到位的情况下有可能会诱发系统性风险或引发市场失灵。因此，应制定相应的监管方式妥善推进分布式账本的应用。

（1）制定法律规则进行监管。政府对分布式账本技术服务实施"准入制"，即将需要承担的法律义务施加给分布式账本服务的提供方。因为分布式账本技术是基于区块链开发的，其底层一般是比特币网络这样算力巨大且安全性高的区块链，而这些区块链不归属于任何一个国家，也没有任何一个单一的法律实体对其进行控制，因此对底层区块链节点进行监管的难度非常大，政府应将监管的重点放在分布式账本服务的提供商上。

（2）制定技术规则进行监管。目前，分布式账本底层区块链的相关技术规则的制定主要通过以下方式进行：智能合约涉及的技术规则由私人通过非制度化的程序制定，经全网多数同意后广播并同步执行，这些技术规则包含软件、协议等。政府若想以技术规划制定者的身份参与其中，则需要以准入机制为基础，提前制定好相关协议和编写"许可证"证明，打包发布为智能合约并在区块链网络运行前在全网广播并得到多数认可，即可对这一区块链网络享有一定的控制权。在网络技术高速发展的今天，政府不仅要适应时代的发展及时制定相关法律法规，还要拥有自己的技术团队，以便制定针对性的技术规则和编写智能合约，发挥"组合拳"的效果，实现监管目标。

10.5 公有链、联盟链与私有链

10.5.1 公有链

公有链也可称为公共区块链，是指所有人都可以参与的区块链，即它是公平公开，所有人可自由访问、发送、接收、认证交易的区块链。目前区块链公有链系统主要有两种，一种是比特币，即点对点电子现金系统。在这个系统中，只要加入比特币的链中，就可以参与打包区块和转账等交易，当打包或者交易完成之后，信息就会在整个链上广播。参与者按照系统规则自由接入，因而不受控制，节点之间基于共识展开工作。另一种是以以太坊为代表的智能合约和去中心化应用平台。以太坊是从比特币的区块链架构独立出来的，但以太坊有两种用户：一种是外部账户，另一种是合约账户。外部账户就是普通的用户，只能显示自己的账户余额，合约账户是有针对自己需求的合约，有完整的代码、合约执行情况等详细数据。

公有链的验证节点遍布世界各地，所有人共同参与记账、共同维护区块链上的所有交易数据。公有链能够稳定运行，得益于特定的共识机制，如比特币块链依赖工作量证明（PoW）、以太坊目前依赖权益证明（PoS）等。

公有链的优点包括：①所有交易数据公开、透明。虽然公有链上所有节点是匿名加入网络，但任何节点都可以查看其他节点的账户余额以及交易活动。②无法篡改。公有链是高度去中心化的分布式账本，篡改交易数据几乎不可能实现，除非篡改者控制了全网 51% 的算力，以及拥有超过 5 亿人民币的运作资金。

公有链的缺点包括：①较低的吞吐量（TPS）。高度去中心化和低吞吐量是公有链不得不面对的两难境地，如比特币每秒只能处理 7 笔交易信息（按照每笔交易大小为 250 字节），高峰期能处理的交易笔数则更低。②交易速度缓慢。低吞吐量必然会带来缓慢的交易速度。比特币网络极度拥堵，有时一笔交易可能需要较长时间才能处理完毕。

10.5.2 联盟链

联盟链介于私有链和公有链之间，是一种需要注册许可的区块链，仅限于联盟中具有权限的成员参与账本的读写，网络中节点的角色和功能预先设定，且网络中的共识、运维和接入均由预先设定的节点控制。

联盟链对特定的组织团体开放，具有准入机制。联盟区块链是特殊的区块链，它建立在一定数目的预选认证节点上。联盟链的使用群体主要是银行、保险、证券、商业协会、集团企业及上下游企业，一般来说，联盟链适用于跨机构的交易、结算、协同办公及存证等 B2B 场景。目前的联盟链形态，更多以分布式账本为主，通过区块链的分布式账本和共识合约来解决多个参与方交互信任问题。

联盟链的几种代表性应用场景包括金融支付、供应链金融和财产保险等。

（1）金融支付。以金融领域的结算和清算为例，全球每年涉及各种类型的金融交易高达 18 万亿美元，由于交易双方互不信任，金融机构需要通过处于中心位置的清算结构来完成资产清算和账本的确认。这类涉及多个交易主体且互不信任的应用场景就非常适合使用联盟链。原则上，可以直接在金融机构之间建立联盟链，机构之间只需要共同维护同一个联盟区块链，即可实现资产的转移和交易。

（2）供应链金融。供应链金融是将供应链上的核心企业以及与其相关的上下游企业看作一个整体，以核心企业为依托，以真实贸易为前提，对供应链上下游企业提供综合性金融产品和服务。联盟链的信任传递，可以很好地解决供应链金融上下游企业信用缺乏的问题，让优质核心企业将闲置的信用额度传递给中小企业，实现整个链条上的信任流通。

（3）财产保险。联盟链可以减少用户提供理赔资料和证明的负担，如果资产可以智能化地嵌入合约，那么资产就具备自动启动理赔流程的能力，甚至可以实现自动化理赔，大幅加速理赔过程，改善用户体验，甚至可以在联盟成员之间进行合理的数据共享，有效地实现发现和排除保险欺诈等问题。

10.5.3 私有链

私有链一般在一个企业或者组织内部使用，参与的节点只有内部用户本身，系统的运作规则根据企业自身需求而设定，对私有链的修改、读取都有着严格的限制。私有链可以理解为将区块链的共识机制、交易验证和数据读写等行为限制在一定范围内的区块链，其作用与企业数据库相似，仅对特定的主体开放，外部无法访问。私有链仍保持着区块链的真实性和部分去中心化的特性。但从本质上来说，这不是一个完全公开的、不受控制的区块链，而是一个访问权限受到严格控制，只有少数用户具有修改权限或阅读限制的区块链系统，同时它仍然保持区块链的真实性和去中心化特性。

私有链的应用场景一般在企业内部，如数据库管理和审计等，也有一些比较特殊的组织情况，比如公共事业领域一些政府的预算和执行，或者是政府做的行业统计数据，这个一般由政府登记，但公众有权力监督。私有链的价值主要是提供安全、可追溯、不可篡改且自动执行的运算平台，可以同时防范来自内部和外部的安全攻击，这些在传统系统中很难做到。

10.6 区块链即服务

区块链即服务（Blockchain as a Service，BaaS），是指利用区块链产生的数据，提供基于区块链的搜索查询、任务提交等一系列操作服务。

然而，区块链技术的开发、研究与测试工作涉及多个系统，时间、资金和成本等问题也成为制约区块链技术应用发展的关键因素。若利用云计算平台搭建测试环境，上述问题将迎刃而解。同时，云计算与区块链两项技术融合发展，进一步催生出一个新的云服务市场——区块链即服务（BaaS）。这既加速了区块链技术在多领域的应用拓展，又为云服务市场带来了变革发展。

区块链与云计算的紧密结合，促进区块链即服务成为公共信任基础设施，形成将区块链技术框架嵌入云计算平台的结合发展趋势。其中，以联盟链为代表的区块链企业平台需要利用云设施来完善区块链的生态环境；以公有链为代表的区块链更需要为去中心化应用提供稳定可靠的云计算平台。区块链与云计算两项技术的融合，满足各行业、各领域区块链技术相关参与企业和开发人员的需求，实现快速搭建、部署、测试和拆除环境，降低部署的时间和人力成本。同时，提供各种不同级别服务能力区块链即服务的出现，为云服务市场带来新的盈利点。

区块链和云计算两项技术的结合，一方面利用了云计算已有的基础服务设施根据实际需求做出了相应改变，实现了开发应用流程的加速，满足了未来在区块链生态系统中，初创企业、学术机构、开源机构、联盟和金融等机构对区块链应用的需求；另一方面，对于云计算来说，"可信、可靠、可控制"是其发展必须要翻越的"三座大山"，而区块链技术以去中心化、匿名性以及数据的不可篡改为主要特征，这与云计算的长期发展不谋而合。

【思考题】

1. 请简要说明区块链技术的主要特征。
2. 分布式账本有哪些潜在的应用场景？
3. BaaS 与 SaaS 有哪些相似和不同之处？

Chapter 11

金融科技监管

11.1 金融科技监管基础

11.1.1 金融监管理论

金融科技监管即是对金融科技行业进行的监管。金融科技作为一种全新的业务模式，许多新兴的业务开展难免会触及现有的政策法规和监管框架，在金融科技的发展与合规性之间也难免会存在一些矛盾，因此，探索合适的监管模式以更好地实现两者之间的平衡尤为重要。

随着金融的不断发展，金融监管的理论也在不断革新，代表性的理论观点包括以下3类。

（1）强调约束的金融监管理论。强调约束的金融监管理论主要是从金融系统存在的缺陷出发，指出金融监管的必要性，本部分主要介绍公共利益监管理论和金融脆弱监管理论。

公共利益监管理论产生于20世纪30年代经济危机发生之后，该理论的提出是为了说明加强政府监管的合理性。公共利益监管理论认为，市场在金融体系运作的过程中也同样存在着失灵和低效率的情况，比如存在外部性和信息不对称问题等，这些都会对金融市场的正常运行产生不利影响。

金融部门参与金融活动会从自身的利益最大化出发，通过政府对金融科技进行监管则可以从公共利益最大化出发，维护社会利益，从而实现有限资源的优化配置。

金融脆弱监管理论源于金融不稳定假说，该假说认为由于信用机构的不完善以及金融系统参与主体存在异质性等，使得金融体系具有天生的内在不稳定性，这是导致金融危机爆发的一个重要因素。正是由于金融系统具有天生的脆弱性，对金融体系进行监管就显得尤为重要，对金融体系监管的重点就在于加强对信息的管理，使得社会对金融体系有更强的信心。

（2）注重效率的金融监管理论。注重效率的金融监管理论侧重于分析金融监管中存在的问题，本部分主要介绍集团利益理论和金融监管失灵理论。

集团利益理论认为，行业监管并没有建立在公共利益基础之上，不同监管主体的监管目的是不同的。金融监管的目的不是为了实现社会最广泛的公众利益，而是服务于实现特定利益主体的特殊利益，由此会出现不同利益集团之间的竞争。

金融监管失灵理论主要包括管制供求理论和管制寻租理论等。该理论认为，政府管制经济的行为容易产生寻租、设租和避租等行为，导致监管效率降低和社会资源的浪费。管制机构起初能独立运用管制权利，随着被监管方对现有监管立法程序逐渐熟悉，被监管机构会试图影响立法程序，为自己带来更高收益，由此便会造成金融监管的失灵。

（3）规则引导的金融监管理论。规则引导的金融监管理论从金融体系的基本功能出发进行论述，本部分主要介绍功能监管理论和激励监管理论。

功能监管理论是指基于金融体系基本功能而设计的更具联系性和一致性的监管政策，

并能实施跨产品、跨机构和跨市场协调的监管。在这一监管框架下，政府公共政策关注的是金融机构的业务活动及其所能发挥的功能，而不是关注金融机构的分类和名称，其目标是要在功能给定的情况下，寻找能够最有效实现既定功能的制度结构。

激励监管理论将激励概念引入监管分析，并把监管问题作为最优机制设计问题来考虑。考虑在目标不一致和信息分散化的条件下，监管者如何设计一套机制来约束被监管者。金融监管当局提供监管的激励不足是导致资本监管效率低下的主要原因。从激励角度考虑监管者是正确理解监管历史和未来的关键点。

金融监管的目的在于通过降低金融机构的风险以增加社会福利，金融监管的发展与金融历史的发展密切相关。为了解决市场中的危机，维持市场稳定需要对金融监管进一步深化和完善，在不断的试错与调整中，寻求经济效用与金融安全的平衡。监管的重点正逐渐由维护货币职能向维持整个市场的稳健有序转变，并且监管领域也在银行业和证券业这些传统领域的基础上，随着市场上新金融产品的出现而不断扩张和外延。根据"规避监管理论"，金融监管和金融机构的监管套利互相促进，进而实现革新。到目前为止，还只是一些理论性的框架在约束金融机构的行为，在技术层面并未有很好的应用和更新，这导致了在金融机构运用科学技术进行业务改造和提升的过程中，极易出现一些监管空白的领域，从而出现凭借监管套利获取超额利润的现象，所以当前的金融监管急需进一步革新。

11.1.2 金融科技监管风险

目前，金融科技监管也暴露了一些风险，如算法风险、交易风险、信息泄露风险和伦理道德风险。

1. 算法风险

算法风险是金融科技发展过程中暴露出来的一个日益严峻的风险。算法包括算法安全、算法可解释性以及算法决策3部分，相应地，算法风险也分为算法安全风险、算法可解释性风险以及算法决策风险。

（1）算法安全风险。算法安全风险产生的原因主要是：①算法存在泄露的风险。如果算法的模型参数被泄露，那么恶意第三方就有可能复制该算法，造成损失。②算法在许多场景下的应用都与人身安全息息相关，比如医疗领域和自动驾驶领域等。一旦这些领域内的算法遭到泄露，那么人身权益将会被直接侵害，造成的后果可能难以挽回。

一旦算法出现安全风险，对算法的开发者和用户都会造成损失。对于算法的开发者而言，在算法泄露之后，第三方可以在不支付成本的情况下为用户提供价格更低的产品，这无疑会给算法的开发者带来商业损失。对于算法用户而言，用户的许多个人数据可能都包含在算法之中，一旦发生泄露，将使得用户数据丢失，如果数据被非法分子获取控制，还很有可能会将用户置于危险之中。此外，如果算法发生泄露，还可能会造成算法完整性的缺失，使算法的执行不再可靠，进而给用户和开发者带来损失。

（2）算法可解释性风险。依据2017年美国加州大学伯克利分校发布的《对人工智能系统挑战的伯克利观点》，将算法的可解释性理解为"解释人工智能算法输入的某些特性引起的某个特定输出结果的原因"。算法可解释性之所以会产生风险，是因为不同变量之间的关系容易纠缠不清，进而造成算法难以理解与解释。

算法的不可解释性直接影响了人类对算法的安全感、信赖感以及认同度。算法的复杂性使得开发者与用户之间容易出现信息不对称。另外，算法的不可解释性造成了算法在实施过程中存在难以避免的歧视，并且这种歧视是不透明的，极易造成用户体验的下降。

（3）算法决策风险。算法决策风险主要体现在算法结果的不可预见性上。随着计算能力的不断攀升，借助于相关技术能够轻易地去尝试人类以前从未考虑过的解决方案。具体来说就是，尽管产品是人类开发者设计的，但是受限于自身的认知能力，研发者无法预计其所研发的智能产品会做出什么样的决策以及会产生什么样的结果。我们不得不考虑某种产品做出的一些可能决策，以及可能产生的破坏性极大的结果。

算法决策风险最大的威胁是当前人类尚难以理解其决策行为所存在的未来失控的风险，而一旦失控后果将非常严重。是否应该在算法出现难以预料的偏差的时候，引入算法终结程序是应对算法决策风险时应该考虑的一个重要问题。

2. 交易风险

交易风险主要是针对以比特币为代表的加密（虚拟）货币而言的。虚拟货币最大的特点就是其虚拟性，即不通过中央银行或第三方中介机构交易和发行，即去中心化。作为金融创新工具，虚拟货币创造了一种新的支付模式。关于其应用前景，虽然有很多专家认为虚拟货币并不会作为交易支付手段，但是它们在特定的领域或区域内，作为支付手段未尝不可。虽然当前虚拟货币对全球金融市场尚未造成明显影响，但风险可能随之而来。下面从几方面来展开具体论述。

（1）洗钱风险。加密货币最直接的风险就是洗钱问题。因为使用点对点交易，所以金钱来源的追溯会变得非常困难。无论是数字加密货币，还是数字加密货币交易所，均以交易活动为中心。这就有可能使不法分子利用比特币等数字加密货币所具有的匿名、隐蔽与能够实现快速跨境支付交易的特征，以及大部分国家的法律对其定位较为模糊的现状，通过数字加密货币交易从事洗钱和恐怖融资活动。

近年来，国际上利用加密货币进行洗钱的非法活动时有发生。2018年3月，巴西侦破该国首起利用虚拟货币洗钱的犯罪案件，该案给巴西国家财政造成至少7300万雷亚尔（约合1.4亿元人民币）的损失。2018年7月，比特币场外交易平台运营商Bitcoin Maven因通过比特币交易为毒品销售洗钱而入狱。犯罪分子利用数字加密货币交易从事洗钱犯罪活动加剧了市场的不稳定性，给交易者带来了损害。

（2）平台风险。关于虚拟货币的交易平台，目前世界各国仍存在监管法律空白、责任主体不清等问题，很容易引发较大的资产损失风险。其中，尤其要重视违法人员利用比特币平台隐匿财产的问题，如果违法人员使用比特币来储存财产，并用比特币期货来对冲，那么随时随地可以取现，并且能够避开政府监管，这将会造成金融体系的混乱。另外，首先要注意的是，交易平台存在停业、破产甚至"跑路"的可能，会给用户带来极大的损失。其次是要考虑到交易平台本身真实性的问题，许多交易平台本身可能就存在欺诈风险，比如一些交易平台的ICO项目打着区块链和数字货币的名目虚构项目募集资金。对信息缺乏甄别能力的用户有可能将资金投放到此类虚假平台，导致资金被套牢，并遭受损失。

（3）犯罪风险。虚拟货币因其匿名性、去中心化的特点使得人们可以通过互联网匿名完成支付，从而被犯罪分子作为赌博、恐怖主义等非法活动的工具，赌博交易金额占比特币所有交易的50%以上。另外，在很长一段时间内，大多数国家和地区对虚拟货币都保持着开放、包容的态度，火热的炒作导致虚拟货币的价格水涨船高，也使其成了各类网络"黑客"攻击、窃取的对象。由于虚拟货币的监管缺失造成的犯罪活动的增加，不仅影响了金融领域的稳定，也对社会的稳定运行造成了巨大的冲击。

3. 信息泄露风险

IDC公司的预测数据显示，全球数据量将由2016年的16.1ZB增长至2025年的163.0ZB，年复合增长率达到29.3%，人类正处在一个前所未有的信息爆炸时代。对个人来说，基于互联网技术所产生的智能设备能够将用户产生的点滴数据进行记录，使得个人用户的数据量迅猛增长，并由此形成个人的消费习惯和行为轨迹等重要信息。信息科技的发展便利了人们的生产生活，但电子化存储的个人信息却存在极大的泄露风险，以及被不正当收集、使用和共享的问题。

信息的泄露对于个人资产的安全会造成严重的威胁。尤其是用户金融信息的泄露，很有可能会被某些不法分子用于某些非法目的。信息的泄露可能会使得信息被用于社会生活的方方面面，特别是当信息的泄露涉及大规模的金融机构时，情况可能尤为严重，甚至会引发社会的恐慌，下面介绍几个具体案例。

（1）系统缺陷。美国金融服务巨头Capital One在2018年3月泄露了近50.4GB的个人及企业数据，其主要原因是其服务供应商Birst公司设在云安全厂商UpGuard公司的Amazon Web Services S3存储桶未受保护。美国马里兰联合保险协会在2018年1月19日因一个内含IT运营重要敏感数据的联网存储设备通过开放端口与互联网连接，导致数千位用户的信息被泄露到网上。著名的跨境支付平台PayPal旗下移动支付服务程序Venmo App默认公开用户交易信息，引发数据安全问题，2018年7月某用户通过这一隐私策略查询了Venmo API并下载了该公司2017年所有的公开交易记录，总计2.08亿条。

（2）遭受攻击。2018年4月，美国航空公司Delta及零售百货公司Sears先后遭遇"黑客"入侵，导致数十万名用户的信用卡资料被泄露。2018年5月，加拿大蒙特利尔银行发表声明称遭到"黑客"勒索，入侵"黑客"警告称其已经访问了近9万名用户的账户及相关个人信息，这是加拿大金融系统近年来遭受的最大规模的网络攻击。2018年7月，智利政府发布消息称，某"黑客"盗取了智利约1.4万张信用卡的资料，并将用户信用卡卡号、有效期限及安全码等个人资料公布在社交媒体上，受攻击影响的银行包括桑坦德银行、伊塔乌银行、丰业银行和智利银行等大型商业银行。

（3）管理失效。2018年5月，澳大利亚第一大商业银行——澳大利亚联邦银行证实，其包含用户姓名、地址、账号和2000年至2016年的交易详情记录的两个存储磁带，在一次数据中心转运任务中被其分包商Fuji-Xerox丢失，其中至少存储有1200万名用户的银行交易数据。2018年4月，美国Sun Trust银行表示，一名离职员工通过与第三方合作，对公司的用户联系人名单进行了盗窃，名单包含的用户个人信息包括用户的姓名、地址、电话号码以及某些账户余额等，超过150万名用户的个人信息可能已经因此而遭到泄露。

4. 伦理道德风险

这里谈及的伦理道德风险，主要是针对人工智能在金融科技行业的应用而言的。人工智能日益广泛地被研发与应用，在为人类生活带来便利的同时，也在人身权益和隐私保护等方面构成了新型的伦理挑战。人工智能在金融科技领域内的应用中，应主要考虑以下几种风险。

（1）系统防御风险。系统防御风险如果爆发，将会带来非常大的损失，一般会导致整个人工智能系统和金融领域遭受不可挽回的损失，不管是系统防御风险形成的直接影响还是间接影响，都会给金融行业的发展带来重创。整个世界的金融行业发展已经和互联网技术融合在一起，人工智能技术的出现和应用，促使金融数据与人工智能更好地结合在了一起，人工智能被应用到金融领域中，从本质上来说其实是人工智能应用到了金融领域的数据资源中，通过人工智能对金融领域中的数据资源进行分析判断与预测，来为用户提供更需要的服务等，在金融行业与网络技术结合在一起的过程中，人工智能的出现是导致系统防御风险形成的原因之一。

（2）失控风险。阿尔法狗（AlphaGo）与李世石，以及后来与柯洁的"人机大战"，又一次使得人工智能的失控风险成为热点话题。如果人工智能在金融领域的应用中失控，那么将会导致整个金融体系的崩塌，造成的后果无法挽回。虽然这种情况发生的可能性很低，但是人们不得不做好充分的应对准备。关于人工智能的应用能否在最大限度上发挥其积极作用，很重要的一点取决于金融科技的生态是否健康，是否能为人工智能创建一个健全的宏观金融体系。

（3）歧视风险。人工智能的应用基于完整的算法，然而算法本身可能就是有偏见的，因而机器在接受这套算法时就存在了一定偏见甚至可以说是歧视，这与人类根深蒂固的观念也有关。有偏见的智能算法会导致各种各样的问题，如基于智能算法的自动智能决策可能会违反人类的道德习惯，甚至违反法律规范等。人工智能在金融科技领域内应用存在的歧视主要表现在贷款方面，如某些发展潜力好的企业可能会由于评价机制的不合理，而未能获得所需贷款，从而造成本身发展的迟滞。

11.2 国际实践

11.2.1 英国的实践

1. 英国金融科技的发展现状

一直以来，英国都是欧洲乃至整个世界重要的金融中心之一，英国政府在2008年金融危机后大力发展金融科技。英国金融科技企业主要业务为支付、借贷、投资和保险，并在各方面都取得了不错的成绩。2019年6月20日，英格兰银行发布了一份题为《未来金融：英国金融体系展望回顾及对英格兰银行的影响》的专题报告，报告中指出，数字化正推动金融产业的快速转型。在英国财政部、国际贸易部和英国金融创新协会（Innovate Finance）联合发布的一份题为《英国金融科技国家报告》（UK Fintech State of the Nation）的文件中，详细介绍了英国在金融科技领域的发展情况。报告显示：

（1）目前英国有超过1600家金融科技企业。预计到2030年这一数字将翻一番。

（2）英国的金融科技采用率为42%，而全球平均水平为33%。

（3）英国金融科技部门雇用了76500名员工。到2030年，预计这一数字将增加到105500。

（4）这些雇员中有42%来自英国以外的国家和地区。

（5）2018年，英国金融科技企业获得的总投资额达33亿美元。

这些数据显示，金融科技在英国蓬勃发展，并且有巨大的发展空间，正呈现出进一步发展的态势。

2. 英国的金融科技监管

英国是最早设置监管沙箱机制的国家，根据英国金融行为管理局（Financial Conduct Authority，FCA）的定义，监管沙箱即是一个安全的空间，企业可以在其中测试其创新产品、服务、商业模式和支付机制，而不会导致其遭受违反现有法规下的监管后果。即在另一个维度的监管空间中，可以对金融创新企业面临的监管障碍予以豁免。在监管沙箱机制下，通过监管机构、金融机构、金融创新企业与广泛的学界合作，可产生高度自动化和有效的"数据驱动"型（Data-Driven）监管体系，在推动金融创新的同时把控风险。

在英国，企业若想进入"监管沙箱"体系，首先需要向FCA提出申请，申请内容包括需要进行测试的新产品的服务情况等。然后FCA需要对申请进行审核，如果审核通过即有机会在该体系内进行相应测试。FCA需要与该企业达成相关协议，确定测试的机制等。当产品进入测试阶段时，FCA需要进行持续的监测，在测试完成时，需要形成并且提交完整的测试报告。最后一步就是将报告提交评估，确定该企业进行测试的产品或服务是否可以更广泛地应用。

监管沙箱机制是金融科技监管的一大创新，属于主观上金融监管模式的创新，在小区域内的试验减少了监管的不确定性，同时也保证了消费者的合法权益，这无疑加快了金融科技的发展。

11.2.2 美国的实践

1. 美国金融科技的发展现状

美国的金融行业在全球的金融行业中一直处于主导地位，金融科技自然也不甘落后。美国金融科技行业的发展起步比较早，近年来又成立了众多规模相对较小、定位清晰、技术先进、运营规范的金融科技企业。它们主要运用区块链技术和大数据等，把有限的数据如信用文件、收入、职业、雇主、学校、专业、地区生活指数和数字身份等做更加精准的信用评估，进而为用户提供更精准的服务。根据 Crunchbase 的数据，自 2016 年以来，美国金融科技初创企业已获得超过 156 亿美元的投资。2017 年获得的投资超过 70 亿美元，较前一年增长了 25%。美国的核心优势是底层技术创新，相较于其他国家，美国的金融市场比较成熟，消费者的基本金融需求满足度相对较高，不能获得金融服务的人群比较少。美国在金融科技发展方面的主要优势是创新和多元化，特别是在核心科技底层技术创新方面，具有全球领先的竞争优势。

2. 美国的金融科技监管

相对来说，美国是金融监管法律体系比较健全的国家，健全的法律保障体系维护了美国金融行业的稳定健康发展。

2011 年，美国根据《多德-弗兰克法案》，成立了消费者金融保护局（Consumer Financial Protection Bureau，CFPB），并明确了网络平台等放贷机构统一受 CFPB 的监管。为了让消费者享有公平透明的市场环境，2012 年，CFPB 启动了"催化剂"项目，通过发起"办公时间"计划、出台试验披露豁免政策与"无异议函"政策以及发起"研究启航"计划等举措，掌握金融科技与金融创新的动态，研判金融消费者面临的风险。2016 年，美国货币监理署（Office of Comptroller of Currency，OCC）发布了"负责任的创新"计划，称正在考虑成立金融创新办公室，以对金融科技企业的产品进行审核，评估新产品在网络安全、经营风险等方面是否符合监管标准。2016 年 5 月，P2P 平台 Lending Club⊖的贷款销售违规事件发生后，美国监管部门开始加强对网贷平台和金融科技企业的管理。2017 年 1 月 13 日，美国国家经济委员会发布了金融科技白皮书。该白皮书阐述了美国对金融科技监管的目标、基本原则及具体策略。从目标来看，白皮书旨在鼓励金融科技的创新型发展，发展普惠金融；就基本原则而言，白皮书倡导保护金融消费者的权益，增强金融服务透明度，避免技术标准与可操作性冲突。2017 年，美国政府发布了《金融科技框架》，阐明了对金融科技创新活动的前瞻性态度，提出将消费者放在首位、克服技术偏见、提高透明度以及维护金融稳定等 10 项原则，并强调金融科技参与者应把这些原则作为参与金融科技活动的指引。2019 年 3 月，美国联邦贸易委员会（Federal Trade Commission，FTC）宣布，将就《金融服务现代化法案》涉及金融隐私的《保障条例》和《隐私条例》的修订开展意见征询，从而更好地保护消费者。

11.2.3 新加坡的实践

1. 新加坡金融科技的发展现状

作为世界金融中心之一，新加坡是亚洲地区的金融强国，近年来，新加坡的金融科技正如火如荼地发展。2018 年 3 月，德国金融科技公司 Ayondo 在新加坡证券交易所的加泰罗

⊖ Lending Club 事件：2016 年 5 月 9 日，Lending Club 在内部审查时报出存在 2200 万美元的违规贷款，创始人兼 CEO Renaud Laplanche 及 3 位高管宣布辞职，并且 Lending Club 将对这部分贷款进行回购。受此事件影响，Lending Club 的股价暴跌，市值严重缩水。

尼亚板上市，成为首家在新加坡上市的金融科技企业。据不完全统计，新加坡目前拥有 490 家金融科技企业，2017 年年底，新加坡已成为东南亚的金融科技贷款行业中心，并占据 52%的市场份额，发展十分迅速。2017~2018 年，金融科技行业为新加坡金融业带来了近 1/4 的新增工作岗位。2018 年，新加坡与其他司法管辖区之间进行了几次合作并建立了伙伴关系。为了支持新加坡金融技术部门的增长，并帮助企业更快地将金融技术的创新引入市场，新加坡知识产权局于 2018 年 4 月发起了金融科技快速通道倡议，为金融技术的发明提供快速专利申请和授予程序。

2. 新加坡的金融科技监管

新加坡金融管理局作为该国的金融监管机构，为实现"激发金融创新活力"与"维护金融体系安全"的双重目标，对金融科技采取了一系列富有创新性的监管举措，试图建立一个兼顾"创新"与"安全"的金融科技生态体系，以促进本国金融科技的良性发展。新加坡具有完备的金融科技监管框架，主要分为 6 大部分，即专门机构、身份识别、支付结算、数据治理、应用研究与创新以及合作与创新平台。

同时值得注意的是，新加坡于 2016 年出台了《金融监管沙箱指导方针》，为金融机构、金融科技企业及与其合作的专业服务企业进行新产品或服务测试提供了一个特定时间和空间的生产环境，即"监管沙箱"。新加坡与英国类似，对进入"监管沙箱"的企业实行审批制。新加坡的"监管沙箱"政策只是对申请"监管沙箱"的流程进行了规定，但没有过多涉及业务规定，采取的是"具体案例具体管理"的方式，因此其"监管沙箱"的灵活性较高。在消费者保护方面，新加坡也和英国一样，规定了用户在使用前，参与企业只能对已经知情同意参加实验的消费者测试其解决方案，并告知消费者潜在的风险及可得到的补偿。

通过严密的监管组织框架和创新性的监管方式，新加坡形成了一套健全高效的金融科技监管体制，这为新加坡金融科技的发展营造了一个良好的环境。

11.3 我国的实践

11.3.1 我国金融科技存在的风险

2016 年以来，我国互联网金融从用户流量驱动向金融科技驱动转型。虽然目前我国金融科技仍处于发展初期，但是我国尚未成熟的金融市场给予了金融科技快速发展的土壤。2017 年，我国金融科技企业的营收总规模达 6541.4 亿元，按照近几年的发展趋势，艾瑞咨询预计 2020 年金融科技企业的营收总规模将达到 19704.92 亿元，发展潜力巨大。

金融科技发展的同时也给金融领域带来一些风险。目前我国金融科技的发展速度远远超过了监管模式的发展速度，很多监管模式尚未创新，仍然是针对传统金融业的监管策略，但是这些监管策略显然已不适用于新兴的金融科技行业。目前我国金融科技存在的风险既包括世界范围内普遍存在的风险，也包括自身特有的风险，主要是传统金融风险在科技领域内的体现，以及新技术环境下的技术风险等。面对新技术环境下的风险，我们需要谨慎对待。而关于这些新技术究竟给金融运行带来了什么样的影响，则需要结合其积极意义与消极影响来综合分析。

具体来看，目前我国金融科技发展存在的风险主要有：①金融市场走向移动化、智慧化、大数据化之后，很多技术问题人工难以预期和控制。②在新技术条件下，违反规定的成本降低而方式却在增多，许多企业打着"金融科技"的噱头，非法融资或非法集资，比如前几年出现的"e租宝"事件。而对于监管机构而言，对这类机构的监管以及制止往往是事后的，很难做到事前监管。③当前，对于我国大部分地区而言，已经进入了大数据时代，且不谈数据泄露的问题，单是数据如何正确应用这一问题，就存在很大的解决困难，很容易造成数据滥用。

毋庸置疑，金融科技给金融运行带来了全新的挑战。从监管方面看，既要制定短期治理和应对风险的策略，也要加强长期可持续的应对机制建设。当前，我国针对金融科技的风险已出台了诸多监管法律。2016年，《网络借贷信息中介机构业务活动管理暂行办法》出台，自此我国监管机构开始通过法律规定严格规范金融科技的各个领域，密集地出台了一系列法律法规，如《P2P监管细则暂行办法（征求意见稿）》《私募股权众筹融资管理办法（试行）》等。2016年1月，国务院印发了《推进普惠金融发展规划（2016—2020年）》，同年9月在G20峰会上通过了《G20数字普惠金融高级原则》，把科技和普惠金融紧密地融合在了一起。2016年发布的《关于加强校园不良网络借贷风险防范和教育引导工作的通知》等对于监管则更有针对性。聚焦到央行层面，我国也推进了一些助力金融科技发展的政策。如为贯彻落实"推动构建以标准引领、企业履责、政府监管为基础的管理体系"的重要精神，中国人民银行、国家市场监督管理总局联合发布公告，将金融科技产品纳入国家统一推行的认证体系，以标准落地实施为手段，持续强化金融科技安全与质量管理，切实防范因技术产品质量缺陷引发的向金融领域传导的风险，着力提升金融科技创新能力和综合治理水平。[⊖]

11.3.2 我国金融科技监管的政策

从总体上看，我国金融行业采取分业监管模式，由银保监会、证监会分别监管银行业、保险业和证券业，中国人民银行起主导作用。在金融科技行业中，按照企业性质划分其所需监管部门。在金融科技行业，我国现行监管模式为命令—控制型监管，将所有行为规则事先制定好，各企业要执行命令，遵守这些规章制度，属于静态监管，一旦行业出现新的变化，监管部门就要修订现有制度，企业也要及时熟悉、掌握新政策，据此调整经营方式。该模式目前仍处于发展当中，监管当局会根据国际形势好坏，结合我国实际情况不断调整，以完善监管方式。

⊖ http://www.pbc.gov.cn.

近年来，我国金融监管体制改革已取得阶段性的突破，引入"监管沙箱"的时机和条件已成熟。2019 年，中国人民银行率先在北京启动金融科技创新监管试点，探索设计包容审慎、富有弹性的创新试错容错机制，划定刚性底线、设置柔性边界、预留充足发展空间，努力打造符合我国国情、与国际接轨的金融科技创新监管工具，这被业内称为中国版"监管沙箱"。2020 年 4 月 27 日，中国人民银行发布消息，支持在上海市、重庆市、深圳市、河北雄安新区、杭州市、苏州市等 6 市（区）扩大试点，引导持牌金融机构、科技公司申请创新测试。这进一步加速了金融科技"监管沙箱"工作的推进，为金融科技创新划出了安全区域，有利于推动创新与监管的良性互动。

2019 年 8 月 23 日，中国人民银行印发《金融科技（FinTech）发展规划（2019—2021 年）》（银发〔2019〕209 号），明确提出未来 3 年金融科技工作的指导思想、基本原则、发展目标、重点任务和保障措施。该规划确定了 6 方面的重点任务，其中第 4 点就提到了增强近日金融风险技防能力，正确处理安全与发展的关系，运用金融科技提升跨市场、跨业态、跨区域金融风险的动态识别、预警和处置能力，加强网络安全风险管控和金融信息保护，做好新技术应用风险防范，坚决守住不发生系统性金融风险的底线。第 5 点指出强化金融科技监管，建立健全监管基本规则体系，加快推进监管基本规则拟定、监测分析和评估工作，探索金融科技创新管理体制，服务金融业综合统计，增强金融监管的专业性、统一性和穿透性。国家认证认可监督管理委员会于 2019 年 10 月 16 日发布了《金融科技产品认证规则》，规定了本规则适用的金融科技产品包括：用户端软件、安全芯片、安全载体、嵌入式应用软件、银行卡自动柜员机（ATM）终端、支付销售点（POS）终端、移动终端可信执行环境（TEE）、可信应用程序（TA）、条码支付受理终端（含显码设备、扫码设备）、声纹识别系统和云计算平台。这些金融产品被纳入了国家标准的金融科技监管体系，这也标志着金融科技监管的进一步发展化。

11.4 未来金融科技监管的趋势

11.4.1 金融科技监管的重心

金融科技存在的风险总体来说可以分为微观和宏观两个层面，这也是未来金融科技监管的重点方向。

1. 微观风险

在微观层面，随着理财产品和融资方式的多元化，由于到期日之间的差异以及资产负债流动性不匹配，可能会给投资者带来操作层面的风险。此外，高杠杆带来的风险也不容小觑。而另外一部分潜在的风险则来源于金融科技的高速发展与金融监管技术以及制度的不匹配。科技的发展在简化交易流程，搜集更全面的大数据信息，提升市场效率的同时，也创造了一些监管的灰色地带，如获取用户信息渠道的合理性、证券市场的自动化交易中凭借速度优势抢先成交是否合规等问题，目前尚未有明确定论，大大提升了监管难度。同时，随着金融机构与提供服务的第三方更为密切深入的合作，对于合作的监管防控也应该得到足够重视，然而实际中，很多第三方机构却处于监管范围之外。

在金融科技企业成长初期，往往难以对自身风险进行良好管控。对于网络安全的忽视、对第三方中介的过度依赖以及杠杆操作中由于期限错配导致的流动性风险，都为企业的经营带来了不确定性。监管者与被监管者之间的信息技术更新换代速度的差距，以及目前监管领域存在的空白，都会导致金融科技企业的市场存在很大的不稳定性，使投资者暴露在缺乏监管的市场环境下，资金面临潜在的风险。

2. 宏观风险

在宏观层面，金融科技的发展可能会强化经济业务之间的损益联系，以及经济的顺周期性。金融科技作为一个框架性的概念，包括资本结算类、存贷款和资本筹集类、投资管理类以及市场设施类等，这些领域在技术应用和业务模式方面存在一定的相似性。这就意味着，一旦一个细分领域出现问题，就会引起市场对整个金融科技板块信心的下降，产生联动效应，甚至会恶化局面，给金融领域外的其他市场带来风险。

从监管内容来看，在原监管体系已覆盖的领域下，一些金融机构通过改变原有业务模式和应用新兴技术，对现有监管进行规避，从而获取超额利润，进行监管套利；或者在现有监管体系外，开辟全新的业务模式，在监管空白领域开展一些尚未对是否合规定性的业务，进而谋取利润。现存监管制度的目的主要是保护投资者的基本权益，维护市场的完整和有效，以及为创新和竞争提供良好环境，而尚未把金融市场的稳定性考虑在内，但金融市场的稳定性可以创造一个鼓励创新、支持发展的宏观环境，对于行业的稳定发展至关重要。因此，维护金融市场的稳定性应成为后期监管政策发展的重点方向。

11.4.2 金融科技监管的趋势

目前，金融科技在国家和国际两个层面都备受关注，预防金融科技发展所带来的风险已成为世界范围内的共识，各方也正在积极为现有监管体制进行完备和补充。结合现有的监管体系，未来金融科技监管或将呈现出如下趋势。

1. 完善监管政策，明确监管职权

要厘清各类金融科技企业的监管主体和职责权限，合理划分中央和地方两级金融监管的范围和重点领域，健全相应监管机构对金融科技的趋势研究、风险监测和政策沟通等协调机制。相关监管政策一定要公开透明、覆盖全面，尽量使金融科技的各个领域都有相应的监管措施或者监管行为导向。此外，监管部门要做到不仅可以测算潜在风险、评估新产品的商用范围，而且还能够衡量现有的监管政策是否会阻碍金融创新以及现有的监管技术和监管工具是否合理，可以据此进行监管政策的动态调整，以利于消费者保护目标下的金融创新提升。

2. 加强监管科技创新，提升监管人员的金融科技素养

金融科技创新也为改善金融监管提供了机遇。借助于目前的金融科技技术，如人工智能和区块链等,可以对现有的金融监管科技框架加以完善。从数据采集到最后的数据分析报告的完成,可以对金融科技企业进行评估,及时监测可能出现的金融科技风险,及早采取规避或者防范措施。

金融科技涉及的领域众多,并且随着科技的日新月异,金融科技更新换代的速度也非常快。因此,监管人员必须加强相关技术培训,使自己及时熟悉金融科技领域的新发展,提升金融科技素养,以便能够及时为金融科技行业提供有效的建议指导。

3. 推行"监管沙箱"机制

"监管沙箱"机制是监管者对金融科技的重新定位,其引入为监管者如何平衡金融科技的发展与风险控制寻找到了一个有效的监管机制。在"监管沙箱"机制下,监管者通过测试与了解创新和评估风险,决定该金融科技创新项目是否应该广泛推广,同时可以判定现有的监管政策是否应该进行调整,实现在风险可控前提下的金融科技发展。

"监管沙箱"的目的是支持可以真正改善消费者生活的创新,在该机制下,金融创新的目的能够被真正引导到改善消费的目的上去。未经测试的金融环境和创新性产品是金融科技的主要风险来源。"监管沙箱"将金融科技的创新产品在一个受限的金融环境中测试和运行,从而可以更加有效地控制风险。因此,这是一种能够平衡金融创新和控制其潜在风险之间关系的有效监管机制。

自英国首次推出该机制以来,"监管沙箱"机制在许多国家都进行了试点,并且都取得了一定的效果。未来,"监管沙箱"会进一步在更大的范围内推动,这是未来金融科技监管创新的一大重点,通过该机制也可以加强监管部门与金融科技企业的沟通。

4. 加强国际合作

金融科技要想在全球范围内取得长足的发展,需要各个国家的共同参与。各国不仅要在金融科技创新方面加强合作,而且也要在金融科技的监管方面进行合作。国际交流合作可以为金融科技的监管规定国际通行的准则,有利于制定出针对性强、可操作性高的监管政策。另外,从合作监管的必要性出发,一国的金融科技涵盖的业务范围可能非常广,因此如若一个国家的金融科技缺乏适当的监管,那么风险可能会波及其他国家,甚至最终可能会造成全球金融市场发展的失衡,因此,各国需要共同对金融科技的风险加以识别,防止系统性风险的发生。

【思考题】

1. 结合本章的论述,你认为金融科技监管发展的未来方向在哪里?
2. 什么是监管沙箱?目前的发展情况如何?

Chapter 12

金融科技应用案例

随着云计算、大数据、人工智能、物联网和区块链等新技术的发展，越来越多的金融场景被赋能、被颠覆，这也促使该领域的 IT 技术和运营思路持续创新，人才需求也越来越旺盛。在这场发展革新中，很多传统金融行业的细分环节效率得到提升、产能的上限得到提高且风险对冲能力得到了加强，企业或组织也可以尝试用更低的投入来获得更高的收益。

金融业务的风险控制、金融机构的运营效率以及精准营销等都是金融领域备受关注的话题，人工智能技术正在逐步尝试改善或解决上述问题。本章将结合人工智能行业在解决部分商业问题中的应用案例来分析和探讨金融科技领域与 AI 的结合。

12.1 智能催收

12.1.1 背景

近年来，随着大数据与人工智能等技术在金融领域的广泛应用，线上消费金融业务快速发展。在线上业务不断发展的同时，违约客户量却随着授信客户量的持续增长而同步上升，造成贷后催收压力不断增加。此外，线上消费金融业务具有笔数多、金额小、分散化等特点，若继续沿用传统人工催收的策略与方法，将导致催收过程中出现催收成本高、催收成功率低、客户体验较差与风险损失大等问题。因此，随着大数据与人工智能技术在金融风险管理领域应用的逐渐成熟，需要建立以数据为驱动的智能化催收模型，以解决线上消费金融业务催收管理所面临的难点，提升催收效率，降低银行风险成本。

目前，很多大型贷方公司、第三方催收公司、第三方金融科技公司利用自身数据优势和研发能力，已拥有研发成型的智能催收解决方案。这些方案一般包括智能外呼（对话机器人）、智能质检（语音监控及话术监督）、智能分案（催收策略）和智能报表系统 4 大模块，智能分案是其中的核心，目的是派合适的催收员在合适的时间通过合适的施压力度对合适的贷款公司进行催收工作，从而使成本和收益达到最佳平衡点。

贷方公司为了降低坏账风险，通常需要找出哪家贷款客户是潜在的"坏客户"。坏客户通常被定义为贷款后逾期达到或超过某个指定次数或天数的贷款客户。

传统方案一般是通过定义一些专家规则来提前识别坏客户的，如对信用卡客户而言，坏客户一般定义为月账单逾期 1~2 期未还清最低还款额的客户。通过运用个人信息（年龄、性别、学历、城市、住址等）、征信信息、资产信息、历史逾期次数和金额等方面的信息可以构建一套筛选规则组合，即专家规则。而我们应该如何用机器学习建模的方法来更好地实现这一目的呢？

设想一个场景：某公司为大型贷方公司构建一个模型，将这些贷款客户按照成为坏客户的风险程度来进行排序，排名前10%的客户即为最高风险的客户。我们可以先将这些客户数据作为数据样本，其中正样本是我们要找到的坏客户，定义为"在某指定期间内还款逾期达到 2 次及以上的客户"，否则为负样本。每个客户（即每条样本）我们将尝试将其个人信息、征信信息、资产信息、历史逾期次数和金额等数据作为特征数据，利用该客户是否在指定时间内产生逾期作为正负样本的标注，分析其在接下来一段时间内成为坏客户的风险程度，即在全部客户中进行风险排名，并针对风险排名靠前的客户对其进行预警或采取短信、电话提醒等措施。在下一个还款周期内，我们还可以对上述结果进行验证，看看我们认为风险较高的客户有多大比例真的发生了逾期。

读到这里，你已经了解了机器学习的基本思路，大致分为定义正负样本、数据筹备（特征工程）、机器学习建模和结果验证4个步骤。其中，机器学习建模的目的与专家规则类似，都是希望根据历史数据的特征，来找到共同的规律，即符合哪些标准的样本成为正样本的概率最大。

本案例基于××公司智能催收业务场景，拟实现的目标如下：

基于消费金融中心线上业务场景的贷后催收样本数据，按照数据导入、数据预处理、数据切分、特征抽取、算法选择、模型建立、参数调优、模型验证和评估这一系列标准的建模流程，帮助金融机构建立一个高效可用的贷后催收机器学习模型，用于智能分案。

为了后续更好地维护贷后催收机器学习模型，本案例采用闭环自学习迭代⊖方法论，根据自学习模型实施方案在系统设计中实现数据回流、模型迭代更新、模型评估和模型发布等自学习必要功能模块。

结合贷后催收机器学习模型的评估结果，协助客户贷后催收线条业务专家建立差异化的催收策略，将模型的评分结果与当前的专家规则相结合，从而提升整体的催收效率。

12.1.2 解决方案

本次建模的流程如图12-1所示。

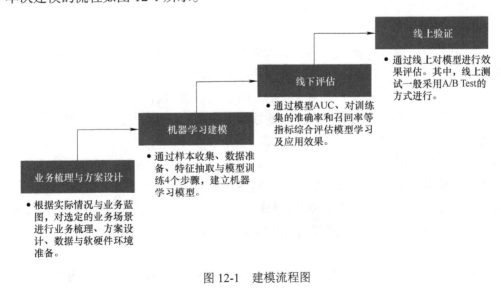

图12-1 建模流程图

⊖ 闭环自学习迭代：模型迭代更新时使用本次迭代的误差作为修正项，避免误差随着模型迭代次数增多而放大。

本次智能催收项目的系统业务流程如图 12-2 所示。具体包括以下步骤:

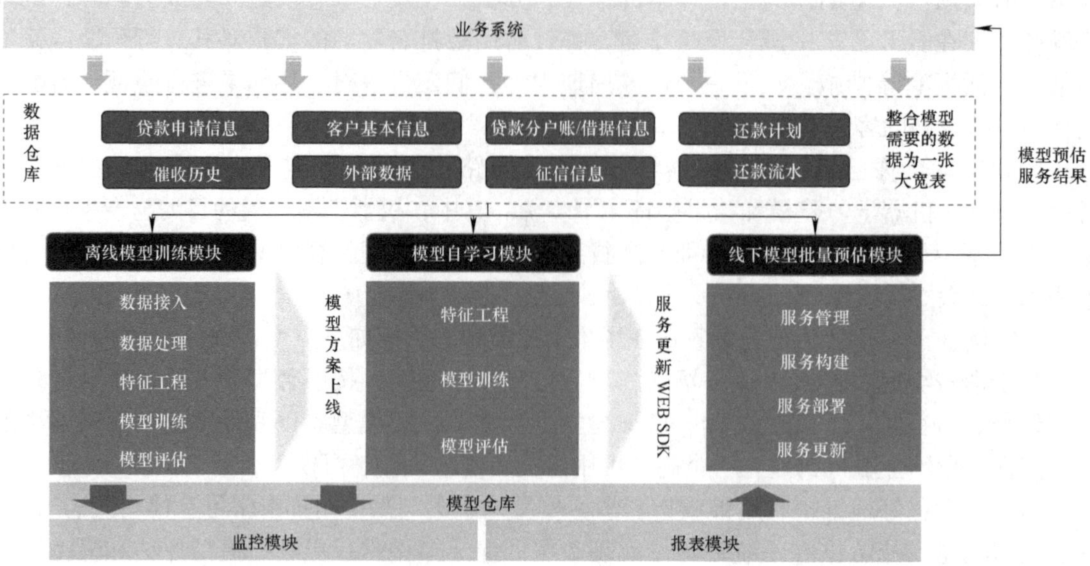

图 12-2　智能催收项目的系统业务流程图

（1）数据处理。通常导入模型的数据是根据模型需要拼接成的一张大宽表中的所有数据，因为实际数据通常由多张数据表组成且存在于多个业务系统中，包括全量数据和不同时间的切片数据，所以需要在数据导入前对数据进行必要的处理和拼接。本项目基于银行方的数据仓库，对多个数据源的数据进行数据清洗和数据拼接，并最终整合成模型所需的大宽表。

（2）离线模型训练模块。平台提供数据导入、数据处理、特征工程、模型训练和模型评估的核心模型离线调研功能。

（3）模型自学习模块。模型自学习模块按照正式发布的智能催收模型的配置方案（包括数据拼接、特征工程、选择算法进行模型训练的全体配置）和配置的时间周期对新增数据进行模型自学习训练，并采用自动或者手工的方式，发布新的模型到线下批量预估服务模块。自学习模型的评估，将采用同一验证数据集对自学习生成的模型和当前模型进行比对，从 AUC 和准召率等维度判断新生成模型的效果。

（4）线下模型批量预估模块。将训练得到的模型部署在预估服务模块并线上运行后，当系统接收到传输过来的批量贷后数据时，预估服务模块会读取该预估请求，利用线上的智能催收模型对这批贷后客户进行催收评分，并将评分结果发送至消费金融中心业务系统，在消费金融中心业务系统当中业务部门可以根据业务需要，使用该评分结果结合专家规则匹配不同的催收策略。

（5）设置差异化催收策略。基于机器学习模型评分，结合短信催收、IVR 语音催收、人工电话催收和委外催收等多种手段，设置差异化催收策略，从而综合提升催收效率。

12.1.3 应用效果

1. 线下验证结果

在模型训练时,使用了该公司 2019 年 6 月及之前的还款账单数据(将一次还款数据作为一条数据样本,其中包含个人信息、征信信息、资产信息、历史逾期次数和金额等特征,以及该客户在下一期还款周期内是否逾期,即正负样本标注)作为训练集拟合数据,将 2019 年 7 月 ~ 8 月 15 日的还款账单作为验证集进行模型效果评估。

模型线下验证的相关指标如图 12-3、表 12-1 和图 12-4 所示。

AUC	KS
0.851	0.538

图 12-3 AUC 和 KS 指标

注:AUC 和 KS 指标:两者都是衡量学习器优劣的一种检验指标,数值在 0~1 之间,越接近 1 代表机器学习模型越精准。一般 AUC 在[0.6, 0.8],KS 在[0.3-0.7]范围内会被认为是较好的模型,数值过大会有模型异常(类似过拟合)的风险。

表 12-1 准召率数据

Top N%	总客户数量	坏客户数量	精准率	覆盖率(召回率)
10.00%	1696	1150	67.81%	39.49%
20.00%	3393	1781	52.49%	61.16%
30.00%	5089	2162	42.48%	74.24%
40.00%	6786	2414	35.57%	82.90%
50.00%	8482	2593	30.57%	89.05%
60.00%	10178	2723	26.75%	93.51%
70.00%	11875	2829	23.82%	97.15%
80.00%	13571	2873	21.17%	98.66%
90.00%	15268	2905	19.03%	99.76%
100.00%	16964	2912	17.17%	100.00%

使用 2019 年 7 月 ~ 8 月中旬的同一批验证数据,对比模型与专家规则抓取的正样本(坏客户)数量,以及对应的准确率与覆盖率情况,得到总客户样本 16964 个,坏客户数量为 2912 个。不同情况下的模型与规则效果对比如表 12-2 所示:在模型与规则识别客户数量相同的情况下,模型识别出的坏客户数量是规则的 1.69 倍;在模型与规则具有相同精确率的情况下,模型识别出坏客户的数量是规则的 2.16 倍。

2. 线上验证结果

(1)催收效率。分别统计 2019 年 10 月(未使用评分)、11 月 1 日 ~ 11 月 11 日(未使用评分）以及11月12日~11月20日（使用评分）新入催案件在30天内的还款效率，结果如表12-3所示。在2019年11月12日~2019年11月20日使用风险评分的新入催案件中，30天内的催收回收效率相对于10月份提升约0.55%，相对于11月1日~11月11日的回收效率提升约0.8%。

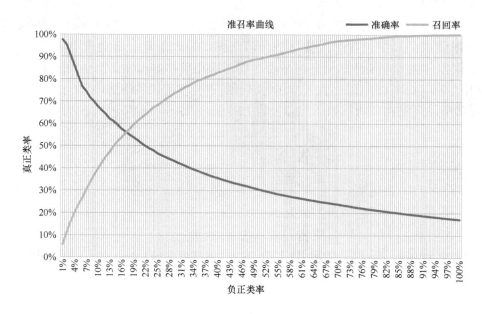

图12-4　准召率曲线

注：准召率曲线：即准确率和召回率两条曲线。一般随着召回率的增大，准确率会逐步下降。

表12-2　不同情况下的模型与规则效果对比

对比 指标	抓出客户总量	抓出客户比例	抓出坏客户数量	精准率	召回率	模型提升幅度
规则	5254	31%	1294	24.6%	44.4%	—
模型和规则抓取相同数量的客户	5254	31%	2193	41.7%	75.3%	1.69
模型与规则具有相同的精准率	11366	67%	2800	24.6%	96.2%	2.16

表12-3　催收效率

入催时间	入催案件数	30天内出催案件数	30天内催收效率
2019年10月	6501	5840	89.8%
2019年11月1日~2019年11月11日	3729	3328	89.2%
2019年11月12日~2019年11月20日	1737	1569	90.3%

（2）催收成本。在该公司贷后业务部门的支持下，分别测算了10月份整月（未使用评分）以及11月12日~11月20日（使用评分）的户均催收成本，在使用评分的情况下户均催收成本环比降低12%。这一结果对于该业务的影响非常可观，在一般的贷款业务中，催收过程中的管理成本、人力成本及短信和电话等成本巨大，这些成本也是影响贷款业务利润的重要因素。

12.2 智能反欺诈

12.2.1 背景

欺诈通常是指在交易过程中，存在以赚取不良利益为目标的交易行为（线下伪卡、盗卡、恶意套现等），会对银行和客户造成极大的经济损失。在线反欺诈是互联网金融中必不可少的一部分，按照交易是否完成来区分，反欺诈主要分为事后反欺诈和事中反欺诈两种。

事后反欺诈一般是指业务方发送的交易请求就是最终的交易数据，这时交易已经完成，无论返回的打分是多少，都已经不会对当前交易做出任何反应。由于交易请求的信息已经完整，我们将交易请求直接保存下来用于自学习即可。

在当今银行业，欺诈案件发生后，通常会采用事后回顾的方式，对发生欺诈的案件进行分类分析，并针对不同的场景，制定一系列的专家规则和传统模型。但人工事后总结无法详尽展示和分析与欺诈相关的所有因素，且专家规则和模型的维度有限，业务效果存在瓶颈。同时，反欺诈系统对实时性的要求高，传统模型的复杂度上升后，模型实时计算代价非常大。而且，交易欺诈是一个与犯罪分子不断对抗的过程，需要不断完善、更新，保持业务的有效性和时效性。这时，人工智能技术的优越性就展现了出来。

事中反欺诈一般是指业务方发送交易请求时交易还没有完成，银行方的系统会参考 AI 系统的打分和一些其他规则来进行判断，决定是否拒绝当前交易。此时的交易数据还不完整，经过银行方的业务系统进行处理后才会生成最终的交易数据流，一般会通过银行方的消息队列返回给 AI 系统。事中反欺诈的数据流如图 12-5 所示。

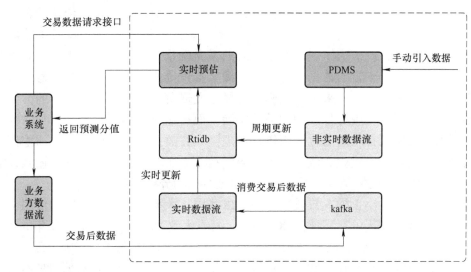

图 12-5 事中反欺诈的数据流

基于先进的人工智能平台技术，反欺诈应用能在事中真正有效阻截各类欺诈风险，包括交易反欺诈（伪卡/盗账户、盗刷、转账等）、反套现、欺诈识别、反洗钱、申请反欺诈、退税反欺诈、反骗保和欺诈团伙识别等众多场景解决方案，可协助银行识别恶意客户与行为，解决客户在支付、借贷、理财和风控等业务环节遇到的欺诈威胁，减少银行的损失。

本案例的反欺诈解决方案不同于直接利用第三方数据和传统专家模型，而是基于人工智能海量数据处理、建模的风控反欺诈应用，可以以远超传统专家经验的维度，基于银行自身的业务特点来进行欺诈防范，并且它还可以基于业务发展而不断迭代、反馈、自学习和自修正，是应对当前日益复杂欺诈风险的必然选择，是当前及未来金融风险防控的重要基础性设施，也是监管科技在合规方面的有效应用。

12.2.2 解决方案

某省农村信用社对项目的需求为：建设客户交易风险监测平台。通过该项目构建一套完整的风控体系，实现业务、技术和数据 3 方面的配合驱动。基于规则引擎、流处理、内存数据库和机器学习等领先技术手段，把风险监控嵌入到各项业务流程中，在事中通过风控规则和智能风控策略实现交易实时精准预警和有效拦截。依托大数据平台及客户标签体系工厂，不断优化风控规则与策略，补充、完善数据源以建立多维客户特征，将之前的所有经验及规则构建成多维特征库，从而进一步提高反欺诈能力。同时，根据业务的需要选取该信用社急需进行交易风险监控的渠道系统来进行试点应用，后期根据具体的业务需求及场景，由业务部门通过平台直接添加风控规则，不再需要进行代码开发或系统变更，从而达到风险监控的要求。

1. 机器学习建模的优势

机器学习可以使用全量数据和全量特征来建模。在传统的数据分析方法中，由于处理方法和能力有限，会在选取数据时丢弃部分拥有区分度的变量。同时，传统的数据分析方法还会使用数据抽样的方式来构建模型，会使得小客户群体的区分度被当作异常点而丢弃。区分度是数据蕴含价值的体现，对区分度的丢弃就是对数据价值的丢弃。对于银行数据而言，其已经拥有了丰富的数据，应充分发挥其真正价值。大数据下的机器学习建模可以使用全量的特征和全量数据来进行建模，使模型发现所有数据中存在差异的群体，抓住价值长尾。机器学习无须进行特征的相关性实验，而将重点转移到对特征自身的构造上。机器学习可以结合特征自动离散化，由机器发现隐藏在数据中的区分度，从而挖掘出海量数据中的价值。机器学习建模完成后，可以通过批量或实时预估结果的反馈输入，进行增量或全量更新，从而实现模型自学习的迭代，打通数据的分析环路。

机器模型可以针对小正样本量进行建模。以我国某大型国有股份制银行信用卡中心交易为例，2018 年年底每天的交易量为 200 万笔，每月大致为 7000 万笔。但每年的交易量数据和发卡量都提高得比较快。截至 2019 年 7 月，该中心的客户量约为 2000 万，每年新增几百万。其中，2017～2018 年的欺诈量交易量仅有 3000 多条记录（这里假设所有欺诈交易均已被记录，因为绝大多数欺诈交易受害人都会较快发现并举报维权）。现有的反欺诈规则召回率高达 98%（隐案上报极少），准确率不足 0.05%（即误杀率超高）。目前，全球银行业内的一般识别准确率均在 1%～10%左右。通过机器学习进行小样本统计建模，可以在保证召回率不下降的情况下，将准确率大幅提升。

2. 建模流程

机器学习是机器通过模拟人的学习方式，从数据中获取经验并对新情况做出判断的过程。利用机器学习算法训练样本数据，获取预估模型，再将业务要预测的新数据作为模型输入后，就可以由已经生成的机器学习模型计算并输出预测结果。以交易反欺诈为例，需要使用历史上的欺诈交易和正常交易作为样本数据，并选择合适的机器学习算法对这些数据进行学习，构建针对交易反欺诈的机器学习模型，并使用该模型对新的交易计算其欺诈概率，典型机器学习建模工作流程如图 12-6 所示。

图 12-6　典型机器学习建模工作流程

典型机器学习建模工作流程如下：

（1）数据导入。将模型训练需要的数据导入到机器学习平台，这些数据通常包含在多张数据表中，包括全量数据和不同时间的切片数据。

（2）数据清洗。对数据的格式以及数据的合法性等进行相关的处理。

（3）数据拼接。将导入的多张数据表根据需要拼接为一张大的宽表进行建模。在进行数据拼接时，常常会根据需要进行一些计算以得到更多有价值的数据来用于建模。

（4）特征设计和提取。即从宽表中设计和提取特征数据用于模型训练。

（5）模型训练。选取合适的算法进行模型训练，输出训练好的机器学习模型来用于后续的预估计算。

（6）模型评估。对模型训练步骤生成的模型进行评估，选择效果比较好的模型作为生产上线模型。

（7）模型上线。模型生产上线应用，包括与生产数据及业务应用的对接。

12.2.3　机器学习模型的实践策略

该项目实现了实时事中交易欺诈阻断的目标，产品融合了多家领先银行的最佳实施经验，实践策略包括以下几点。

1. 重模型+轻规则

传统上的风控是由业务专家针对特定类型的欺诈行为进行归纳总结得来规则，而这些规则的表达所依赖的变量和维度非常有限。一方面，这种映射的判别边界非常刚性，一旦正常交易行为模式与欺诈行为有一定的相似，就会产生错误报警；另一方面，规则一般由人工来进行长期维护，在一定欺诈交易召回率的保证下，很难继续提升准确率。在实践中发现，在面对长尾或者缺少共性的欺诈行为时，传统风控难以发现有高准确度的规则，同时随着欺诈手段的进化，规则会逐渐失效，所以维护的成本很高。

因此，金融机构应当逐渐减少规则在风控系统中的比重，而重视机器学习模型的使用。通过让机器模拟人的学习方式，从数据中获取经验并对新情况做出判断，高精度的判别模型可以降低业务专家对欺诈行为的分析压力和业务调查人员对报警的人工调查。同时，通过使用高精度的机器学习模型，也可以在控制召回率满足需求的前提下，进一步提升其准确率。

当然，规则也有模型不可替代的部分，例如黑白名单就是一个简单却很有效果的规则系统，目前在这种强模式的欺诈中，依靠规则依旧是一个更有效的选择。而在更复杂的模式下，机器学习模型的能力则更突出。因此，该风控反欺诈系统是在"重模型+轻规则"的指导原则之下进行设计的。

2. 实时性，高可用

在风控反欺诈中，不同场景对风控系统的实时性要求也不同。如申请反欺诈相对来说对实时性的要求不是很高，而事中的交易反欺诈对实时性的要求则较高，通常要求在高并发的情况下依旧达到几十毫秒级别的响应。另一个重点就是高可用性，长时间运行的系统总会发生故障，在有机器发生故障的时候如何保证风控服务依旧正常运行，是工程上的一个重要的挑战。

因此，风控反欺诈系统在设计时就以满足这些极端条件为目标，在工程实现时采用了许多手段来保证实时性和高可用性。例如，实时时序数据库 RTiDB 便是这样的产物，而风控系统中的各个模块也是在高可用性的前提下进行设计和开发的，所有单独的服务节点都是可以被替换的。

3. 模块化与外部系统

模块化是许多公司容易忽略的问题。模块化分为两个方面，一方面是如何将风控系统与现有的风控系统结合；另一方面是如何将新的模块（如新的数据源）融合进风控系统。该风控系统在设计时就特别注意系统的模块化。例如，风控系统中的决策引擎是单独的模块，它能与许多外部数据对接，其中就包括实时时序数据和机器学习模型等，而这些模块本身也可以单独部署。一方面，这意味着行方如果有现成的系统，那么风控系统能方便地整合进已有系统，因为许多核心的模块可以单独部署使用；另一方面，在部署风控系统后如果获得了新的数据，那么也可以方便地与风控系统对接，以此来减少部署和整合的成本。

12.2.4 效果验证

本案例中经过上述机器学习建模及线上真实业务应用评估，有效提高了某国有股份制银行信用卡中心的线上 B2C 交易欺诈防控能力，防控准确率达 83%，较专家规则的防控准确率提升了 316%，比专家规则多识别了 58.8% 的欺诈交易。

全球范围内银行每年为冒卡盗刷、账户泄露或非本人交易以及电信网络诈骗等欺诈事件承受着巨大的财务及商誉损失，是银行风险控制的重灾区。机器学习技术大幅提升了对这类潜在风险的防控能力，有效降低了对业务人员经验积累的依赖，同时提高了覆盖率，降低了误杀率，成为新时代金融平台的反欺诈风控利器。

12.3 智能反洗钱

12.3.1 背景

反洗钱监督管理是预防通过各种方式掩饰、隐瞒毒品犯罪、黑社会性质的组织犯罪、恐怖活动犯罪、走私犯罪、贪污贿赂犯罪、破坏金融管理秩序犯罪、金融诈骗犯罪等犯罪所得收益的洗钱活动的工作。

2019年4月17日，金融行动特别工作组（FATF）公布了《中国反洗钱和反恐怖融资互评估报告》。金融行动特别工作组是国际上最具影响力的政府间反洗钱和反恐怖融资（以下统称反洗钱）组织，是全球反洗钱标准的制定机构。2007年，中国成为该组织的正式成员。2012年，金融行动特别工作组修订发布新的国际标准——《打击洗钱、恐怖融资和扩散融资的国际标准：FATF建议》，并以此为依据，从2014年至2022年对所有成员开展互评估，旨在综合考察成员反洗钱工作的合规性和有效性。2018年，金融行动特别工作组委托国际货币基金组织牵头组成国际评估组，对中国开展为期一年的互评估。评估组现场访问了中国北京、上海和深圳三地，与100多家单位的900多名代表进行了面谈。中国人民银行会同反洗钱工作部际联席会议各相关成员单位为此精心准备，配合评估组顺利完成了互评估工作。2019年2月，金融行动特别工作组第三十届第二次全会审议通过了《中国反洗钱和反恐怖融资互评估报告》。

在《中国反洗钱和反恐怖融资互评估报告》中指出，中国建立了多层次的国家洗钱风险评估体系，制定和实施了国家反洗钱战略政策。反洗钱工作部际联席会议机制运行有效。金融业反洗钱监管工作取得积极进展，金融机构和非银行支付机构对反洗钱义务有充分认识。执法部门能够广泛获取金融情报，打击腐败、非法集资、贩毒等洗钱上游犯罪取得了显著成效，追缴和没收犯罪收益达到了较高水平。中国高度重视反恐怖融资工作，对恐怖融资案件开展了有效的调查、起诉和宣判。在国际合作方面具有较为完备的法律框架，开展了"天网行动"和"猎狐行动"，从境外追回了大量犯罪资产。报告还指出，中国反洗钱工作也存在一些问题需要改进。例如：相对中国金融行业资产的规模，反洗钱处罚力度有待提高；对特定非金融行业反洗钱的监管有所缺失，特定非金融机构普遍缺乏对洗钱风险及反洗钱义务的认识；法人和法律安排的受益所有权信息透明度不足；执法部门查处案件、使用金融情报、开展国际合作工作时侧重上游犯罪，而相对忽视洗钱犯罪；中国在执行联合国安理会定向金融制裁决议方面存在机制缺陷，包括义务主体、资产范围和义务内容不全面，国内转发决议机制存在时滞等。

近年来,随着反洗钱监管力度的不断加强,银行投入了大量的人力来开展反洗钱工作,然而仍然面临人工审核工作量大、时效性差、上报率低,出现漏报、多报等问题。反洗钱合规场景包含十余种不同类型,机器学习建模耗费时间较长。反洗钱建模涉及海量交易数据和高维度的业务特征;洗钱及金融犯罪也存在团伙作案的特点,图关系等对可疑案件识别和受益人分析有较大帮助作用;但以上两种数据模型涉及的数据量大且多为非结构性数据,因此新 IT 架构对数据的储备、管理和应用等功能提出了很高的要求。因金融行业的特殊属性,合规场景对解决方案效果的衰减有较低的容忍度,需要 IT 架构始终保持稳定且实时在线。因此,某商业银急需新型 IT 架构支持前端业务,要求新的 IT 架构可以实现以下目标:①实现 AI 反洗钱技术,提升识别准确率;②建立案件识别机制,高风险案件优先推送审核,从而降低人工成本。

利用机器学习智能可疑交易监测,一方面可以在规则系统做出预警后,对可疑案件按照洗钱风险进行排序,指导人工审核过程;另一方面,在规则系统报警的名单外,挖掘高风险隐案,降低金融机构漏报风险。在一般情况下,最低样本要求为审核量(总样本)不少于 50000 笔,上报量(黑样本)不少于 500 笔。

建立正反馈流程,将持续积累的上报数据自动反馈给模型,进行偏差修正并根据业务迭代更新。模型补召案件能有效探索新知,反哺规则系统。反洗钱智能可疑交易监测流程如图 12-7 所示。

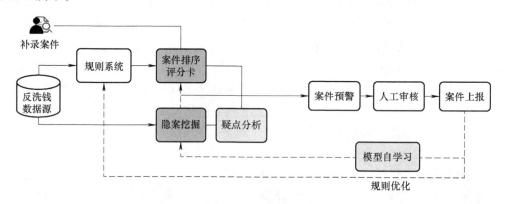

图 12-7 反洗钱智能可疑交易监测流程

12.3.2 解决方案

反洗钱系统的整体设计架构如图 12-8 所示,具体包括以下模块:

(1)反洗钱 AI 应用系统。负责开发 AI 应用、编排 AI 应用运行逻辑、上线 AI 应用提供服务,依赖 AI 应用运行核心系统支撑进行 AI 应用的开发、编排和运行。AI 应用的开发依赖业务数据,包括全量或增量训练数据、样本数据等,实际场景中业务数据来源于客户业务数据存储系统,如业务系统或者数据仓库。AI 应用系统会产出预测结果,实际场景中会通过 AI 应用系统提供的接口将这些预测结果获取并存入客户的数据存储系统,如业务系统。AI 应用系统会产出监控信息,实际场景中会通过 AI 应用系统提供的接口将这些信息获取并存入客户的数据存储系统，如监控报警系统。AI 应用系统内部产生的数据会存储在 HDFS 上或数据库中。

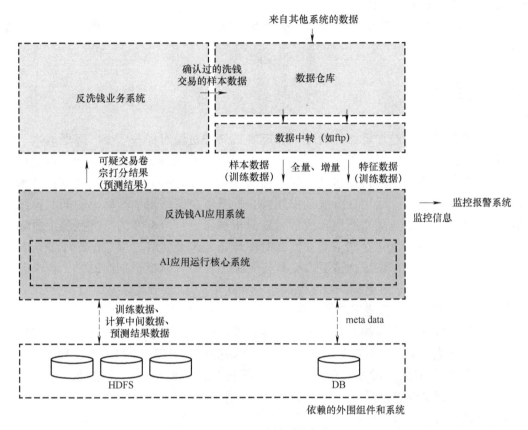

图 12-8　反洗钱系统架构

（2）AI 应用运行核心系统。为 AI 应用系统的应用开发、编排和运行提供底层能力支持。

（3）反洗钱业务系统。实际场景中可能会存在此业务系统，将 AI 应用系统中产出的预测结果获取并存入，进行后续具体的业务逻辑。

（4）数据仓库。实际场景中可能会存在一个数据仓库，为 AI 应用系统提供包括全量或增量训练数据、样本数据等。

（5）AI 应用运行管理模块 Flow Engine。AI 应用服务管理器（Engine Manager）用于根据产品配置方案定义协调各流程组件有序工作，并监控管理各组件的核心引擎。例如，数据接入和处理模块在完成数据处理后，会发送消息给 Engine Manager 模块，Engine Manager 模块会通知 Pipeline Manger 执行相关任务。本架构中各模块都会与 Engine manager 有交互关系，由其进行统一调度和协调。AI 应用工作流管理器（Pipeline Manager）提供机器学习模型配置的方案管理，包括数据关联、拼接、特征工程和模型调优等。

（6）AI 运行时引擎（Hyper Engine）。提供计算任务和服务的运行、调度及监控等底层能力。

（7）AI 数据管理系统（Data Platform）。提供 AI 应用运行管理模块中使用的业务数据存储或者模块产出的数据存储。

（8）AI 应用运行管理模块（Flow Engine）。它是指数据接入和处理模型训练所需要的数据模块。

12.3.3 应用效果

在反洗钱监管要求越加严格的情况下，反洗钱义务机构对提升效果、降低成本、有效控制合规风险的需求也越加迫切。AI 技术与反洗钱结合的管理方法将成为效能提升的重要突破点。本案例的主要技术特点包括：能成倍地缩短建模时间，提升建模效率；技术平台具有高维特征计算能力，运用在反洗钱中能够在提升可疑案件识别准确率的同时，结合自有的知识图谱技术、企业关系图谱和地址智能分析技术，打造有效的反洗钱解决方案并有效节约数据调用资源，优化存储空间；实时时序计算技术及实时时序数据库能低延时处理高频大量交易，通过时序特征构造更多交易行为模型，提升模型识别准确度；自学习技术可通过模型上线后自动学习更新，始终保证与业务同步。

本案例主要实现人工智能反洗钱业务以下两个方面的需求：

（1）可疑案宗审理工作精细化分工。需要精准定位可疑案宗，建立反洗钱案宗可疑度评分体系。从而优化审核人力资源，优化整体反洗钱的审核流程，降低成本，提高效率。

（2）可疑案宗信息分析可管理、可追溯。智能反洗钱特征挖掘，辅助反洗钱案宗审核，为工作人员提供经过机器学习算法分析的指标信息输出。

本案例构建可疑案宗排序模型，该模型需满足以下功能目标：

（1）对委托方现有的可疑案宗进行洗钱可疑度概率打分。

（2）模型预估服务上线，能够在双方约定的时间段内定时对可疑案宗进行批量预估，并以接口形式为输出批量预估的洗钱可疑度概率打分。

（3）模型自学习服务上线，能够在双方约定的时间段内定时进行自学习迭代。

本案例在原有的规则系统产出了可疑案宗的基础上，按风险程度进行排序。头部优先审核，尾部误报案件可抛弃。从而实现提高准确率、减少误报、降低审核成本及优化审核资源分配的目的。

案例样本采用规则系统产出的可疑案宗及标签。每个案宗中包含该客户相关的交易，可能包含交易对手的部分交易。其中，黑样本为最终上报人行的案件，白样本为系统报警案例但经过人工审核后最终未上报的案件。案例数据特征主要包括交易流水表、客户信息表、账户信息表和可疑案宗表。案例数据规模，大型银行处理量约为 300 亿条，中小型银行的处理量约为 10 亿条，属于大数据量级 AI 应用。

本案例的实际运行效果如下：模型线下评估 AUC 效果为 0.949；一期构建可疑案件排序模型（AI 反洗钱模型），优化反洗钱调查人员工作人力，提高效率；在打分前 30%的案宗中，召回率达到 90%以上，实现了快速识别高风险洗钱案宗的目的；在打分前 70%的案宗中，召回率达到了 99.6%，在没有明显遗漏的情况下，可大幅削减人力审核资源的投入；案件已添加注释，有助于监管报送；持续进行 AI 技术在反洗钱业务领域的探索，通过高维机器学习模型挖掘隐案、漏案，并采用图关系识别洗钱团伙。

12.4 智能推荐——精准获客

12.4.1 背景

21 世纪的前 20 年是互联网技术全面普及的时代，互联网拉近了人与各种产品之间的距离，大多数行业因此而发生了巨变，机票行业同样也受到了影响。尽管航空公司在互联网销售能力方面一直保持着与主流技术同步的状态，即便它们在自营的电子商务平台逐步丰富内容，仍不能完全满足旅客的实际需求。主流的航空公司电子商务平台都存在产品门类不丰富以及除机票外其他收费服务销量低的尴尬境遇。

导致这种情况的出现有多重原因，比如航空公司网站提供的内容非常中性，绝对数量有限，特别是缺乏和竞争对手的比较，所以除非是特别忠诚的旅客，大量的客人会通过空中下载（OTA）或者其他网站来比较多家航空公司同一条线路航班的价格，再进行下单。航空公司提供的酒店等非航产品更无法吸引价格敏感的旅客。而且，价格敏感的旅客如果在 OTA 等其他网站比较酒店价格也可能是因为 OTA 提供的打包价格更具有吸引力。

因此，将航空公司的电子商务系统触角伸至各个社交媒体就显得尤为重要。根据客户的特征，结合对客户行为的采集和预测，来实现在社交媒体进行智能推荐的目的，从而将内容丰富的打包产品一次性推荐给客户。如果模型得当，产品就可以深深抓住客户，还可以将行程的主体交通和住宿等包含在内，让客户可以直接预定而不用再担心其他内容的预定问题，这样就可以极大地提高转化率，降低因客户比较而失去的销售机会。

12.4.2 解决方案

某航空公司此前已经在此领域进行了积极的探索，实践"基于大数据的人精准营销技术"，通过使用改进的 LRFMC 模型⊖、改进的 Pagerank 算法⊖来实现旅客的综合价值评估，提出了旅客社交网络模型，并且建立了基于航班流量模型、旅客行为模型和旅客社交模型 3 个主要模型的智能推荐模型。本方案基于某航空公司现有的旅客特征库，增加了更加丰富的社交特征内容，并且引入了更多更丰富的基础产品和动态打包技术，以达到更好

⊖ LRFMC 模型：客户价值分析模型，其中 L 代表入会至当前时间的间隔，用于反映可能的活跃时长；R 代表最近消费时间距当前的间隔，用于反映当前的活跃状态；F 代表乘机次数，用于反映客户的忠诚度；M 代表飞行里程数，用于反映客户对乘机的依赖性；C 代表舱位等级对应的折扣系数，用于反映客户价值高低。

⊖ Pagerank 算法：预测一个网页被访问的概率，来源于 Google 搜索引擎技术。

的效果。

实现以上目的主要依托的业务场景如下：通过留存数据和多个社交渠道对客户进行定位，并且判断客户的主要消费价值取向，形成客户画像数据，并且通过客户画像数据推算其消费趋势以及潜在目的地趋势。通过消费时间特征制定相应的旅行产品，而通过客户在特定社交媒体的特定行为（包括但不限于观看游记、给别人行程点赞、朋友圈分享内容等）触发产品的动态并打包推荐。客户点击广告之后直接跳转至某航的查询结果页面，必须从价格上保持与推荐一致，且库存有效，可以直接下单。在该触点同时推荐两个可直接预订的单价更高的产品。下单时需要进行登录验证身份，没有某航账户的可以直接通过手机号注册，之后的主要工作交由某航进行服务交付。具体的解决方案如下：

（1）建立丰富的基础产品库存。包括自营的机票、行李、贵宾休息室等，以及外采的酒店、保险、用车服务等标准化产品（可以事前定价，无须在执行中实时计价的服务和产品）。

（2）基于原始标签库和客户行程路径特征库之上建设动态的推荐标签库。

（3）建设动态计价模块以及建立模型离线推荐模块。

（4）实现在多个渠道推荐的触发和精准广告产品内容推送。

（5）采用先进的人工智能技术和高维机器学习能力，通过高维复杂模型，将模型特征数量提高到数亿。同时提升客户体验，引导客户消费价值主张。随着数据量的上升，引擎运算效率接近线性增长，利用机器学习专用算法引擎保持持续竞争力。

（6）在算法能力方面，除了可以利用 LR、GBDT、DNN 等算法，还可以利用自主研发的算法供客户使用，如 HE-TreeNet、LFC 等，其弥补了 GBDT 和 LR 各自对于处理连续或离散特征的局限性，提升了计算效率。

12.4.3 应用效果

本项目预期达到的效果如下：

（1）提高机票等核心产品在社交媒体的转化率。通过给不同客户推送根据其本身标签定制的产品来提高从社交媒体引流的转化率。尽管航空公司在客户画像方面进行了长期的建设工作，但是本地客户画像对于将在官方网站或者手机应用上操作的客户作用不大。客户画像更应在全网使用，在社交媒体等其他途径获得客户，并且将其吸引到航空公司的电商平台上，才能有效提高转化率。

（2）提高辅营和综合零售的能力，通过动态打包提供比机票更加丰富的产品，以获得更多的销售机会。避免因为内容缺失，导致客户在其他平台寻找内容时一并预订机票而失去销售机票的机会。

（3）增强用户触达的友好性和黏性。当前普遍出现的情况是针对同一渠道发布一个统一的企业宣传广告，这种广告缺乏针对性，不能覆盖产品门类，只能让客户加深印象，而不能进行有效的引导和转化。根据客户画像和后端的产品打包能力，可直接向每个客户投放不同的产品，即便未能转化，也可以增强客户体验，让客户感觉到航空公司的关怀有针对性,无微不至,从而更好地增强广告的效果,提高客户的黏性。

(4)提高算法维度能够有效提高转化率及客单价。在航空公司的实际业务中,相比于专家规则,转化率一般会提升 10%~30%左右,客单价一般会提升 2%~5%左右,这一提升可以帮助航空公司每年带来数亿的收入增长。

12.5 智能推荐——金融产品的智能营销

12.5.1 背景

随着国家总体经济的快速增长,国民生活水平也在不断提高,人们投资金融产品的需求也进一步增强。作为国民上升到一定程度的必然产物,理财这个词语也渐渐被大家所熟知。在传统方法下,金融机构(如银行)一般会主动通过短信平台下发短信,向新老客户群体推广、推荐新的金融理财产品。因为接收短信的客户中有一大部分是老客户,投资的倾向较高,所以此推广方法具有较高的效率。

但是传统的短信营销方式容易产生对市场需求把握不精准的问题,从而使得客户产生抵触情绪,而标准化的产品以群发的方式进行推送也无法满足不同人群的需要,因而转化率降低。从 2000 年起,金融行业开始逐步借助数据和专家规则进行优化,提高客户转化率。比如,某银行在通过短信营销触达至某客户进行理财产品推荐时,会结合该客户的信息(如性别、年龄、职业、是否开通网上银行、是否购买过该银行理财产品、借记卡存款额、消费记录等)来进行人群筛选和理财产品的匹配。

银行可借助人工智能来完成这一营销操作,金融机构可以通过收集客户交易、消费、网络浏览等行为数据并利用深度学习相关算法来进行模型构建,帮助金融机构与渠道、人员、产品和客户等环节相联通,从而覆盖更多的客户群体,为消费者提供千人千面、个性化和精准化的营销服务。金融产品的智能营销为金融机构降低了经营成本,提升了整体效益,未来在此领域仍需注意控制推送渠道并适度减少推送频率并进一步优化营销体验。

12.5.2 解决方案

在本案例中,基于短信营销的业务场景,以一次短信营销的成功与否作为一个采集样本。

正样本定义:历史上向指定客户营销过指定理财产品,并且该客户在营销之后 14 天(包括营销当天)内购买了该产品。如果一个短信营销内容包含多个理财产品,则该短信营销将抽取并生成多个样本,每个理财产品对应一个样本。

负样本定义:历史上向指定客户营销过指定理财产品,并且该客户在营销之后 14 天(包括营销当天)内未购买该产品。如果一个短信营销内容包含多个理财产品,则该短信营销将抽取并生成多个样本,每个理财产品对应一个样本。

优化目标：响应率，即正样本定义下的客户转化。

应用数据特征如下：

（1）理财产品信息：理财产品业务编号、理财产品在业务系统内的编号、理财产品的名称、理财产品的简称、理财产品的状态、理财产品的生效日期、理财产品的失效日期、理财产品所属市场编号、理财产品大类、理财产品细类、产品风险级别、产品交易币种、产品计价币种、产品预期收益率、理财产品周期以及产品购买下限等。

（2）客户基本信息：客户唯一标识号、性别、出生日期、国籍、婚姻状况、学历、职业及客户风险评估级别等。

（3）其他特征信息：客户资产信息、客户持有银行功能性产品信息、客户个人贷款信息、客户购买理财产品信息、客户理财产品营销信息及客户交易信息等。

金融产品营销机器学习方案流程如图 12-9 所示。

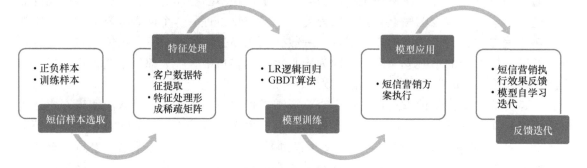

图 12-9　金融产品营销机器学习方案流程

在本个性化理财产品推荐案例中，业务端数据输入涵盖理财产品属性以及客户的各种属性信息，这些信息特征项大部分都是离散特征，针对离散特征较多的大数据建模二元分类问题，建模时首选 LR 逻辑回归算法。本案例中，建模时分别应用了 LR 逻辑回归及 GBDT 算法。分别进行比较评估后，确定此类个性化理财产品的推荐场景，其中，LR 逻辑回归算法更适用。

12.5.3　应用效果

AI 算法推荐、人工规则推荐、随机推荐的理财产品短信营销响应率对比如表 12-4 所示。

表 12-4　AI 算法推荐、人工规则推荐、随机推荐的理财产品短信营销响应率对比

日均资产（元）	正样本总数	Top样本数	AI正样本	AI响应率	人工规则正样本	人工规则响应率	随机正样本	随机响应率
（0，1000）	3370	50000	2022	4.04%	722	1.44%	244	0.49%
[1000，30000）	6741	50000	5570	11.14%	1224	2.45%	678	1.36%
[30000，50000）	239	16464	233	1.42%	154	0.94%	109	0.66%
[50000，300000]	1019	50000	560	1.12%	413	0.83%	124	0.25%

AI 算法推荐理财产品短信营销响应率提升效果如表 12-5 所示。

表 12-5　AI 算法推荐理财产品短信营销响应率提升效果

日均资产（元）	人工规则推荐与随机推荐对比转化率提升	AI 算法推荐与随机推荐对比转化率提升	AI 算法推荐与经验推荐对比转化率提升
（0，1000）	196%	729%	180%
[1000，30000）	81%	722%	355%
[30000，50000）	41%	114%	51%
[50000，300000]	233%	352%	36%

由此可见，AI 算法推荐对于短信营销的转化率有大幅提升，尤其是对于日均资产偏低（"1000 元以下"和"1000～3000 元"两个区间段）的客户，AI 做出的精准理财推荐效果可以达到翻倍及以上的提升。因此，在同样的营销成本下，AI 算法推荐所产生的收益提升相当可观。

上述方案被越来越多地应用于银行理财产品的短信营销场景实践中，尤其是对于头部客户命中率的提升可以对银行年营销收益提升几千万至几亿元以上，并将长尾客户留存率提高 20%～50%。

12.6　智能客服

12.6.1　背景

在人工智能领域中，智能客服因为可利用数据量庞大、应用范围广、与业务耦合程度较低而较早在互联网领域落地，而且技术越发成熟。

在 2018 年 I/O 开发者大会上，谷歌演示了对话机器人 Duplex。Duplex 完成了两项任务：①预约理发服务；②接待一个预定就餐的电话。

实际上，Duplex 扮演的就是智能客服的角色。

我国客服软件市场大致经历了 3 个发展阶段，即传统呼叫中心软件阶段、PC 网页在线客服+传统客服软件阶段以及云客服+客服机器人的智能客服阶段。从 2010 年起，移动互联网、云计算、大数据和 AI 技术的发展又将传统呼叫中心和客服软件带入了 SaaS 和智能化时代。全新的 SaaS 模式使得企业搭建客服中心的成本大大降低，SaaS 模式逐渐普及，早期提供呼叫中心硬件设备的厂商已经延伸到中下游，为外企、国企等大型客户提供本地客服中心的解决方案。

目前，基于大数据、云计算和深度学习等领先的人工智能技术，智能客服已经可以实现自主问答、业务办理和故障诊断等一系列的复杂操作，满足客服行业中大部分的应答需求，快速、高效地解决客户问题。智能客服的应用场景也越来越广泛，在银行、通信、电商和餐饮等行业，无论是电话客服还是网络客服，都有不少企业优先使用智能客服，甚至开始取消人工客服。

按照人工智能建模的场景拆分，智能客服一般分为任务对话、业务咨询、知识图谱和智能聊天这 4 个功能模块。

（1）任务对话模块。通过与客户的多轮交互，实现快递查询、订餐以及医生预诊等多种服务类功能，满足不同业务需求，为更多的服务属性企业实现智能化改造。

（2）业务咨询模块。表格式导入，按需更新智能客服的知识问答库，提供商务合作、供稿和招聘等定制化的咨询问答服务，帮助企业与个人客户完成互动。

（3）知识图谱模块。建立面向通用领域的行业级、企业级的层次化知识图谱，构建庞大的知识体系，实现更加精准的知识推理和问答。

（4）智能聊天模块。基于海量语料打造聊天服务，可以与客户聊天互动，也可以定义自己的个性化聊天机器人。在与客户聊天过程中，通过不断学习客户对回答的反馈，形成个性化的聊天风格。

12.6.2 解决方案

本案例为某大型国有银行个人金融业务 App 客服场景，其中需要智能客服完成常见的业务问答和搜索，在一定程度上替代人工客服。该需求功能模块如表 12-6 所示。

表 12-6 某银行 App 智能客服需求功能

功能模块	功能点
机器人管理	添加、删除机器人
	机器人自定义头像
	机器人昵称修改
	显示机器人访问访客数、会话数、消息数、知识规则数和接入渠道
业务问答	添加、编辑、删除业务问答分类
	添加、编辑、删除业务问答规则
	启用、停用业务问答规则
	批量导入导出业务问答规则（限文本类）
	批量删除和清空业务问答规则
	业务问答规则支持文本、图片、语音、菜单和图文等多种答案
	业务问答规则添加相似问法
	搜索业务问答内容
	机器人答案用户反馈统计
词库管理	添加、编辑、删除自定义词库
	词库批量导入导出
	词库批量删除和清空
	搜索词库和搜索词汇
未知问题	自动对机器人回答不了的问题进行统计和聚类，按照频率排序
	支持将未知问题添加到业务问答，并支持自定义修改
	搜索未知问题
	未知问题导出

（续）

功能模块	功能点
未知问题	未知问题批量删除和清空
	自动忽略无意义的问法，比如无效数字字母组合
素材管理	图文添加、编辑、删除和搜索
	图文支持卡片、文本和链接形式
	图片添加、编辑、删除和搜索
	语音文件添加、编辑、删除和搜索
	菜单添加、编辑、删除和搜索

一般情况下，智能客服的技术架构如图 12-10 所示。

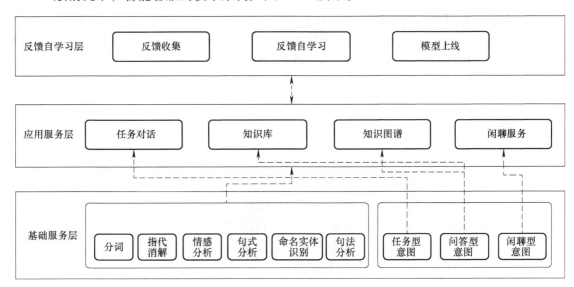

图 12-10　智能客服技术架构

12.6.3　应用效果的评价标准

一般使用问题预判准确率、问题识别率、答案满意度、24 小时未转人工率和客户满意度来作为智能客服应用效果的评价标准。

问题预判准确率是指客户进入咨询后，智能客服机器人会对客户可能咨询的问题进行一个预判，而问题预判准确率正是用来评价机器人是否预判准确的指标。

问题识别率是目前业内评价智能客服机器人比较常用的指标之一，它指的是智能客服机器人正确识别出客户的问题数量在所有问题数量中的占比。当客户提出一个问题后，机器人会根据后台算法逻辑对该问题进行分析识别从而给出知识标准答案，即为问题识别正确。这个指标也代表了机器人从问题到答案的关联能力，目前从官方宣传来看，业内主流产品的问题识别率基本都在 90% 以上。

答案满意度是另一个评价智能客服机器人的重要指标。即便智能客服机器人的问题预判能力和问题识别关联答案能力很强，但如果没有一个令人满意的答案知识库也是徒劳。只有客户对回答的答案满意，客户的问题才算是得到解决。但是这样的评价方式容易使客户厌烦，因为客户是来解决问题的，而不是来评价知识库里的答案是否应该继续优化的。

24 小时未转人工率是指客户在咨询了智能机器人后的 24 小时内是否咨询了人工客服。目前，整个客服行业采取的策略都是机器人在前端解决大部分简单、重复的问题，在机器人后端则提供了人工客服的咨询入口，当客户不满意机器人的答案或者存在机器人解决不了的问题时，客户可以直接进入人工咨询。

客户满意度是目前行业都在使用的一个指标，这个指标是借用人工客服的评价标准，在机器人服务完成后弹出邀请评价窗口来邀请客户进行评价，通过调研客户对智能客服机器人的会话服务是否满意来进行评价。

利用机器学习技术实现的智能客服在上述指标中都有令人满意的表现，一般可以降低人工成本的 50%～80%，并将原本客户问题的解决周期缩短至原来的 1/3 甚至更短，目前，智能客服已成为银行等金融机构个人金融业务必备的技术方案之一。

【思考题】

1. 请举出一个金融科技的应用场景并分析其技术逻辑。
2. 除了本章介绍的案例，还有哪些金融科技的典型案例？
3. 能够利用人工智能技术赋能的金融细分领域，须具备哪些条件？
4. 当前，在金融科技中人工智能技术的应用都遇到了哪些阻碍（如信息化程度低、数据不足等）？试结合一个场景对其进行分析。

参 考 文 献

[1] HAN J W, KAMBER M. 数据挖掘：概念与技术[M]. 范明，孟小峰，译. 北京：机械工业出版社，2001.

[2] LAN G, YOSHUA B, 等. 深度学习[M]. 赵申剑，黎彧君，符天凡，等译. 北京：人民邮电出版社，2017：88-91.

[3] KOTSIANTIS S B. Supervised machine learning：a review of classification techniques[J]. Informatica Journal，2007（31）：249-268.

[4] MARTIN T H, 等. 神经网络设计[M]. 戴葵，等译. 北京：机械工业出版社，2002.

[5] MITCHELL T M, CARBONELL J G, MICHALSKI R S. Machine Learning[M]. New York：McGraw-Hill，1997.

[6] RUSSELL S J, NORVIG P. 人工智能：一种现代的方法[M]. 殷建平，祝恩，等译. 3版. 北京：清华大学出版社，2013.

[7] 边卫红，单文. Fintech 发展与"监管沙箱"——基于主要国家的比较分析[J]. 金融监管研究，2017（7）：85-98.

[8] 陈春宝. 大数据与机器学习：实践方法与行业案例[M]. 北京：机械工业出版社，2017：178-192.

[9] 陈国良，王煦法，等. 遗传算法及其应用[M]. 北京：人民邮电出版社，1999.

[10] 陈园园. 新加坡金融科技监管创新对我国的启示[J]. 甘肃金融，2019（8）：12-18.

[11] 杜星澜. 浅析中国移动支付普及的原因及风险[J]. 消费导刊，2019（3）：26-27.

[12] 封思贤，丁佳. 数字加密货币交易活动中的洗钱风险：来源、证据与启示[J]. 国际金融研究，2019（7）：25-35.

[13] 冯登国，张敏，李昊. 大数据安全与隐私保护[J]. 计算机学报，2014，37（1）：246-258.

[14] 付志勇. 浅析我国金融科技与创新现状[J]. 经营管理者，2017（23）：55.

[15] 郭雳，赵继尧. 智能投顾发展的法律挑战及其应对[J]. 证券法律与监管，2018（6）：71-78.

[16] 郝树魁. Hadoop HDFS 和 Map Reduce 架构浅析[J]. 邮电设计技术，2012（7）：37-42.

[17] 贺建清. 金融科技：发展、影响与监管[J]. 金融发展研究，2017（6）：54-61.

[18] 黄福玉，张真继，刘古权. 基于 PaaS 模式的产业集群 IT 服务平台的构建[J]. 中国管理信息化，2011，14（6）：29-31.

[19] 黄立强，沈宇，石浩. 保险科技对保险价值链的冲击与影响[J]. 经贸实践，2018（14）：75-79.

[20] 贾开. 人工智能与算法治理研究[J]. 中国行政管理，2019（1）：17-22.

[21] 雷万云. 云计算——技术、平台及应用案例[M]. 北京：清华大学出版社，2011.

[22] 李航. 统计学习方法[M]. 北京：清华大学出版社，2012.

[23] 李计，罗荣华. 金融科技时代互联网保险发展策略[J]. 企业经济，2019，38（4）：61-66.

[24] 李建军，朱烨辰. 数字货币理论与实践研究进展[J]. 经济学动态，2017（10）：115-127.

[25] 李晴. 智能投顾的风险分析及法律规制路径[J]. 南方金融, 2017 (488): 90-98.

[26] 李鑫. 以分布式账本助推共享金融发展[J]. 农村金融研究, 2016 (12): 7-11.

[27] 廖理. 全球互联网金融商业模式：格局与发展[M]. 北京：机械工业出版社, 2017: 166-167.

[28] 刘楠, 刘露. 区块链与云计算融合发展 BaaS 成大势所趋[J]. 通信世界, 2017 (17): 61-62.

[29] 刘洋. 保险科技发展趋势分析及前海发展保险科技的政策建议[J]. 金融经济, 2018 (14): 93-96.

[30] 孟嘉诺. 中美金融科技的发展与思考[J]. 河南农业, 2018 (36): 63-64.

[31] 纳兰. 打开量化投资的黑箱[M]. 北京：机械工业出版社, 2016.

[32] 欧阳丽炜, 王帅, 袁勇, 等. 区块链智能合约的发展现状：架构、应用与发展趋势[J]. 自动化学报, 2019 (8): 1-13.

[33] 佩德罗·多明戈斯. 终极算法：机器学习和人工智能如何重塑世界[M]. 黄芳萍, 译. 北京：中信出版社, 2017.

[34] 乔海曙, 王鹏, 谢姗珊. 金融智能化发展：动因, 挑战与对策[J]. 南方金融, 2017, 1 (6): 3-9.

[35] 乔海曙, 杨彦宁. 金融科技驱动下的金融智能化发展研究[J]. 求索, 2017 (9): 55-61.

[36] 邵奇峰, 金澈清, 张召, 等. 区块链技术：架构及进展[J]. 计算机学报, 2018, 41 (5): 969-988.

[37] 王岑岚, 尤建新. 大数据定义及其产品特征：基于文献的研究[J]. 上海管理科学, 2016, 38 (3): 25-29.

[38] 王春晖. 从弱人工智能到超人工智能, AI 的道路有多长[J]. 通信世界, 2018 (18): 10.

[39] 王万森. 人工智能原理及其应用[M]. 4 版. 北京：电子工业出版社, 2018.

[40] 王伟玲. 大数据产业的战略价值研究与思考[J]. 技术经济与管理研究, 2015 (1): 117-120.

[41] 王晓峰. 基于区块链的分布式账本技术在金融领域的应用及监管建议[J]. 商业经济, 2017 (4): 136-138.

[42] 维克托·迈尔·舍恩伯格, 肯尼斯·库克耶. 大数据时代：生活、工作与思维的大变革[M]. 杭州：浙江人民出版社, 2013.

[43] 蔚赵春, 徐剑刚. 智能投资顾问的理论框架与发展应对[J]. 武汉金融, 2018 (4): 9-16.

[44] 吴朱华. 云计算核心技术剖析[M]. 北京：人民邮电出版社, 2011.

[45] 伍旭川, 刘学. 金融科技的监管方向[J]. 中国金融, 2017 (5): 55-56.

[46] 肖蕾. 香港金融科技概况及发展机会初探[J]. 清华金融评论, 2018 (3): 52-54.

[47] 徐爱荣, 姚佳斌. 国内外保险科技发展对比及策略分析[J]. 上海立信会计金融学院学报, 2017 (5): 94-103.

[48] 徐忠, 孙国峰, 姚前. 金融科技：发展趋势与监管[J]. 金融电子化, 2018 (9): 61.

[49] 许闲. 保险科技的框架与趋势[J]. 中国金融, 2017 (10): 88-90.

[50] 薛岩, 施文胜, 濮奕. 移动支付的风险及防范措施探析[J]. 金融科技时代, 2019 (4): 52-54.

[51] 颜勇. 英国、新加坡和澳大利亚监管沙箱机制研究及启示[J]. 西部金融, 2017 (7): 67-97.

[52] 杨保华. 从区块链到分布式账本[J]. 清华金融评论, 2018 (7): 101-102.

[53] 杨嫚. 基于区块链技术的会计模式浅探[J]. 新会计, 2017 (9): 57-58.

[54] 姚前. 数字货币的发展与监管[J]. 金融创新法律评论, 2017: 50-55.

[55] 应钦. 大数据安全与隐私保护技术探究[J]. 硅谷, 2014 (10): 72.

[56] 俞立平. 大数据与大数据经济学[J]. 中国软科学, 2013 (7): 177-183.

[57] 袁勇，王飞跃. 区块链技术发展现状与展望[J]. 自动化学报，2016（4）：481-494.
[58] 张波. 国外区块链技术的运用情况及相关启示[J]. 金融科技时代，2016（5）：35-38.
[59] 张锐. 基于区块链的传统金融变革与创新[J]. 西南金融，2016（10）：18-23.
[60] 卓金武，周英. 量化投资：数据挖掘技术与实践：MATLAB 版[M]. 北京：电子工业出版社，2015.
[61] 中国信息通信研究院. 云计算发展白皮书[R/OL].（2019-07-02）[2019-12-15]. http://www.caict.ac.cn/kxyj/qwfb/bps/201907/t20190702-202162.htm.